열등감과 헤어지는 중

도서출판 지·민

발 행	2022년 2월 22일 초판 발행
지은이	송주하
발행인	이병렬
편 집	편집팀
표 지	이상희
전자책	편집팀
발행처	도서출판 지·민
등 록	2021-000056
주 소	서울시 마포구 양화로 56, 504호(서교동)
전 화	02-322-8317
팩 스	0303-3130-8317
이메일	jmbooks@jmbooks.kr
정 가	16,000원
ISBN	979-11-973902-3-4

Copyright© 송주하, 2022

◎ 이 책은 저작권법에 따라 보호받는 저작물이므로 무단전재와 무단복제를 금지하며, 이 책의 내용을 전부 또는 일부를 이용하려면 저작권자와 『도서출판 지·민』의 서면동의를 받아야 합니다.

◎ 잘못된 책은 구입하신 곳에서 바꾸어 드립니다.

『도서출판 지·민』은 독자 여러분의 아이디어와 원고 투고를 기다립니다. 책으로 만들기를 원하는 콘텐츠가 있으신 분은 이메일을 통해 기획서와 기획의도 그리고 연락처 등을 보내 주시면 됩니다.
『도서출판 지·민』의 문은 독자와 필자의 말씀에 언제나 열려 있습니다.

열등감과 헤어지는 중

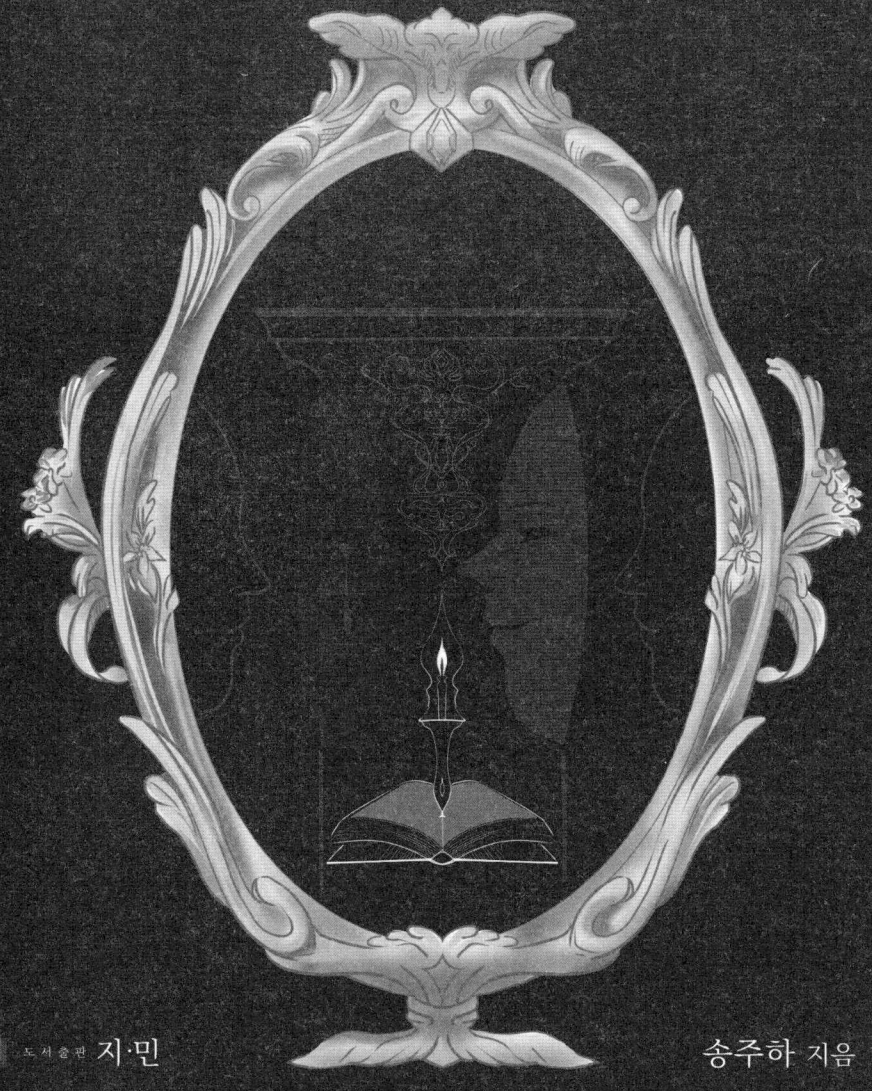

도서출판 지·민

송주하 지음

프롤로그:
누구나 처음은 있다

평소 참석하던 독서 모임에서 저자 강연 소식을 들었다. 『강안독서』를 쓴 이은대 작가의 강연이었다. 그 책을 재미있게 읽었던 터라 어떤 분인지 궁금해 하며 강연 당일 모임 장소로 향했다. 지은 지 얼마 안 되어 보이는 깔끔한 건물에 있는 커피숍이었다. 카푸치노 한 잔을 손에 들고 설레는 마음으로 2층 강연장에 들어섰다. 상상하는 작가의 모습은 양복 차림에 조금은 딱딱해 보일 것 같다는 생각이 있었는데, 의외로 편안한 청바지와 스웨터 차림의 작가를 볼 수 있었다. 강의 준비에 필요한 기계들을 세팅하느라 바쁘게 움직이는 모습을 한참동안 바라보았다.

저자의 강연이 시작되자 강연장은 그의 목소리로 가득 찼다. 자신감에 가득 차 있는 듯 단호한 말투, 그러면서도 따뜻함이 묻어있다. 책을 통해 이미 작가의 전력(?)을 알고 있었지만, 만나서 직접 이야기를 들어보니 책으로 읽는 것 보다 모든 것이 더 새롭게 와 닿았다. 작가의 이야기를 하나라도 놓치지 않기 위해 집중하고 또 집중했다.

강연 중 작가의 어머니 얘기가 나왔을 때는 나도 모르게 눈물을 흘리기도 했다. 작가는 중노동을 하고 집으로 돌아와 퉁퉁 부은 두 손으로 글을 썼다고 했다. 피곤해서 쓰러져 잠을 자도 모자랄 판에 굳이 컴퓨터를 켜서 힘든 몸으로 의자에 앉아 글을 써내려 갔다니…

도대체 글쓰기에 어떤 마력이 있길래 멈출 수 없었던 걸까? 작가는 글을 쓰면서 스스로 치유된다고 느꼈고, 하루도 쉬지 않고 글을 썼다고 했다. 강연을 들으면서 나도 글을 쓰면 어떨까 하는 막연한 생각이 들었다. 왠지 나도 나만의 이야기를 할 수 있을 것 같아 마음이 두근거렸다. 글쓰기는 특별하지 않아도 된다고 했다. 그저 글을 쓰는 이의 경험을 솔직하게 있는 그대로 보여주면 된다고 했다.

독서 모임을 통한 저자 강연을 계기로 '글쓰기 수업'을 신청해서 듣게 되었다. 아쉽게도 첫 수업을 듣고 난 뒤 얼마 지나지 않아 코로나 사태가 심각해지는 바람에 두 번째 수업은 못 듣게 되었다. 그쯤에 하던 일도 바빠지고 여러 가지로 신경 써야 하는 일도 많아지다 보니 글쓰기 수업은 순서가 뒤로 밀려나게 되었다. 그렇게 여러 달이 지나고 조금은 여유가 생겨 다시 글쓰기 수업을 듣기로 했다. 다행히 글쓰기 수업은 재수강이 가능했고, '줌'으로 하는 온라인 수업이라 코로나 시국에 안심도 되었다. 수업을 다시 듣게 되면서 글쓰기에는 '치유의 힘'이 있다는 것을 조금씩 깨닫게 되었다.

코로나 팬데믹의 영향 때문에 경제적으로나 정신적으로 힘든 사람이 한둘이 아니다. 나도 그 중 한 사람으로 내 이야기를 글로 써보고 싶었다. 대단한 작가가 되겠다는 것은 아니다. 그저 내 마음을 담담히 글로 적어 내려가다 보면 조금은 위로받을 수 있지 않을까 하는 기대감이 었었다. 글을 쓰기 전에는 '나처럼 평범한 사람도 글을 쓸 수 있을까…' 하는 등의 수많은 생각이 들었지만, 실행해보기로 마음을 먹었다.

목차를 만드는 과정부터 만만치 않았다. 이은대 작가의 도움을 받기는 했지만, 최종 완성은 스스로 해야 했다. 글쓰기를 시도하기 전까지는 나름 힘들게 살아온 나의 인생이라고 생각했다. 내 인생만 잘 안 풀리는 것 같다고 느낀 적이 한두 번이 아니었다. 나만 제일 힘든 것 같았다. 하지만, 목차를 만들면서 생각해 보니 내 삶이 이렇게도 무난했나 싶었다. 자살을 시도한 사람, 몸에 장애가 있으면서도 극복한 사람, 알콜 중독자였던… 혹은 극한의 상황에 몰린 사람들의 이야기 앞에서 내가 과연 힘들다고 말하는 것이 염치가 있는 것인가 싶었다.

과연 나에게 글을 쓸 자격이 있는가를 고민하던 중에 나탈리 골드버그의 『뼛속까지 내려가서 써라』를 읽었다.

"누구에게나 세상에서 가장 쓸모없는
졸작을 쓸 권리가 있다."

나탈리 골드버그의 말에 용기를 얻어 진심을 다해서 글을 써보기로 마음 먹었다. 계속 연습하다 보면 지금보다는 좋아지는 날 있지 않을까?

누구에게나 처음은 존재하는 법이니까…

송주하

차례

프롤로그:
　　누구나 처음은 있다　　4

첫 번째 이야기　**자존감 바닥**

　　불면증　10 /　　홍당무 알레르기　16 /
　　저질 체력　22 /　　남아선호사상　28 /
　　과수원　34 /　　리어카　40 /
　　흉터　46

두 번째 이야기　**치열한 인생 속에서**

　　대학　52 /　　꽃집　58 /
　　마트　64 /　　자격증　70 /
　　미용실　78 /　　성장　85 /
　　슬럼프　91 /　　쉼표　98

세 번째 이야기　**또다른 길을 찾아서**

　　방황과 선택　106 /　공인중개사　112 /

새로운 길　118 /　　적응　124 /
원점　130 /　　내 방식대로　136 /
봉사　142 /　　상담센터　148

네 번째 이야기　　**가족 탄생 그리고 위기**

인연　156 /　　늦은 결혼　162 /
태국으로　168 /　　열감기　173 /
말이 없는 아이　179 /
퇴직과 코로나　185 /
설상가상　190 /　　하지정맥　196

다섯 번째 이야기　　**글쓰기와 책을 만나다**

글쓰기　204 /　　최고의 수면제　210 /
독서일기 1　216 /　　독서일기 2　223 /
루틴 만들기　229 /　나의 독서법　235 /
열등감과 이별 중　241

에필로그:
　　인생 2막을 시작하며　247

첫 번째 이야기

자존감 바닥

불면증

새벽 두 시. 오늘도 어김없이 이 시간에 눈이 떠졌다. 벌써 두 달 가까이 불면증이 계속되고 있다. 다시 자려고 억지로 눈을 감는다. 하지만, 노력할수록 온갖 생각들이 머릿속을 어지럽힌다. 아파트 이사, 하는 일에 대한 계획, 육아, 다른 가족들 생각, 친구 생각… 끝도 없는 생각이 이어진다. 자려고 하면 할수록 머릿속이 더 선명해진다. 안 되겠다 싶어 우유를 따뜻하게 데워 마셔보기도 하고, 원시적인 방법으로 눈을 감고 양을 세어보기도 한다. 그래도 안 되면 거실에 앉아 TV를 틀어 한동안 아무 생각 없이 화면을 바라보기도 하고, 조용한 클래식 음악을 들어보기도 하다가 지치면 침대에 다시 눕는다. 하지만, 몇 번을 뒤척이다가 결국 다시 일어난다. 이렇게 반복하다 보면 어슴푸레 새벽이 밝아온다.

살면서 내가 불면증이 있다고 느껴본 적이 없다. 잠이 안 와서 수면제를 먹는다는 이야기를 이해하지 못했었다. 하지만, 두 달 가까이 잠을 제대로 못 자고 있다 보니 이제는 '수면제를 먹어야 하나?' 하는 고민을 하게 되었다. 사람의 기본욕구 중 하나인 수면욕이 해결되지 못하니 점점 더 예민해져 갔다. 주변의 작은 말에도 감정의 날을 세우는 날이 많아졌고, 알 수 없는 화가 치밀어 오르는 날도 있었다. 하루 평균 1시간에서 2시간 정도의 얕은 잠을 자다 보니 정신이 몽롱해지는 건 당연한 결과였다. 온갖 노력을 해도 해결이 안 되어 결국 남편에게 나의 몸 상태에 대해서 솔직하게 이야기를 했다. 왜 잠을 못 자는 걸까…

일주일 전쯤 있었던 일이다. 같은 아파트에 살면서 알게 된 친구가 있었다. 서로 나이가 같았고 아이를 각자 한 명씩 키우고 있었다. 그 공통점을 계기로 우리는 금방 친해질 수 있었다. 싹싹하고 살림도 잘하면서 검소하기까지 한 그 친구에게 늘 배울 점이 많았다. 그 친구의 가족과 자주 만나 밥도 먹고 술도 한 잔씩 하게 되었다. 어느 날 만나서 밥을 먹고 있는데 친구가 이야기를 꺼낸다.

"폭탄선언 할 게 있어"
"혹시… 둘째 생긴 거야? 설마…"
"그건 전혀 아니고, 우리 이사가"
"엉? 이사 간다고? 갑자기?"
"○○ 아파트로 이사 가게 됐어."

○○ 아파트라… 그 아파트는 얼마 전에 새로 지어진 대단지 아파트였다. 근처에서 가장 비싸기로 소문난 그곳으로 며칠 후에 이사한다는 것이다. 사연은 이랬다. 친구의 남편은 외동아들이었고, 시어머니가 오래전부터 재테크를 꼼꼼히 잘해 오신 덕에 아파트를 여러 채 소유하고 있었단다. 이번에도 투자목적으로 사게 된 그 아파트에 어찌어찌하여 자신들이 살게 되었노라고 이야기한다. 보통 사람들은 이런 상황에 어떤 마음이 드는지 모르겠으나, 내게는 두 가지 감정이 들었다.

"부럽다. 그리고 배가 아프다."

수억 가까운 돈이 그냥 생긴 것이나 마찬가지니 부러웠다. 일 년에 얼마를 모으고 몇 년을 모아야 그 집을 살 수 있나 계산을 따져보니 배가 아팠다. 지질해 보여도 이게 솔직한 심정이었다. 그 이야기를 듣고 며칠 후, 친구는 ○○ 아파트로 이사했다. 그리고 얼마 지나지 않아 집들이한다고 초대했다. 약속 시간에 맞춰 그 아파트로 향했다. 신축이라 그런지 지하 주차장이 엄청 넓었다. 지하 4층까지 넉넉하게 만들어진 주차장이 깨끗하고 좋아 보였다. 아직 입주가 안 된 곳이 많아서인지 주차 공간이 많이 남았다. 비밀번호를 누르는 문이 나왔다. 비밀번호를 아는 자와 모르는 자, 입주민과 방문객을 구분 짓는 암호처럼 느껴졌다. 깨끗한 도색과 넓디넓은 엘리베이터, 고급스러워 보이는 입구가 보였다.

잠시 후 현관문이 나왔고 '삐리릭' 하는 소리와 함께 자동문이 열린다. 들어서자마자 은은한 디퓨져 향이 코끝을 스친다. 첫 입주라서 그런지 눈길이 닿는 곳마다 먼지 하나 없이 깨끗하다. 양쪽으로 나 있는 수납 공간과 넉넉한 신발장이 제일 먼저 눈에 들어온다. 화이트 톤으로 심플하니 보기에 좋았다. 중문을 열어보니 오른쪽에 화장실이 제일 먼저 나왔다. 깨끗한 욕조와 군더더기 없는 변기, 세면대와 수납장은 모델하우스에서 보던 고급스러운 화장실의 모습 그대로였다. 엄청나게 큰 수납장이 인상적이었다. 수건이나 화장지, 청소도구 같은 잡동사니들이 다 들어가니 화장실 안이 더욱더 깔끔해 보인다. 그 옆에 바로 이어지는 컴퓨터방. 이왕 사는 거 좋은 걸로 샀다는 책상과 의자. 생각보다는 비싼 가격에 많이 놀랐지만, 안 그런 척을 했다. 남편이 게임을 좋아해서 컴퓨터도 최고급으로 샀다고 했다. 그 바로 옆방은 아이의 방이다. 아직 가구를 많이 사놓은 상태는 아니었지만, 아이의 장난감으로 가득했고 공기청정기가 돌아가고 있었다. 그 맞은편 방은 '알파 룸'이라고 해서 기존 방들보다는 조금 작게 만들어진 방이 있다. 옷 방으로 쓰기 위해 옷장을 그곳에 두었단다. 그리고 아주 큰 거실이 나왔다. 베란다를 확장해서 그런지 평수에 비해 더 넓어 보였다. 싱크대가 큰 주방이 있었고, 거실에서 이어지는 안방에는 작은 옷 방과 화장실이 딸려 있었다. 모델하우스에서 늘 구경하던 그런 집이었다.

저녁을 먹고 이야기를 조금 나누다가 아이들이 잘 시간이 되어서 집으로 돌아왔다. 돌아오는 내내 남편도 나도 말이 없다. 무슨 말을 하고 싶지도 않았고, 또 어떤 말도 듣고 싶은 기분이 아니었다. 창밖만 아무 의미 없이 바라보았다. 집으로 돌아왔는데 평소와 마찬가지로 주차할 데가 없다. 조금 전에 봤던 친구네 아파트와는 분위기가 사뭇 다르다. 지하 주차장은 일부만 있고, 넓은 주차 공간도 없을뿐더러 페인트칠은 군데군데 벗겨져 있다. 차를 이중 삼중으로 꾸역꾸역 밀어 넣은 주차장을 보니 괜히 더 마음이 심란해졌다. 엘리베이터를 탔다. 보통 때 보다 훨씬 작아 보이는 건 기분 탓이었을까… 게다가 오늘따라 우리 집 현관문이 더 초라해 보인다. 집으로 들어와 나도 모르게 집을 전체적으로 훑어본다. 중간중간 칠이 벗겨진 문짝, 좁은 거실, 수납 공간이 부족한 주방, 그저 모든 것이 못나 보인다. 사실 그 친구가 인간적으로 싫지는 않다. 내가 싫은 건 이 상황이다.

집으로 돌아오는 내내 머릿속을 파고드는 한마디.

"불평등!"

그랬다. 내가 보기에 이 세상은 불평등이 넘쳐난다.

차라리 그들이 직접 돈을 모아서 이사했다면 이런 생각까지는 안 했을 것이다. 하지만, '엄마 찬스'로 얻어진 그 모든 것들이 이 세상에는 노력만으로는 안 되는 것이 더 많다고 생각하게 만들었다. 곧바로 침대에 누웠다. 무언가를 하고 싶다는 생각이 들지 않았다. 다음날도 그다음 날도 그저 무기력하게 누워만 있을 뿐이었다. '어차피 노력한다고 되는 세상이 아니다.'라는 생각이 계속 들자 그날 이후로 나는 의욕을 잃었다. 일을 열심히 해야겠다는 생각도, 요리를 하고 싶다는 마음도, 집을 치워야겠다는 계획도 사라져버렸다. 아무것도 하고 싶지 않았다. 어차피 이 세상은 노력한다고 되는 곳이 아니니까…

한 가지 생각에 빠지게 되자 무난했던 내 삶이 점점 더 삭막해져만 갔다. 하루 종일 우울했고 무기력했다. 의욕이 없으니 일도 마지못해서 했다. 재미가 없었다. 가족과의 대화도 귀찮았다. 그저 이 모든 것이 상대방의 잘못인 것만 같고 부모님을 잘 못 만난 것 같아 원망스러운 마음이 들기도 했다.

비슷한 시기에 아이와 친하게 지내던 아이의 친구 두 집도 좋은 곳으로 이사했다. 이유는 아이들의 학교였다. 나 또한 이사를 하고 싶었지만,

너무 무리를 해서까지 갈 수는 없는 노릇이었다. 겨우 세 집이 이사를 했을 뿐인데, 우리만 남겨놓고 다 떠나간 것 같은 기분이 들었다. 그런 일들이 있고 난 후부터 난 새벽 2시가 되면 어김없이 잠에서 깬다. 왜 2시 인지는 모르겠지만, 신기하리만큼 그 시간이면 눈이 떠진다. 그때부터 나의 고행은 시작이 되는 것이다.

7시에 일어나 하루 일과를 시작해야 하는데 거의 5시간을 뜬눈으로 보내는 것이다. 그렇게 억지로 일어나 하루 일과를 시작했다. 몽롱한 상태로 일을 하고 다시 집으로 돌아온다. 두어 시간 얕은 잠을 자고 또 두 시쯤 일어나 7시까지 억지로 자려고 노력하다가 포기하고 다시 일을 하러 간다. 악순환이 이어지는 시간들이었다. 그런 패턴이 된 지 벌써 두 달 정도가 다 되어 갔다. 예전에 아는 언니가 불면증이라서 너무 힘들다고 내게 이야기 한 적이 있다. 언니의 말에 힘들 것 같다고 대답은 했지만, 그 마음을 다 이해하지는 못했었다. 막상 내가 이 일을 겪고 보니 잠을 못 잔다는 것이 얼마나 힘든 일이란 걸 알게 되었다. 사람은 자신이 경험하지 않은 것은 쉽게 공감해줄 수 없는 법이다.

여기까지가 한계라는 생각이 들었다. 이렇게 놔뒀다가는 정신이 이상해질 수도 있겠다는 생각이 들었다. 마음이 널을 뛰었다. 한번은 차분해졌다가 갑자기 마음이 분주해졌다. 살면서 이렇게까지 오랜 시간 잠을 못 잔적이 없었다. 나 역시 이런 내 모습에 당황했다. 해결책을 찾아야 했다. 자력으로 안 되면 약의 힘이라도 빌려야겠다고 마음을 먹었다. 응급실에 실려 가지 않고 내 발로 걸어갈 수 있음을 그나마 다행이라 생각하면서 병원을 알아보기 시작했다.

홍당무 알레르기

나에겐 '홍당무 알레르기'라는 병이 있는 게 분명하다. '홍당무 알레르기'는 내가 지은 병명이다. '안면홍조'라고 불리는 이 병은 아직 정확한 원인을 모른다. 답답한 마음에 검색을 해봐도 피상적인 이유뿐이다. 직접적인 이유로는 긴장한다거나 스트레스를 받아서, 혹은 기온 차가 심한 경우, 알코올이나 약물을 먹은 경우가 있다고 한다. 하지만, 어떤 것도 내가 왜 이런 증상을 겪게 되었는지에 대한 속 시원한 대답을 주지 않는다. "얼굴 좀 빨개지는 거 가지고 뭘…"이라고 생각할 수 있다. 하지만 조금 빨개지는 정도가 아니다. 온몸에 열꽃이 피듯 피부가 새빨갛게 변한다. 마치 카멜레온이 변신하는 것처럼 완전히 다른 색이 된다.

나의 이런 증상은 일상생활을 불편하게 만들 때가 많다. 특히, 긴장하는 경우 증상이 심해진다. 얼마 전 충치를 치료하기 위해 치과를 찾았을 때의 일이다. 며칠 전 간단한 상담을 한 뒤 다시 찾은 병원이었다. 의사 선생님이 많이 아플 거라고 예고를 단단히 하셨던 터라 긴장이 되기 시작했다. 아니나 다를까 또다시 변신을 시작했다. 목 주변으로 조금씩 빨개지던 것이 온 얼굴로 열이 올라왔다. 한번 올라온 열은 쉽게 가라앉지 않는다. 누가 봐도 나는 긴장을 많이 한 사람이 되고 만다. 늘 이렇게 내 마음을 들킨다. 간호사가 물어본다.

"왜 이렇게 빨개지셨어요? 긴장하셨어요?"

동네방네 내가 긴장했다는 걸 알리는 꼴이다. 상황이 이러니 포커페이스는 꿈도 꾸지 못한다. 긴장한다고 누구나 나처럼 이렇게 되지는 않는다. 남들 앞에서 발표 같은 걸 할 때도 마찬가지다. 2년 전쯤, 독서 모임에서 간단하게 나의 의견을 발표하는 시간이 있었다. 모임의 참가자가 수십 명 정도 되는 제법 큰 모임이었다. 각 조에서 한 명씩 나와서 읽은 책의 소감을 간단하게 말하는 시간이었다. 하필이면 그날 내가 당첨되었다. 내 순서는 네 번째였다. 첫 번째 참가자가 나와서 발표를 시작했다. 그때부터 내 심장이 요동치기 시작했다. 두 번째… 세 번째… 이미 난 변신 중이었다. 온 다리가 후들거리고 손에 잡고 있는 메모장이 마구 흔들렸다. 하나도 안 떨리는 척을 하려고 글을 또박또박 읽어 내려갔다. 하지만, 그러면 뭘 하나… 이미 난 누가 봐도 심하게 긴장하고 있는 빨갛게 달궈진 용광로 같은 모습인걸… 앞으로 내 인생에 발표는 없겠구나 싶었다.

햇빛에 노출될 때도 '홍당무 알레르기' 현상이 나타난다. 찾아보니 '햇빛 알레르기'라는 병명이 있다. 나는 수시로 피부가 붉어지니까 좀 더 넓은 개념의 '홍당무 알레르기'가 맞는 듯하다.

여름에 친구들과 계곡으로 놀러 간 적이 있다. 튜브도 챙기고 각자가 맡은 먹거리도 잔뜩 쌌다. 하지만, 친구 네 명이 약속이나 한 듯이 선크림을 챙겨오지 않았다. 산속에 있는 계곡이라 선크림을 사기도 마땅치가 않았다. 평소에도 햇빛에 민감해서 신경이 쓰이긴 했지만 어쩔 도리가 없었다. 다행히 약간 흐려지는 날씨에 안심하고 물놀이를 했다. 한 두 시간쯤 지났을까? 목이 따끔거리기 시작했다. 다른 친구들은 괜찮다는데 나만 붉어지기 시작했다. 옷의 경계선이 뚜렷해졌다. 팔과 다리도 빨갛게 되기 시작했다. 친구들의 팔은 약간 그을렸을 뿐 아무렇지도 않은데 나만 유독 화상을 입은 듯 붉게 변했다. 결국 나는 그늘이 있는 평상으로 와서 노는 걸 바라만 보았다. 그때 생긴 경계선이 8개월이 지날 때까지도 없어지지 않았던 기억이 난다. 타는 정도가 아니라 화상을 입는 정도다. 무슨 이런 말도 안 되는 피부가 있을까? 내 피부는 왜 이럴까? 오래 생각할 필요도 없었다. 타고난 거니까… 선크림은 어느새 나의 필수품이 되었다.

겨울날, 밖에서 차가운 공기를 맞고 따뜻한 집 안으로 들어와도 증상이 심해진다. 그래도 이런 경우는 남들도 많이 겪는 현상이니 그러려니 넘길 수 있다. 하지만 히터 바람이 과하게 나오는 마트나 꽉 막힌 공간에 가도 얼굴이 빨개지기 시작한다. 숨이 약간 가빠지면서 답답한 느낌이 들기 시작하면 그때부터 변신은 또 시작된다. 참 이래저래 특이한 피부이고 특이한 체질이다. 왜 이렇게 태어났을까… 총체적 난국이다.

난 특히 말싸움에 약하다. 물론 말싸움 같은 걸 매일 하는 건 아니지만, 논리정연하게 나의 주장을 펼치며 싸워야 하는 그런 싸움에 정말 취약하다. 할 말은 엄청 많은데 뇌와 입이 조화를 이루지 못해 결국 난 더듬더듬하고 만다. 생각과 말이 내 맘대로 안 될 때도 변신을 시작한다.

가끔 TV에 나오는 청문회를 보면, 나는 죽었다 깨어나도 정치는 못 하겠구나 싶다. 사람들의 집중 공격을 받기도 전에 난 아마 새빨갛게 익어 있을지도 모른다. 토론프로그램 같은 곳에서 상대방의 비판을 받아 가며 자신의 주장을 펼치는 사람들을 가만히 보고 있으면 대단하다는 생각이 든다. 자신의 의견이 맹공격당해도 차분하게 반론을 펼치며 이야기한다. 표정 하나 안 변하고 얼굴이 붉어지는 일도 없이 말이다. 나였다면 이미 얼굴색에서부터 지고 들어갈지 모른다.

일을 하면서 당황하는 순간이 오면 최악이다. 일이 익숙하지 않아서 내가 잘 못한다고 느낄 때 아주 진한 홍당무가 된다. 같이 일하는 사람이 봐도 내가 긴장한 게 눈에 보일 정도다. 그러면 나의 어설픔이 백일하에 드러나는 것 같아 숨고만 싶다. 얼굴색이 안 변하면 연기라도 해서 상황을 모면하고 싶은데 늘 그렇듯 마음처럼 안 된다. 프로처럼 보이고 싶은 순간에도 여지없이 붉어지는 얼굴은 늘 나를 주눅 들게 만든다. 누가 봐도 긴장을 하고 있는 사람. 뭔가 당당해 보이지 않는 모습. 이런 현상들이 나를 늘 위축하게 했다.

살면서 화가 나는 순간도 마찬가지의 모습이다. 화가 난 걸 들키지 말아야 하는 순간에도 나는 나의 마음을 너무 쉽게 들켜버린다. 아무리 괜찮은 표정을 지으려고 해도 내 목이 먼저 말을 해준다. 이렇게 민감하게 피부색이 변하는 사람이 있을까… 변온동물도 아니고, 난 왜 이렇게 태어났을까… 과한 혈액순환 때문일까… 나이가 조금 더 들면 좋아지지 않을까 했지만, 오히려 증세는 심각해 지는듯하다.

빅터 프랭클의 『죽음의 수용소에서』 빅터 프랭클 지음/이시형 역/청아출판사를 읽게 되면서 약간의 해답을 얻을 수 있었다. 그가 만든 '로고테라피'에는 '역설의도'라는 기법이 나온다. 이 기법은 마음속의 두려움이 정말로 두려워하는 일을 생기게 하고, 지나친 주의 집중이 오히려 원하는 일을 불가능하게 만드는데 그것을 역이용하는 방법이다. 가령 수면 장애를 겪고 있는 사람에게 잠을 자려고 애쓰지 말고, 반대로 잠을 자지 않으려고 시도해 보라고 하는 것이다. 다시 말해 어떻게든 잠을 자야 한다는 지나친 집착은 잠을 자지 못할 것이라는 예기불안에서 생긴 것이기 때문에 이것을 잠을 자지 않겠다는 '역설의도'로 바꿔야 한다는 것이다. 바로 나에게 적용해 보았다. 나는 남들 앞에서 얼굴이 달아오르는 사실이 두렵다. 그래서 이렇게 주문을 만들었다.

"나는 긴장하면 무조건 얼굴이 달아오를 것이다."
"엄청 시뻘게질 것이다. 완전히 심각한 홍당무가
될 것이다."

이 방법을 썼더니 아주 조금 효과가 있는 것 같기도 했다. 물론 아주 미미한 정도이긴 하지만 말이다.

홍당무 알레르기는 일상에서 수시로 찾아온다. 한의원에서 상담을 받아봤지만, 크게 도움이 되지는 못했다. 별것 아니라고 넘기기엔 생활 속에서 느끼는 불편함이 너무 크다. '역설의도' 같은 방법도 써보고 복식호흡이 좋다고 해서 한동안 연습도 해봤다. 어혈이 생기면 그렇다는 한의사의 말에 따라 혈액 순환제도 먹어봤다. 하지만, 크게 도움이 되지 못했다. 내 증상은 크게 달라진 게 없었으니 말이다. 평생 이렇게 살아야 하나? 늘 당당하지 못한 그런 모습으로? 소심한 성격의 문제일까? 아님 체질적으로 문제가 있는 것일까? 홍당무 알레르기는 점점 더 나를 자신감 없는 사람으로 만들었다.

저질 체력

초등학교 1학년, '진'은 1반이고 나는 '선'이면서 2반, '미'는 3반이었다. 우리는 각자의 이름이 있었지만, 서로를 '진', '선', '미'라고 불렀다. 유치하지만 반 순서대로 우리가 만든 이름이었다. '진'은 작고 귀여운 얼굴에 까무잡잡한 피부를 가졌다. 달리기를 잘해서 술래잡기할 때 잡히는 경우가 거의 없었다. 핑크색을 워낙 좋아해서 모든 아이템이 핑크색이었다. 신발도 핑크, 옷도 핑크, 머리띠도 핑크. '진'을 생각하면 지금도 그 색이 떠오른다. '진'은 노래 부르고 춤추는 걸 좋아했다. 늘 마이크 비슷한 걸 들고 자기가 좋아하는 노래를 불렀다. 노래가 끝나면 우리 둘은 박수를 쳤다. 그럼 아주 만족스러운 얼굴로 우리를 보곤 했었다. '진'은 두 살 터울의 남동생이 있었다. 하도 짓궂어 늘 우리를 괴롭혔다. 지금 생각해보면 같이 놀고 싶은데 안 끼워줘서 그랬나 싶기도 하다.

'미'는 재미있는 이야기를 잘하는 아이였다. 늘 큰 얼굴과 굵은 뼈가 싫다고 말했다. 약간 통통한 편이었던 미는 살을 뺀다고 하면서 학교 앞에서 파는 핫도그를 매일 사 먹었다. 주인아줌마는 핫도그를 하얀 설탕 위에 굴린 뒤 케첩을 듬뿍 발라주었다. 허기진 배에 그만한 간식이 없었다. 우리 셋은 같은 동네에 살았다. 집도 걸어서 5분 거리에 있는 데다 나이랑 학교까지 같아서 금방 친한 친구가 되었다. 우리가 다니던 초등학교는 인원수가 많아 오전 반과 오후 반으로 나누어 수업을 했다. 우리는 모두 오후반이었다.

초여름에 막 접어들 때라 조금만 움직여도 이마에 땀이 맺혔다. 우리 셋은 책가방을 메고 신발주머니를 흔들며 학교에 가고 있었다. 학교는 제법 멀었다. 하지만, 친구들이 있어 함께하는 학교 가는 길은 그리 힘들지 않았다. 저 멀리 학교 정문이 보일 때쯤이었다. 머리가 약간 어지러운 느낌이 들더니 코안 쪽에서 뜨거운 뭔가가 흘러내렸다. 뚝 뚝… 붉은 핏방울이 땅바닥에 떨어졌다. 나는 태어날 때부터 몸이 약해 조금만 무리를 해도 코피가 났다. 감기도 자주 달고 살았다. 열도 잘 나는 편이라 심할 때는 학교에 못 가는 날도 더러 있었다. 초등학교에 입학하고부터는 코피가 나는 일이 없어서 방심하고 있었다. 그날은 더운 날씨 때문이었는지 길 위에서 코피가 난 것이다. 친구들은 빨간 피를 보자 얼어붙었다. 생각보다 많은 피가 흘렀다. 급한 마음에 고개를 뒤로 젖혔다. 뜨거운 피가 목으로 넘어가는 게 느껴졌다. 초등학생들이 평소에 휴지를 가지고 다닐 리가 만무했다. '미'는 무슨 생각이 났는지 급하게 가방을 내려놓았다. 가방 지퍼를 열고 미술 시간에 쓸 스케치북을 꺼냈다. 그러고는 한 장을 과감하게 찢더니 빳빳한 흰 종이를 내 코에 마구 문질렀다. 스케치북 흰 종이에 피가 묻어났다. 어찌나 세게 문질렀는지 얼굴이 아팠다. '미'는 그것으로 부족했는지 종이를 조금 뜯어 동그랗게 말아 내 오른쪽 콧구멍에 밀어 넣었다. 어디선가 본 게 생각이 났던 모양이다. 덕분에(?) 코피가 더 많이 쏟아졌다. 피는 입술을 타고 내려 흰색 티셔츠에 떨어졌다. 모든 과정을 미동도 없이 지켜보던 '진'은 잠시 후 정신을 차리고 함께 스케치북을 찢었다. 아마도 어렸던 그 친구들이 할 수 있는 최선의 해결 방법이었는지 모른다. 때마침 지나가던 아줌마가 우리를 보고 도와주셨다. 가방에 있던 휴지로 얼굴이나 손에 묻은 피를 닦아주셨다. 스케치북 종이보다는 훨씬 얇고 부드러운 휴지를 말아 코를 막아주셨다. 그러자 금방 지혈이 되었다.

학교에 도착해서 담임선생님께 내 모습을 보여주었더니, 선생님은 곧바로 나를 데리고 양호실로 갔다. 입이 아주 크셨던 담임선생님은 무서운 편이었다. 아이들이 떠들 때면 가지고 있던 매를 들고 교탁을 항상 치셨다. 게다가 우리를 바라보는 눈빛이 늘 차가웠다. 하지만, 코피를 흘린 그날 만큼은 다정다감하셨다. 그날 이후로도 나는 코피를 자주 흘렸다. 운동장 오래달리기를 할 때도 그랬고, 친구들이랑 놀다가 부딪혔을 때도 그랬다. 고무줄놀이나 술래잡기 놀이를 할 때도 갑자기 코피를 흘렸다. 자주 있는 일이라서 그랬는지 갈수록 코피가 나도 크게 동요하지 않고 지혈을 할 수 있었다.

코피만큼 열도 자주 났다. 열이 많이 나는 날에는 학교에 가지 못했다. 집에서 실컷 텔레비전을 보려고 했는데 눈까지 열이 나니 화면이 계속 뿌옇게 보였다. 열이 오르면 무엇보다 머리가 제일 아팠다. 힘들었지만 약을 먹는 것 말고는 딱히 다른 방법이 없었다. 그때는 알약을 못 삼켜서 늘 가루약을 먹었다. 알약이 입에 들어가면 무조건 토해 버렸다. 그렇다 보니 엄마는 항상 숟가락에 가루약과 물약을 섞어 나에게 주곤 했다. 알약보다 가루약은 훨씬 쓰다. 미간을 찌푸리며 끝까지 삼켰다. 그러면 입안 전체에 가루약의 쓴맛이 퍼졌다. 그땐 물을 한 컵 더 마시거나 달콤한 사탕을 먹으면 훨씬 좋아진다. 가루약을 먹고 난 후에는 늘 아몬드 사탕을 먹었다. 조금만 녹여 먹으면 입안에 아몬드만 남아서 달콤하면서도 고소한 맛이 났다.

늘 바빴던 부모님은 계속 내 옆에 있어 줄 수가 없었다. 대신 내가 좋아하는 '보름달' 빵과 우유를 내 머리맡에 두고 일을 하러 가셨다. 지금 나의 아이가 초등학교 1학년이다. 저렇게 어린 것을 두고 일을 하러 가셨을 부모님의 마음을 생각하니 코끝이 뜨거워진다. 혼자 있는 방, 일어날 힘도 없고 옆에는 아무도 없었다. 혼자 앓다가 지치면 잠이 들었다. 다시 깨도 열이 나면 엄마가 끓여놓은 보리차를 마시면서 엄마가 오기만을 기다리고 또 기다렸다. 왜 그렇게 자주 아팠는지 아직도 잘 모르겠다. 늘 삐쩍 말라 있었다. 팔다리가 아주 가늘었다.

폐도 그리 튼튼하지 못했다. 초등학교 4학년쯤으로 기억한다. 체육 시간에 오래달리기를 했다. 한 바퀴를 남겨두고 거의 쓰러지다시피 넘어졌다. 숨을 쉴 수가 없었다. 다른 아이들은 가뿐하게 장난을 쳐가며 결승점으로 들어가는데 나는 결국 완주를 하지 못했다. 숨을 가쁘게 몰아쉬고 있었다. 선생님도 상태가 심각해 보였는지 양호실로 나를 데리고 가셨다. 양호선생님의 도움으로 약을 먹고 난 후에야 겨우 진정되기 시작했다. 난 그날 이후로 달리는 걸 싫어하게 되었다. 지금도 마라톤 하는 사람들을 보면 부러우면서도 대단하게 느껴진다.

성인이 되어서도 몸이 약한 건 크게 달라지지 않았다. 어릴 때보다 살도 많이 찌고 뼈도 튼튼해졌지만, 체력이 약한 건 여전하다. 남들이 보면 사지가 멀쩡하게 생겨서 꾀병을 부린다고 할 수도 있다. 하지만, 조금만 무리를 해도 물을 가득 머금은 스펀지처럼 몸이 무거워진다. 늦게까지 일을 한 다음 날 아침이었다. 오른쪽 목과 귀에 통증이 느껴졌다. 좀처럼 증상이 나아지지 않아 가까운 한의원을 찾았다. 근육마비가 와서 그렇다는 결과가 나왔다. 다행히 일찍 치료를 시작해서 금방 좋아지긴 했지만 20대 후반에 그런 일을 겪기에는 내 나이가 너무 어렸다. 그때 너무 큰 충격을 받아 한의원에서 한동안 침을 맞았다. 처음 침을 맞았을 때 느낌이 아직도 생생하다. 긴 바늘이 피부를 뚫고 들어오는 서늘한 느낌… 몇 군데나 맞았다. 몸에 여러 개의 바늘이 꽂힌 모습을 보니 마치 프랑켄슈타인이 된 것 같았다. 그때 내가 건강한 체질은 아니란 걸 알게 되었다. 그래서 일을 무리하지 않도록 조절하는 편이다.

나는 기초체력이 늘 좋지 못했다. 열심히 하고 싶었지만, 내 몸이 언제나 발목을 잡았다. 신경을 조금만 많이 써도 편두통이 심해졌다. 그래서 늘 타이레놀을 가방에 넣고 다녔다. 진통제를 먹지 않으면 하루 종일 인상을 쓰기 때문이다. 정말 급할 때만 먹지만 타이레놀은 늘 챙겨 놓는 약이다. 그리고 가장 고민거리 중 하나가 허리다. 허리통증은 아이를 낳고부터 많이 심해졌다. 의자에 가만히 앉아 있는 것이 불편하다. 허리통증은 유전이라는 말이 많다. 생각해보니 엄마도 허리가 굉장히 안 좋으신 편이다. 뼈를 몇 개나 교체하는 허리 수술을 십 년 전 쯤 하셨다. 그 영향 때문일까? 나도 오래 앉아 있지를 못한다. 책을 읽다가도 한 번씩은 쉬어야 한다. 이렇게 늘 몸이 아파서일까, 에너지가 넘치지 못한다. 그래서 활력이 넘치는 사람들이 부러울 때가 많다. 나도 좋은 기운을 가지고 싶다. 하지만, 늘 몸이 문제였다. 조금만 열심히 하려고 해도 몸에서 먼저 신호를 보냈다. 그러니 열정이 금방 꺼질 때가 많았다. 사람은 몸이 아프면 만사가 귀찮아지는 법이다. 나도 약하게 태어나고 싶지는 않았다. 요즘도 한 번씩 '번 아웃'이 될 때가 있다. 그럴 때면 옴짝달싹하지 못하는 나의 육신을 본다. 이렇게 타고난 나의 저질 체력 때문에 늘 사는 게 힘들었다. 어쩌면 내 자존감이 낮아진 데는 나의 저질 체력도 한몫했을지 모른다.

남아선호사상

1남 3녀 중 막내. 나는 언니 둘이랑 오빠가 있다. 큰언니와는 7살 터울이 나고 작은 언니랑은 4살, 그리고 오빠랑은 2살 차이가 난다. 내가 태어났을 때는 아들이 귀했다. 지금이야 아들딸 구분 없이 낳지만, 그때만 해도 아들은 귀한 보물 같은 존재였다고 한다. 그랬던 사회적 분위기가 이제는 딸을 오히려 귀하게 여기는 세상이 되어간다는 것이 놀랍기만 하다.

딸 둘을 낳고 상심이 크셨던 엄마는 태몽을 꾸게 되셨는데 엄청나게 큰 돼지꿈이었다고 한다. 무조건 아들일 거라는 확신이 들었고 부모님은 꿈에도 그리던 아들을 낳았다. 오빠를 낳았던 그해는 모든 것이 잘 되었다고 한다. 하는 일도 돈도 모든 것이 술술 풀리니 복덩이가 따로 없었다. 그렇게 일 년이 조금 지난 시기에 엄마는 나를 가지셨다. 이미 아들이 하나 있으니 낳지 말자고 상의를 했던 것을 보면 아마도 나는 계획되고 기다려진 생명체는 아니었음이 분명하다. 엄마는 나를 안 낳으려고 병원을 알아보기도 했다는 무시무시한 말을 스스럼없이 하신다. 낳지 말자는데 의견이 모이던 찰나 나를 구제해준 건 다름 아닌 외할머니였다. 엄마가 그쯤 완벽한 남자아이 태몽을 꾸었다. 꿈 이야기를 들은 외할머니의 적극 추천으로 나는 이 세상에 빛을 보게 되었다. 나의 성별을 확인하고 절망하셨을 외할머니의 표정을 생각하니 지금도 괜히 미안해진다. 물론 내가 의도한 것은 아니지만 말이다. 부모님은 그러려니 하고 받아들이셨지만, 외할머니는 달랐다. 엄마는 6남 1녀 중 유일한 딸이다. 딸이 걱정된 외할머니는 우리 집에 와서 많은 일을 도와주셨다. 그래서 내 어린 시절은 외할머니가 많이 등장한다.

내가 예상했던 대로 외할머니는 오빠랑 나를 많이 편애하셨다. 여자라는 이유만으로 미움을 받는다고 생각하니 나도 썩 좋은 감정은 아니었다. 잘은 기억나지 않지만, 초등학교 저학년쯤이었던 같다. 할머니가 급하게 나를 부르셨다. '몸배'라 불리는 탄력성이 좋은 꽃무늬 바지 안에 손을 넣어 돈주머니를 꺼내셨다. 돈을 주시면서 나한테 심부름을 시킨신다.

"가서 콩지름 사온나."
"콩지름?"
"머하노 퍼뜩 안가고."

콩지름이 뭔지 알 듯 말 듯 했으나 할머니의 성화에 못 이겨 슈퍼로 향했다. 콩지름… 콩지름… 까먹지 않기 위해 계속 머릿속으로 되뇌며 걸어갔다.

집에서 조금 떨어진 작은 구멍가게는 어린 시절 우리 동네에서 몇 개 안 되는 잡화가게다. 그 집 딸이 나보다 한 살 어려서 우리는 가끔 같이 놀기도 했다. 아마도 이름이 '혜자'였을 것이다. 어린 마음에 그 애가 제일 부러웠다. 그 애는 자기가 원하는 과자랑 아이스크림을 엄마에게 물어보지도 않고 먹었다. 그래서 한때는 장래 희망을 슈퍼주인으로 써냈던 기억이 있다. 그때 당시 슈퍼주인은 동경의 대상 같은 것이었다.

가게에 도착해서 '콩지름'을 달라고 했다. 혜자 엄마는 몇 번이고 '콩지름'이 맞는지 물었다. 나는 분명히 '콩지름'이라고 대답했다. 잠시 고민을 하시더니 '콩기름'을 내 손에 쥐어 주셨다. 나는 그것을 들고 후다닥 뛰어 할머니에게로 갔다. 늦으면 늦는다고 눈에 쌍심지를 켤 게 분명했으니 말이다. 할머니께 콩기름을 드렸다. 심부름한 것에 대한 칭찬을 기대하면서 말이다. 하지만, 돌아온 건 할머니의 고함 소리뿐이었다.

"아니 초등학생이나 되가 심부름도 하나 못하나?
뭐가 될 라고 그카노? 아이구 답답하대이…"

결국 할머니는 콩기름을 들고 다시 슈퍼로 가셨고, 원래 목적하던 것으로 바꾸어 오셨다. 그것은 다름 아닌 '콩나물'이었다. '콩지름'이 '콩나물'이라니. 얼마나 억울했으면 그때 기억이 30년이 더 지난 지금까지도 생생하다. 한동안 할머니는 나에게 심장을 때리는 잔소리를 퍼부으셨다. 그 안에는 심부름을 제대로 하지 못한 것에 대한 화도 있었겠지만, 내가 여자아이라서 미운 마음이 가장 컸을 것이다. 나 역시 속상했다. 내가 딸로 태어나고 싶어서 태어난 것도 아닌데 늘 못마땅하게 나를 보시는 그 눈빛에 화가 났다. 그래서 나도 외할머니를 별로 좋아하지 않았다. 대신 외할머니의 동생인 이모할머니는 좋았다.

어린 마음에도 '착하다', '귀엽다'고 해주시는 이모할머니의 칭찬이 아직도 기억 속에 또렷하게 남아있다. 어릴 때니까 모를 만도 한데 그런 말 하나, 눈빛 하나가 이렇게도 생각이 나는 걸 보면 아이들에게 말을 조심해서 해야 한다는 생각이 든다. 아이라고 모르는 게 아니다. 또렷이 기억하고 있다.

한번은 이런 일도 있었다. 8살쯤인가, 오빠랑 만화영화를 재미나게 보고 있었다. 어떤 만화였는지 기억은 가물거리지만, 정확한 건 TV에 빨려 들어갈 만큼 집중하면서 보고 있었다는 사실이다. 그때 엄마가 걸레를 빨아 던져주며 나보고 방을 닦으라고 하셨다. 만화를 보고 있는데 그렇게 시키는 엄마도 싫었지만, 굳이 나를 지목해서 시키는 것도 마음에 안 들었다.

"왜 나만 방을 닦으라고 하는데? 오빠도 같이해야지?"
"오빠는 남자잖아, 남자가 무슨 방을 닦는다고…"

이런 건 여자들이 하는 거라고 했다. 엄마는 납득이 되지 않는 말을 계속하고 있었다. 물론 오빠는 아무 잘못이 없다. 단지 엄마가 계속 그러니까 오빠가 괜히 미웠을 뿐이다. 결국, 나는 투덜거리면서 방을 닦았다. 억울한 마음이 들어 만화를 보고 싶은 마음도 사라져버렸다. 어쩌면 청소 하나로 내 마음이 그렇진 않았을 것이다. 늘 이야기해 봐도 고쳐지지 않는 생각들… 그것을 너무 당연하게 생각하는 엄마의 논리, 그것이 나를 늘 힘들게 했다.

또 기억이 나는 건 엄마가 오빠만 데리고 시장을 갔던 일이다. 지금에서야 이유가 있었겠다고 생각하지만, 그때 어린 나는 이해할 수 없었다. 나는 엄마랑 오빠가 사라진 것을 보면서 지칠 만큼 울었던 기억이 있다. 너무 이해할 수 없었다. 계속 울고 또 울었다. 왜 다들 나는 사랑하지 않는 거냐고 소리친 건지도 모른다. 이럴 거면 왜 낳았냐고 묻고 싶었는지도 모른다. 그렇게 울다가 지쳐서 잠이 들었다. 내가 그렇게 많이 슬펐다는 걸 엄마에게 보여줄 수 없어서 억울한 마음이 들었다. 내가 이만큼이나 서운했다는 것을 보여주고 싶었는데 보여줄 사람이 없으니 더 눈물이 났던 것 같다. 아마도 오빠의 옷을 사러 갔거나, 오빠를 데리고 병원을 갔을 수도 있다. 둘 다 데리고 가기엔 벅차서 그랬을 것이다. 지금은 이렇게 생각하지만, 그때 그걸 이해하기엔 나는 너무 어렸다.

그렇게 나는 이 세상에 굳이 태어나지 않아도 되었을 사람. 없어진다고 해도 누구 하나 찾을 것 같지 않은 아이. 있으나 마나 한 그런 의미 없는 존재. 나는 나를 그렇게 생각하고 있었다. 어린 시절의 기억들은 사람의 자존감 형성에 큰 영향을 준다고 생각한다. 사랑을 많이 받은 사람일수록 더 많이 베풀 수 있는 거란 말에 공감한다.

나는 나 자신을 별로 사랑하지 않았다. 가끔 불필요한 존재라는 생각까지 들었다. 외할머니는 후에 치매를 앓으셨고, 엄마는 집에서 가장 가까운 요양병원에 할머니를 모셨다. 엄마도 세상을 살아내느라 바빠서 몸소 외할머니를 돌볼 여력이 없으셨던 것이다. 그래도 다행히 멀지 않은 곳에 계셔서 자주 병문안을 갈 수 있었다. 외할머니는 끝까지

나를 가슴 아프게 했다. 치매를 앓던 와중에도 오빠는 반갑게 맞아주셨다. 하지만, 나에게는 여전히 냉담하셨다. 이렇게도 잔인할 수가 있다니… 정말 그분의 마음속에는 나란 사람이 없다는 걸 느꼈다. 치매를 앓고 있는 할머니를 향해서 화를 낼 수도 없었지만, 서운함은 오래도록 내 가슴에 남았다. 할머니는 하루가 다르게 약해지셨고 병문안 갈때마다 앙상하게 말라가셨다. 사람이 이렇게도 살이 빠질 수가 있구나 싶을 만큼 뼈만 남았다. 그러던 어느 날 외할머니는 저세상으로 먼 여행을 떠나셨다. 결국 나한테 사랑한다는 말 한마디 해주지 않으신 채… 할머니에게 이야기 하고 싶었다. 나도 사랑받고 싶었다고. 늘 불만이 있어보이던 그 눈빛이 싫었다고. 작은 실수에도 화를 내시던 모습이 서운했다고. 그래도 하늘나라까지 조심해서 가시라고. 물론, 성인이 된 지금은 그때만큼 상처받는 일은 드물다. 아쉬운 점이 있다면 그때 사랑이란 걸 많이 받아봤으면, 내가 지금보다는 나 자신을 사랑하는 사람으로 자라지 않았을까 스스로 묻게 된다. 나는 살면서 나를 사랑해 본 적이 별로 없다.

과수원

부모님은 한 번도 내게 성적표를 보여 달라고 하지 않으셨다. 오히려 내가 성적이 잘 나온 날에 칭찬이 고파 일부러 보여드리곤 했다. 부모님은 항상 바쁘셨다. 우리 네 남매를 먹여 살려야 하는 것이 가장 큰 과제였을 것이다. 부모님의 삶의 무게를 알 수 없었던 그 시절에는 그런 무관심에 서운한 마음이 들었다.

아빠는 어린 시절 제법 부유하게 자라셨고, 덕분에 많은 땅을 물려받을 수 있었다. 평범한 가정에서 자란 엄마를 만나 결혼했고 할아버지께 물려받은 땅에서 농사를 지으면서 누구보다 열심히 사셨다. 그러다가 단감농장을 하던 친구가 너무 잘되는 것이 부러운 아빠는 엄마의 만류에도 불구하고 소유하던 땅을 거의 다 처분해서 집에서 멀리 떨어진 과수원을 매입하셨다. 과수원은 아주 컸다. 작은 산 정도의 크기였으니 그걸 계약하시고 기뻐하셨을 아버지의 모습이 눈에 그려진다. 문제는 그 후에 일어났다. 과수원을 해본 적 없는 초보 농사꾼에게 단감 농사는 결코 쉬운 일이 아니었다. 엎친 데 덮친 격으로 아빠가 팔았던 그 땅이 택지로 개발이 되기 시작하면서 땅값이 천정부지로 치솟았다. 과수원을 사고 얼마 지나지 않아 일어난 일이니, 후회해도 소용이 없는 일이었다.

과수원을 사는 것에 크게 반대했던 엄마는 결국 아빠와 싸우는 횟수가 많아지기 시작했다. 하지만, 후회한들 돌이킬 수는 없는 노릇이었다. 그때 당시 땅을 가지고 있던 아빠의 친구들은 모두 좋은 자리에 있는 건물의 건물주가 되었으니 이게 무슨 운명의 장난인가 싶기도 하다. 결국 잠깐의 잘못된 선택으로 단감 농사를 시작하게 되신 부모님은 커다란 과수원을 일궈내기 위해 자식들에게 신경을 쓸 여력이 없었다.

초등학교 저학년일 때 부모님이 우리 네 남매를 데리고 과수원에서 일을 시키셨다. 우리가 하도 말을 안 들으니 일이 얼마나 힘든지 알게 되면 자식들이 달라질 거라는 기대감이 있으셨던 것이다. 한 번도 해본 적 없는 일을 해서 처음에는 신나서 뛰어다녔다. 단감나무 가지를 줍는 일을 했는데 별로 어렵지 않았다. 떨어진 가지를 모아서 부모님께 가져다 주면 되었다. 과수원을 한 이후로 늘 바쁘기만 했던 부모님과 온종일 같이 있다는 것만으로도 행복했다. 한 시간, 두 시간이 지나자 점점 속도가 느려졌다. 팔은 아파지기 시작했고 뛰어다니던 발걸음은 점점 느려져 갔다. 그러다가 저녁쯤이 되니 몸살이 날 것만 같았다. 그때 육체적 노동이 얼마나 힘든 건지 알게 되었다. 부모님은 과수원을 사고 나서부터 바쁘고 힘든 삶을 살 수밖에 없었다. 자식인 우리에게도 힘든 삶이 고스란히 전해졌다. 밤늦게 일을 마치셨으니 대화가 있을 리 만무했고, 고된 몸을 뉘면 바로 주무시니 부모님의 사랑을 느낄 새가 없었다. 당시 아직 어렸던 나는 늘 사랑이 고팠다. 하지만, 나를 안아줄 여력이 그분들에게는 없어 보였다.

지금도 잊히지 않는 기억이 하나 있다. 내가 다니던 초등학교는 학생

수가 너무 많아서 오전반 오후반을 나눠서 수업했다. 그날은 오후 반이어서 늦게 학교에 가는 날이었다. 조그마한 상에 밥과 반찬을 차리고 혹시나 파리가 앉을까 봐 망으로 된 덮개를 씌워 놓고 부모님은 일찍부터 일을 하러 가셨다. 큰 언니는 중학생이라 아침 일찍 학교에 갔고, 작은 언니와 오빠는 오전반이라 모두 학교에 가고 없었다. 혼자 남아 밥을 먹고 학교에 가려니 별로 신이 나지 않아 숟가락을 그대로 내려놓고 같은 학교에 다니던 친구 '미'의 집에 놀러 갔다. 엄마가 전업주부였던 '미'는 마침 식사 중이었다. 친구 엄마는 늘 그랬듯 나를 반갑게 맞아주셨다. 밥 한 그릇을 더 떠 와서 같이 먹는데 친구 엄마가 친구의 밥에 반찬을 하나 올려주신다. 나도 모르게 집에 있던 쓸쓸한 밥상이 생각나며 눈물이 핑 돌았다. 엄마는 그걸 차려놓고 아침 일찍 과수원으로 일을 하러 가셨던 것이다. 당시 나는 고작 8살, 혼자 밥을 먹고 학교에 가기엔 너무 어렸다.

밥을 다 먹고 그 친구와 모의를 시작했다. 내일 오전에 우리 과수원에 함께 놀러 가보자고 말이다. 혼자 가기에는 겁이 났던 모양이다. 아무것도 모르는 순진한 친구는 좋다고 했다. 역시나 다음날도 차려진 작은 밥상의 밥을 먹는 둥 마는 둥 하고 친구와 함께 과수원을 향해 출발했다. '미'와 나는 산을 하나 넘었다. 과수원은 지리적으로 다른 동네에 있어서 둘러 가기엔 멀어 지름길로 가려면 산을 올라야 했다. 무슨 용기로 그 산으로 갔는지… 지금 생각해 보니 친구에게 미안한 마음이 크다. 혹시 뱀이 나올까 봐 나뭇가지를 하나씩 주워서 땅을 치면서 걸었다. 천만다행인지 뱀은 나오지 않았고, 과수원에 가는 길은 생각보다는 그리 어렵지 않았다. 엄마랑 간 적이 있는 그 길을 따라가기면 하면 되는 일이었다. 산을 하나 넘으니 도로가 나왔고, 도로를 넘어가니 마을이 보였다. 몇 채 안 되는 집들이 옹기종기 모여 있는 작은 마을이었다. 좀 더 걷다 보니 기찻길이 나왔다. 기찻길을 보자 안심이 되었다. 기찻길을 지나면 얼마 떨어지지 않은 곳에 우리 과수원이 있었기 때문이다. 무거워지던 발걸음이 점차 가벼워짐을 느끼며 친구와 함께 뛰기 시작했다.

막상 과수원 입구에 도착하니 걱정이 되기 시작했다. 본능적으로 이것은 칭찬받지 못할 일이라는 예감이 들어서였다. 엄마가 보고 싶어서 무작정 찾아오기는 했지만, 그때부터는 가슴이 두근거렸다. 그렇다고 그냥 돌아갈 수도 없는 노릇이었다. 무엇보다 엄마의 얼굴을 보고 싶었다.

안을 살짝 들여다보니 부모님은 고무통에 농약을 타고 있었다. 아마도 나무에 약을 뿌리는 날이었던 것 같다. 과수원의 규모만큼이나 아주 큰 고무통이었다. 흰색 가루에 물이 섞이니 보글보글 거품이 일었다. 아빠는 물을 섞고 있었고 엄마는 아빠 옆에서 줄을 잡고 있었다. 약 타는 일에 집중하고 있어서일까? 한참이나 입구에 서있었는 데 부모님은 친구와 나를 발견하지 못하셨다. 이대로는 안 되겠다 싶어서 일부러 입구에서 왔다 갔다 걸어 다녔다. 아니나 다를까 엄마가 금방 나의 존재를 알아보았다. 내심 기쁘면서도 혼날까 봐 걱정도 되었다. 역시나 부모님의 불호령이 떨어졌다. 지금 당장 약을 쳐야 하는 상황인데 내가 왔으니 계획대로 할 수 없음에 화가 났을 것이고, 오후반이라 등교를 시켜야 하는데 아이 둘만 집으로 보내자니 걱정도 되셨을 것이다. 정확히는 기억은 안 나지만 욕 비슷한 것과 짜증 가득한 말들을 쏟아 내셨던 것 같다.

나도 나지만 내 친구는 무슨 봉변이었을까… 지금은 연락이 닿지 않는 '미'에게 그날의 기억이 어떻게 남아있는지 묻고 싶다. 결국 엄마는 일을 중단하시고 우리 둘을 데리고 산길을 되돌아오셨다. 친구를 보내고 집으로 왔다. 그날 엄마에게 빗자루로 엄청나게 매를 맞았다. 때리는 엄마도 울고 맞는 나도 울었다. 얼마쯤 시간이 흐른 후 진정되신 엄마는 차려진 밥상에 있는 밥을 나에게 먹이셨다. 학교 갈 준비물을 한 번 더 확인해 보고는 학교 안 가면 또 혼이 날 거라고 협박을 했다. 계속 울고 있는 나를 보며 가슴이 아팠는지 내 손에 500원 동전을 쥐여주셨다. 그러고는 엄마는 왔던 길을 돌아 과수원으로 가셨다. 엄마의 뒷모습을 보면서 8살의 나는 오열을 했다. 엄마가 손에 쥐여주고 가신 동전을 손에 꼭 쥐고서 그날 참 많이도 울었다. 지금도 그때를 생각하면 눈물이 흐른다. 500원 동전에는 엄마의 사랑과 함께 해주지 못하는 미안함, 그리고 엄마의 삶의 고됨이 고스란히 묻어있었다. 어린 나이였지만, 그 모든 감정들이 다 느껴졌다. 지금도 그때 생각을 하면 목이 뜨거워지는 걸 보니 그날은 몸도 아프고 마음도 많이 아팠나 보다.

단감 농사는 잘되는 해도 있었지만 실패하는 해도 많았다. 한번은 학교 갔다가 집에 돌아오니 단감 박스가 가득 쌓여 있었다. 들여다보니 주황빛으로 먹음직해야 할 단감이 시커멓게 멍이 들어 있었다. 단감이 얼어 버린 것이다. 먹어보니 아주 사각사각하니 무를 씹는 맛이 났다. 아니 무맛보다 못했다. 상품 가치가 없는 그 단감들을 처리할 수 없어 집으로 들고 온 것이다. 그때 두 분의 표정을 아직도 잊을 수가 없다. 태풍이 오는 날은 모든 가족이 긴장 상태에 들어갔다. 보통 태풍이 늦가을에 오는 경우가 많은데, 그때는 단감을 수확하는 시기라 일 년

동안의 노력이 수포로 돌아가는 경우가 많았다. 단감 농사는 절대 쉬운 게 아니었다. 부모님만큼 열심히 사는 사람들을 본 적이 없다. 새벽부터 일어나셔서 하루도 빠지지 않고 일을 하셨고 고된 일도 마다하지 않으셨다. 나는 죽었다 깨어나도 부모님만큼 열심히 일하지는 못할 것 같다. 그런데도 사는 형편은 크게 나아지지 않았다. 늘 고생하시는 두 분의 굽은 등이 나에게는 아픔이고 상처다.

삶의 무게 때문인지 아빠는 부정적인 말들을 많이 하시는 편이다. 성실함은 정말 존경하지만, 조금 더 긍정적이길 바라는 건 나의 욕심일까… 고된 일을 하고 온 날이면 더 심하셨다. 그런 아빠의 모습이 가슴 아프면서도 안 그랬으면 하는 바람이 컸다. 늘 그런 말들을 들으면서 살아왔기 때문인지 나 역시 세상을 바라보는 눈이 그리 아름답지는 못하다. 잘되는 쪽보다는 안 되는 쪽을 먼저 떠올렸다. 삶의 무게에 짓눌려진 부모님은 칭찬해주는 일이 거의 없었다.

나는 칭찬이 늘 그리웠다. 하지만, 칭찬을 들을 수는 없었다. 나는 그저 그런 아이니까… 부모님이 내세울 게 없는 아이니까… 아니 어쩌면 어릴 때 낳지 말았어야 할 아이였으니까… 부모님에게는 내가 좋을 리가 없었을 것이다. 오히려 그분들의 어깨에 짐을 하나 더 올려놓은 존재일 뿐이었을 것이다. 커가면서 나는 나를 그렇게 정의 내리고 있었다. 불필요한 존재, 없어도 되는 사람, 있으나 마나 한 사람, 오히려 짐이 되는 존재… 이런 생각들이 내 자아를 조금씩 갉아먹고 있었다.

리어카

단감 농사는 마음먹은 대로 잘되지 않았고, 십 년 넘게 과수원을 해 오시면서 몸도 많이 상하신 부모님은 자구책을 찾았다. 그것이 바로 채소 농사였다. 다행히 외삼촌 명의의 밭이 있어서 부모님은 그곳에 채소를 심기 시작했다. 내 기억으로는 처음에 과수원과 채소를 함께 했는데 여의찮으셨는지 결국은 과수원은 임대로 주고 채소 농사를 주로 했던 것 같다. 나는 농사를 짓는 부모님이 싫었다. 다른 일도 많은데 왜 하필 농사인지. 그리 멋져 보이는 것도 아니고, 고생한 것에 비해서 수익이 그리 큰 것도 아니었다. 작게 시작했던 채소 농사는 상추를 시작으로 오이, 파, 토마토, 고추 등 그 규모가 점점 늘어나고 있었다. 문제는 판로였다. 채소 농사는 키우는 것만 잘하면 되는 일이 아니었다. 유통을 잘 시켜야 의미가 있는 일이다.

채소를 키우고 난 뒤 팔아야만 돈이 됐기에 엄마는 장사해야겠다고 결심을 했다. 엄마는 처음 해보는 장사가 얼마나 망설여졌을까? 그런데도 시작할 수 있었던 건 아마도 아직 어린 자식들이 네 명이나 있었기 때문이 아니었을까? 우리 네 남매가 아니었다면, 엄마가 그런 용기를 낼 수 있었을까?

기억이 정확하지는 않지만, 예전에 들은 이야기로는 아빠가 군인이었고 결혼 후에도 엄마랑 멀리 떨어져 생활했다고 한다. 아이 둘을 낳고 엄마가 이유 없이 아프고 시름시름 앓아눕게 되면서 아빠는 그곳의 모든 생활을 접고 내려와서 농사를 짓게 되었다고 했다. 대책 없이 사회에 던져진 아빠가 할 수 있는 건 할아버지가 물려주신 농사가 유일한 길이었다. 하지만, 엄마가 채소 장사를 하게 만든 아빠의 무능력함이 싫었다. 차라리 회사 같은 곳을 다니셨으면 이렇게까지 고생을 안 해도 되는 일인데 왜 아빠는 할아버지가 물려준 그 세상이 전부인 것처럼 보셨던 걸까?

인생은 탄생과 죽음 사이에 선택으로 이루어진다고 했다. 결국 아빠가 선택한 길은 평범한 회사생활이 아닌 고되기 그지없는 농사였던 것이다. 생각해보니 우리는 어떤 결정의 순간이 다가올 때 그 선택이 우리 인생에 얼마나 많은 영향을 주는지 감히 상상도 하지 못한다. 땅을 모두 팔고 과수원을 선택한 이후로 부모님의 삶은 고행의 연속이었다. 단감 농사의 실패로 사업 밑천이 없었던 부모님은 가게를 구할 형편이 안 되었다. "엄마가 절대로 과수원은 안 된다고 했을 때 엄마 말을 들었다면 지금쯤 편안하게 살 수 있었을 텐데…"라고 아빠가 후회하는 말을 언젠가 들은 적이 있다. 하지만, 후회해도 소용없는 일이었다. 결국 가게를 구하지 못해 노점을 하게 되었다.

엄마의 시간을 모두 따라다니지 못했으니 엄마가 겪은 사연을 다 알지는 못한다. 하지만, 처음이라는 낯선 느낌과 가게가 없는 서러움으로 이리저리 옮겨 다니며 채소를 팔았을 엄마를 생각하면 지금도 가슴이 미어진다. 나는 점점 더 세상을 바라보는 눈이 어두워져 갔다. 부모님은 늘 힘들었고, 나는 늘 세상을 살아내는 것이 즐거운 일이 아니라는 생각을 하게 되었다. 나에게 사는 건 그리 행복한 일이 아니었다. 늘 돈에 쪼들려 일에 파묻혀 사는 부모님이 마음이 아프다가도 이렇게 살 수밖에 없는 현실이 싫었다.

집에서도 웃을 일은 크게 없었다. 육체적으로 힘들었던 부모님은 늘 예민해져 있었고 조금만 부딪혀도 큰 싸움이 되기 일쑤였다. 사는 게 여유가 없어 보였다. 초등학교 때인가, 방에서 낮잠을 자고 있었는데 밖에서 싸우는 소리가 들렸다. 역시나 부모님의 싸움 소리였다. 소리는 점점 더 커졌고 문을 살짝 열고 밖을 보니 쌀을 씻던 대야를 아빠가 던졌는지 바닥에는 온통 흰쌀이 흩어져 있었다. 두 분의 싸움이 좀처럼 진정되지 않자 어린 마음에 무릎을 꿇고 두 손을 모아서 간절히 기도했다. 믿는 신은 없었지만, 어떤 절대적인 힘이 어린 마음에도 간절히 필요했었나 보다… 어린 시절은 늘 불안함의 연속이었다. 부모님이 언제 싸울지 모른다는 공포로 늘 살얼음판을 걷는 기분이었다. 오늘은 표정이 어떤지, 늘 부모님의 상태를 살폈다. 부모님의 기분이 좋으면 나도 좋았다. 두분이 서로 말씀이 없는 날은 집에 있고 싶지 않았다. 언제 싸움이 시작될지 모르는 폭풍전야와 같은 고요함이 나를 더욱 힘들게 했다.

그렇게 불안했던 몇 해가 지나고 다행히 지인분의 식육점 앞에서 엄마는 장사를 할 수 있게 되었다. 지금 생각해도 그분의 배려가 감사하다. 고기를 사면서 채소를 같이 살 수 있는 시스템이니 엄마는 전보다 수월하게 장사를 했다. 하지만, 여전히 우리 가게는 없었다. 좋은 자리를 얻게 되어서일까? 엄마도 굳이 가게를 필요로 하지는 않았던 것 같다. 마음속으로는 번듯한 가게에서 제대로 일을 했으면 좋겠는데 엄마는 가게 구할 돈도 아껴야 한다고 생각하셨던 것 같다. 그 모진 세월을 어떻게 다 풀어 놓을 수 있을까…

여름에는 더워서, 겨울에는 추워서, 비가 오면 비를 맞고, 바람이 부는 날은 그 바람을 고스란히 온몸으로 맞아가며 장사를 했다. 여자의 일생으로 보나 한 사람의 인생으로 바라보나 엄마의 삶은 '고됨' 그 자체였다. 아니, '고됨'이라는 단어 하나만 가지고는 절대 충분하지 않다. 엄마가 살아온 세월을 어떻게 다 말로 할 수 있을까… 한 번도 엄마는 편안해 보인 적이 없었다. 그런 엄마가 한없이 애처로우면서도 마음 한편에서는 절대로 엄마처럼 살지 않겠다고 다짐했다. 엄마처럼 살 것 같으면 차라리 죽어버리고 싶다고 생각한 적도 있다.

그저 해야 하니까 하는 것이고, 어제도 했으니까 오늘도 하는 일상일 뿐이었다. 돈을 벌어야 했으니까… 돈이 필요했으니까… 어쩌면 그때부터 나에게 돈에 대한 집착이 생겼는지 모르겠다. 돈만 있으면 엄마가 저런 고생을 안 해도 된다는 막연한 생각이 들었다. 돈만 있으면 모든 것이 해결될 것만 같았다. 서점에 갈일이 생기면 돈에 관련된 책만 사서 읽었다. 부동산, 재테크, 경매 등 돈 관련 책 말고는 아예 관심이 없었다. 간혹 가다가 부자로 성공한 사람들 이야기도 심취해서 읽었다. 그런 책들을 읽고 나면 나도 금방 부자가 될 것 같은 희망이 생기기도 하여 작은 위로가 되었다.

그때 당시 학생인 내가 할 수 있는 일이라고는 엄마가 장사를 마칠 때 즈음 엄마를 마중 나가는 것뿐이었다. 솔직한 마음으로 그것도 싫었다. 장사한 곳을 정리하다가 아는 친구들과 마주치는 상황들이 그리 반갑지 않았다. 당시 나도 한참 예민한 사춘기였다. 지나가는 아이들이 수군 거리는 것 같았다. 왠지 나를 불쌍하게 볼 것만 같았다. 그 상황이 되면 시간이 빨리 지나갔으면 하는 생각밖에 없었다.

엄마가 장사하던 물건을 다 정리하면 리어카에 실어서 집으로 끌고 와야 했다. 어린 나에게는 버거운 일이었지만, 엄마에게만 맡겨둘 수도 없었다. 아빠는 농장에서 일하고 있고 언니들과 오빠는 학교에 가서 늦게 오니 엄마를 도울 사람이 나밖에 없었다. 집이 그리 먼 것은 아니었지만, 집으로 돌아오는 길이 너무나 멀게만 느껴질 때가 많았다.

지금도 머릿속에 생생하게 그려지는 기억이 하나 있다. 비가 조금씩 내리더니 갑자기 소나기가 되어 하늘에서 구멍이 난 듯 비가 쏟아졌던 날이다. 날은 어두웠고 초겨울에 막 접어들 때라 쌀쌀했다. 마음이 급해져서 조금씩 걸음이 빨라졌다. 저기 멀리서 엄마가 보였다. 하필 그날 식육점이 개인 사정으로 문을 닫았다. 식육점에 불이 켜져 있을 때는 환했는데 식육점의 셔터가 내려가 있으니 엄마가 장사하던 곳은 암흑천지였다. 노란 가로등 불빛에 기대어 정리를 하고 있던 엄마가 눈에 들어왔다. 나는 더 빠른 걸음으로 달렸다. 나도 모르게 볼멘소리가 나왔다. "오늘 같은 날은 빨리 끝내지, 뭐 하러 지금까지 장사를 하냐고…" 우비를 입고 있었지만, 엄마는 이미 비에 흠뻑 젖어 있었다. 짜증이 났다. 왜 이렇게 살 수밖에 없는 건지 화가 났다. 이런 생활이 진절머리 나게 싫었고, 벗어나고 싶었다. 비를 맞으면서 정리하는 것도 싫었고, 리어카도 끌기 싫었다. 나는 왜 부잣집에 태어나지 못했나 싶은 마음도 들었다.

그런 생각을 하는 사이에 엄마는 짐을 리어카에 모두 실었고, 나는 늘 하던 대로 앞에서 리어카를 끌었다. 엄마는 지쳤는지 뒤에서 조금씩 밀어주며 따라오고 있었다. 눈물이 쉼 없이 흘러내렸다. 불행인지 다행인지 눈물이 빗물에 섞여 비를 맞는 건지 눈물을 흘리는 건지 나조차도 알아차리기 힘들었다. 하지만, 어느 때보다 눈물이 뜨거웠다.

어디론가 사라지고 싶었다. 비도 내리지 않고 리어카도 없는 그런 따뜻한 곳으로 가고 싶었다. 이렇게 살기 싫었다. 어린 나이에 리어카를 끌고 있는 내 운명도, 그보다 천배는 더 힘들 엄마의 인생도, 말도 못 하게 서러운 마음이 들었다. 가슴속으로 뜨거운 불덩이 하나가 들어와서 눈도 입술도 흐르는 눈물도 뜨겁게 만드는 것 같았다. 그때 이미 세상살이가 쉽지 않다는 걸 느꼈던 것 같다. 조금 더 뒤에 알아도 되는 일을 너무 일찍 알아 버렸다. 이런 상황에서도 긍정적인 사람이었다면 더 나은 방법으로 상황을 이겨냈을지도 모르겠으나, 나에게는 그런 에너지가 없었다. 나는 늘 부정적인 시선이 더 큰 사람이었다. '된다' 보다는 '안 된다'는 말을 더 많이 했고 조그만 일에도 화가 나는 일이 많았다. 모든 것이 불만족이었다. 세상에는 그리 즐거운 일이 없었다. 그저 숨이 붙어 있으니 사는 것, 내게는 그뿐이었다.

흉터

친구들과 만나기로 한 어느 날 오후, 약속 장소와 그리 멀지 않은 곳에 주차를 하고 걸었다. 제법 차가운 바람이 불어와 코트의 깃을 한 번 더 여미었다. 카페들이 즐비한 일명 '카페 거리'에서 하얀 인테리어가 유난히도 눈에 띄는 한 카페로 들어갔다. 커피 원두의 향긋한 냄새가 코끝을 스친다. 괜히 기분이 좋아지는 향이다. 모던한 인테리어에 전체적으로 밝은 느낌을 주는 작고 아담한 카페다. 세련되어 보이는 액자가 군데군데 걸려있다. 평일이라 그런지 사람이 많지는 않다. 비어있는 창가 자리로 향하다 문득 생각나는 것이 있어 햇볕이 직접적으로 들지 않는 안쪽의 자리에 가방을 올려놓았다. 십 분 정도 일찍 도착했기에 친구들이 오길 기다리며 잠시 생각에 잠겼다.

카페의 창가 자리, 혹은 어떤 곳이든 밝은 햇살이 너무 강하게 내리쬐는 곳은 내가 가장 싫어하는 장소 중 하나다. 어릴 때부터 그랬다. 창가 자리에 앉으면 내 단점이 너무 잘 보이기 때문이었다. 내가 두세 살쯤이었다. 엄마가 밀린 집안일을 하느라 바빠서 나에게 신경을 쓰지 못하고 있을 때, 두 살 터울의 오빠가 내 얼굴을 손톱으로 긁었다. 동생만 예뻐하는 것에 한참 질투를 느낄 시기였을 것이다. 불행히도 나의 뺨에는 오빠의 손톱자국이 깊이 파였다. 너무 어릴 때라 아픔은 기억나지 않는다. 하지만, 나에게는 제법 긴 흉터가 남았다. 부모님은 별로 대수롭지 않게 여겼다. 잘 보이지 않는다고 위로가 되지 않는 말들을 늘 하셨다. 친척들이나 주변 사람들이 지나가다가 아무 생각 없이 던지는 말.

"흉터가 제법 크다. 여자아이 얼굴을 다 버려 놨다…"

그런 이야기를 들을 때마다 난 점점 더 뒤로 숨었다. 본래 자신의 단점은 자기 눈에 가장 크게 보이는 법이다. 늘 신경 쓰이는 것 중의 하나였다. 남들이 혹시나 또 뭐라고 하지는 않을까? 두드러져 보이지는 않을까? 이쯤에 서면 좀 덜 보이려나? 누군가와 대화를 나누면서도 늘 머릿속으로는 이런 생각들을 하고 있으니 대화에 집중될 리가 없었다. 이야기 도중에 갑자기 내 흉터 이야기가 나오기라도 하면 난 금방 주눅이 들었다. 점차 나는 나를 자꾸 뒤로 감추는 사람이 되어 갔다.

사정이 이러니 나름 빛을 연구(?)하게 되었다. 창가 자리에서 오는 햇살은 나에게 가장 큰 적이다. 측면에서 오는 빛이 내 얼굴의 흉터를 가장 도드라져 보이게 한다는 것을 알았다. 좋아하는 빛은 화장실에서 나오는 은은한 조명이다. 역광이 사람을 가장 아름답게 한다는 사실도 알게 되었다. 옆에서 오는 빛만큼이나 최악은 촛불 조명이다. 촛불로 보는 빛은 누구나 무섭게 보이기도 하지만, 흉터를 더욱 도드라져 보이게 한다. 은은한 조명이 있는 곳에 가면 마음까지도 편해졌으니 나한테는 얼굴의 흉터가 곧 마음의 상처였다. 이 흉터가 아니었다면 좀 더 밝은 성격이 되었을지도 모른다. 이것으로 인해 나는 늘 고개를 숙일 때가 많았다.

십 대 후반에 흉터에 대해 고민하다가 가까운 병원을 찾았다. 당장이라도 없애고 싶었다. 의사는 내가 아직 성장단계라 성인이 되고 나면 수술하는 것이 좋다고 말했다. 시간이 흘러 성인이 되었고 머릿속에 늘 생각은 하고 있었지만, 일을 바로 시작하게 되면서 수술을 할 엄두를 내지 못했다. 내 스트레스가 심하긴 했던 모양이다. 일할 때는 내가 좋아하는 자리가 있었다. 누구나 밝은 곳을 선택하지만, 나는 빛을 등지고 앉는 자리를 내 전용공간으로 정했다. 그곳은 남들에겐 그리 인기 있는 자리는 아니었으나 나에겐 가장 위로가 되어주는 자리였다. 빛을 등지는 자리에서는 흉터가 잘 보이지 않아 안심되고는 했다. 친구들을 만날 때도 모자를 쓰면 조금은 마음이 편했다. 야구모자의 창이 그늘을 만들어주면 흉터로 패인 자국이 조금 덜 보인다는 생각이 들었다. 그래서인지 야구 모자를 자주 쓰고 다녔다. 난 가려야 하는 게 많은 사람이었다.

결국 30대가 되자 더는 안 되겠다는 생각이 들었다. 인간관계에서도 그렇고 일을 할 때도 늘 신경이 쓰이니 집중이 안 될 때가 많았다. 혼자 병원을 알아보았다. 인터넷 검색을 하고 유명하다는 병원 두 곳에서 상담을 받았다. 의사 선생님의 인상이 조금 더 좋아 보이는 곳이 마음에 들었다. 두려운 마음을 가지고 상담을 했다. 피부는 '결'이란 것을 가지고 있어서 뺨 같은 경우 가로 상처였다면 수술했을 때 훨씬 효과가 좋았을 거라고 했다. 불행하게도 나는 세로로 길게 그어진 흉터를 가지고 있었다. 이런 흉터는 수술을 한다고 해도 완벽하게 없애지는 못한다는 다소 부정적인 이야기를 들었다. 그래도 '지금보다 조금이라도 좋아질 수 있다면'이라는 작은 희망이 있었다. 결국 'Z'자로 수술을 했다. 그것이 최선이라고 했다. 큰 상처 밴드를 붙이고 나오는데 사람들이 다 쳐다보는 것 같아 고개를 들 수가 없었다. 그래도 나아질 수 있다는 희망이 있어서 그 정도쯤은 견딜 수 있었다.

시간은 상대적인 것이라 더디게만 흘러갔다. 하루가 지나고 십일, 한 달이 지나갔다. 상처는 생각보다 빨리 낫지 않았다. 붉은 자국이 심하게 남았다. 수술한 곳은 피부가 얇아져서인지 누르면 아프기도 했다. 그렇게 시간이 좀 더 지나니 상처 주변은 다른 살처럼 부드럽지 않고 딱딱한 느낌이 든다. 물론 수술 전보다 나아진 건 사실이다. 깊이 파인 흉터가 없으니 훨씬 눈에 덜 띄긴 한다. 사람의 욕심이 끝이 없어서 일까? 'Z'자로 수술을 한 부위가 울퉁불퉁한 느낌이 들어서 아쉬운 마음이 든다. 재생 연고도 발라보고 흉터에 좋다는 제법 비싼 밴드도 계속 붙이고 다녀봤다. 하지만 크게 호전이 되지는 않았다. 흉터라는 것이 지우개로 지우듯이 깨끗하게 지워지지 않는다는 것을 그제야 알았다. 이만하면 됐다는 마음이 들기도 하고, 그래도 표가 나는 것 같아 속상한 마음이 들기도 했다.

얼마 전 운전을 하다가 신호에 걸려 대기하고 있을 때 룸미러로 얼굴을 보게 되었다. 햇살이 강하게 들어오니 여전히 수술 자국이 선명하게 보인다. 콤플렉스가 있다는 건 그리 좋은 일이 아니다. 숨겨야 하고 떳떳하지 못하다. 나에겐 흉터가 그랬다. 사람들을 만나서 이야기를 나누다 보면 저마다의 상처는 존재한다. 저마다의 상처 때문에 우울해지기도 하고 삶이 비관적으로 변하기도 한다. 내게는 성격이 소심해지는 이유가 되기도 했다. 나는 적극적인 사람이 아니었고, 부끄러움이 많은 사람이었으며 또한 늘 자신감도 없었다.

남들 눈에는 별것도 아닐 수 있다. 하지만, 사람은 자신의 손톱 밑에 있는 가시가 가장 아픈 법이다. 이것이 늘 나를 아프게 했고 신경이 쓰였으며 불만이기도 했다. 그런 생각을 하던 중 자동차 사고로 전신 화상을 입은 『지선아 사랑해』 이지선 지음/문학동네 펴냄의 저자인 이지선 교수의 예전 강의를 다시 보게 되었다. 이 작은 상처 하나가 뭐라고 이렇게까지 고민을 하고 숨어야 했을까 생각이 들기도 했다. 이지선 교수에 비하면 내가 가진 고민은 너무나도 하찮은 것이었다. 그런 강의들을 찾아보며 마음가짐을 바꾸려고 스스로 노력했다.

어려움을 극복한 사람들의 이야기는 늘 나에게 힘이 되어 되돌아온다. 지금은 예전보다는 덜 숨는다. 조금 더 사람들 앞에 나아가려고 하고 적극적인 사람이 되어, 보려고 한다. 세상을 긍정적으로 바라보기 위해 애쓰기도 한다. 낮아진 자존감을 어떻게 하면 높일 수 있을까 늘 고민도 한다. 인터넷 검색을 해서 자존감을 높이는 방법에 대해 찾아보기도 한다.

난 늘 예민한 아이였고, 다른 사람의 눈을 많이 의식하는 그런 사람이었다. 물론 흉터가 있다고 해서 지금의 부정적인 내가 만들어진 것은 아니다. 하지만, 분명 그 부분이 나의 성격 형성에 어느 정도 영향을 미친 것은 사실이다. 조금 나이가 들어서 그런지 요즘은 예전처럼 병적일 정도로 숨지는 않는다. 단지 창가 자리를 피할 수 있다면 굳이 그곳에 앉지 않을 뿐이다. 세상을 잘 살아가기 위해서는 내가 나 자신을 사랑해야 한다는 것을 안다. 아주 조금씩 나를 사랑하는 법을 알아가는 중이다.

두 번째 이야기

치열한 인생 속에서

대학

스프링 연습장, 그 위에 수학 문제를 푼다. 숫자에는 별 관심이 없던 나였지만, 수학 선생님을 열렬히 짝사랑하던 때라 이해의 학문인 수학을 암기하고 있었다. 그렇게라도 사랑받고 싶었나 보다. 성적은 그렇게 나쁘지 않았다. 하지만, 늘 문제인 건 그럭저럭하는 실력이다. 내가 갈 길이 공부다 싶을 만큼 뛰어났으면 학문 쪽에 관심을 두었겠지만, 그냥 조금 잘하는 편, 딱 그 정도였다.

쉬는 시간에는 수학 연습장 뒤에 그림을 그렸다. 사람을 그리고 내가 상상하는 옷을 그린다. 패션잡지를 보고 따라 그리기도 하고 머릿속에 있는 느낌을 흰 종이 위에 표현해보기도 했다. 어떤 날은 디자인한 옷을 1부터 10까지 만들어 제일 마음에 드는 옷을 선택해보라고 친구들에게 강요하기도 했다. '앙드레 김'을 모방해서 '앙드레 송'이라는 별칭도 스스로 만들었다. 고심 끝에 나만의 로고도 만들었다. 내가 그린 그림들이 실제로 옷이 되어 모델들이 입고, 내가 만든 로고가 박힌 패션쇼를 하는 그런 꿈. 사람들의 환호를 받으며 꽃다발을 받는 모습들을 상상하는 것이 학창시절의 나의 소소한 행복이었다.

그러던 어느 날 수업 시간에 선생님이 이야기했다.

"연습장 뒤에 있는 것이 자신의 미래가 될 수 있다."
"원래 연습장 앞은 억지로 하는 공부지만,
 연습장 뒤에 쓴 것들이 자신이 진심으로
 좋아하는 것이다."

그때부터 내 미래를 진지하게 고민하게 되었다. 어쩌면 그날부터 나는 옷 디자인을 하겠다고 결심하게 되었는지 모르겠다. 그러니 당연히 대학은 의류학과를 가야 한다고 생각했다. 그곳에만 가면 멋진 의류 디자이너가 된다고 믿었다.

의류학과가 있는 대학교를 여러 군데 알아보고 성적에 맞는 대학을 선택했다. 원서를 썼고 세 군데 정도 합격을 했다. 이제 내가 하고 싶은 공부만 할 수 있다는 생각이 들자 가슴이 뛰었다. 학교 다닐 때 물리를 왜 해야 하는지 이유를 몰랐고, 수학은 전공하고 싶은 사람만 심도 있게 배우면 안 되나 싶었다. 학교 공부라는 것이 참 비효율적이라는 생각을 많이 했다. 이 시간에 원하는 공부를 시켜주면 학생들도 재미있게 공부할 수 있고 더 나아가 나라에도 경제적인데, 왜 모두 다 똑같은 공부를 해야 하는지 이유를 알 수 없었다.

대학에 가면 내가 원하는 옷 디자인만 할 수 있다고 생각했으니 나에게 대학은 하고 싶지 않은 것을 하지 않을 자유, 바로 그 자체였다. 그렇게 대학 생활이 시작되었다. 집에서 가까운 대학도 합격했지만, 가능한 집에서 멀리 떨어진 곳으로 결정했다. 부모님을 벗어나고 싶은 마음이 가장 컸던 것 같다. 부푼 마음을 안고 4살 터울인 작은 언니랑 방을 보러 갔다. 그 지역을 잘 알던 언니는 며칠 전 미리 가서 집을 구해 놨다고 했다. 자취방은 대학교 후문에서 걸어서 10분 정도의 거리에 있었고, 빨간 벽돌로 된 2층 주택이었다. 학교와 거리가 그리 멀지 않아서 일단 마음에 들었다. 내가 살 곳은 2층이었다. 조금은 오래되어 보이는 주택이었지만, 관리가 잘 되어 있었고 무엇보다 2층으로 올라 가는 출입문이 따로 있어 마음에 들었다. 며칠 뒤 몇 안 되는 짐을 싣고 이사를 했다.

나의 첫 독립생활을 꿈꾸며, 이제 나도 성인이다. 자유다. 앗싸… 입꼬리가 나도 모르게 올라갔다. 웃음이 새어 나온다는 말이 어떤 의미인지 그때 알 수 있었다. 그저 모든 것이 설레고 기뻤다. 앞으로 그려질 대학 생활도 기대가 되었고 부모님 잔소리를 안 듣게 되어서 무엇보다 좋았다. 하지만, 짐을 풀기위해 2층 집에 들어서는 순간 뭔가 잘못되었음을 직감했다.

그곳은 일명 '자매의 방'이라는 곳이었다. 그때 당시 마음 착한 둘째 언니는 교회에 심취해있었다. 언니가 고등학생일 때 맹장수술을 하게 됐는데 병문안을 온 친구가 언니에게 '전도'라는 걸 한 것이다. 언니는 그날 이후로 하나님을 믿게 되었다. 물론 지금까지도 하나님이 최고라고 생각하며 산다. 그건 언니의 종교가 그런 것이다. 당시 나는 철저한 무신론자였다. 그런 나를 교회에서 운영하는 자매의 방으로 밀어 넣은 것이다. 큰 방이 3개 있고 거실이 하나, 공동주방이 따로 있었다. 방 하나를 두 명이 사용하는 것이었다. 오전 8시가 되면 간단한 아침 기도를 한다고 모닝콜을 해준단다. 그리고 이어지는 몇 가지의 규칙들로 남자는 데리고 오면 안 된다는 것, 그리고 통금시간이 밤 10시라는 것, 주방의 물건을 공유하는 방법, 화장실을 쓰는 시간 등등 지켜야 할 사항들을 필요 이상으로 친절하게 이야기해 준다. 그때 내가 느낀 배신감이랄까, 둘째 언니를 속으로 원망했다. 하지만, 이미 결정된 일이고 대학 새내기 일 뿐인 내가 할 수 있는 건 오로지 순종뿐이었다. 짐을 풀고 있는데 한 친구가 들어왔다. 내 룸메이트인 것 같았다. 왠지 속은 것 같아 기분이 안 좋은데 룸메이트까지 들어오니 갑자기 짜증이 밀려왔다. 한편으로는 너도 피해자구나 하는 생각에 안됐다는 마음도 들었다. 간단한 인사를 나누고 서먹한 기분으로 각자의 짐을 풀었다. 그 애도 나처럼 짐이 많아 보이진 않았다. 제주도에 살고 있다가 육지로 오고 싶어서 이 학교를 지원했다고 한다. 국어국문학과라… 의류디자인을 전공할 나랑은 관심사가 다르겠다 싶어 마음속으로 선을 그었다. 몇 가지 질문을 하고나니 더 이상 할 질문도 없었다. 그러자 다시 어색한 침묵이 흐른다. 그렇게 우리의 첫날밤(?)이 지나갔다.

룸메이트는 생활하면 할수록 너무 좋아지는 친구였다. 정도 많고 눈물도 워낙 많았다. 내가 혹시라도 늦으면 늘 나를 찾던 아이다. 늘 언니처럼 신경 써 주고, 워낙 검소해서 용돈 기입장도 빠지지 않고 썼다. 손끝도 야무져서 빨래랑 청소도 잘했다. 어느 날은 그 친구가 무를 사 왔다. 깍둑썰기를 하더니 소금을 뿌리고, 조금 있다가 체에 걸러 물을 빼더니 큰 볼에 담고 싱크대에 있던 고춧가루를 꺼내서 뿌린다. 그러니 금방 깍두기가 만들어졌다. 직접 반찬을 만들 줄 아는 그 아이가 왠지 대단해 보였다. 나는 집에 엄마도 있고 언니들도 있으니 직접 반찬을 만드는 일은 없었다. 그래서인지 그 아이가 새삼 대단하게 느껴졌다.

그 아이는 글 쓰는 걸 좋아해서 늘 무언가를 열심히 쓰고 있었다. 대학 시절에 그렇게 열심히 글을 쓰더니 지금은 라디오 작가가 되었다. 나의 자랑스러운 친구다. 내가 살면서 만난 진정한 친구 중의 한 명이기도 하다. 우리는 대학 생활을 하면서 둘도 없는 단짝이 되었다. 아르바이트도 같이 했다. 우리의 최애 아이스크림인 '거북이'를 먹으며 자취방 바로 앞 놀이터에 앉아 함께 이야기하는 것이 큰 낙이었다. 워낙 이야기를 잘 들어주는 친구고 공감도 잘해주는 성격이라 그 시간을 떠올려보면 아직도 마음이 훈훈해진다.

대학 생활 자체는 나쁘지 않았다. 성인이 되었다는 왠지 모를 뿌듯함이 있었고 시험이 있기는 했지만, 여유가 묻어있었다. 낭만이 있었고 친구들이 거기 있었다. 학과보다는 동아리 친구들과 늘 붙어 다녔다. 7명의 단짝이 있었는데 그들로 인해 나의 대학 생활이 심심할 틈이 없었다. 잔디밭에 앉아 이야기하며 술을 마시는 것도 행복했고, 가끔 시간이 맞으면 다 같이 영화를 보러 가기도 했다. 단골 노래방에 가서 노래 부르는 것도 빼놓을 수 없는 일과였다. 가끔 그때 부르던 노래가 라디오에서 흘러나오면 그 순간이 어제처럼 그려지기도 한다.

문제는 학과 공부였다. 대학에 오자마자 옷을 디자인하고 원단을 고르러 다니고 재단을 배우는 줄 알았다. 옷의 소품들을 연구하고 패션쇼를 연구할 줄 알았다. 하지만, 어디에도 그런 수업은 없었다. 아직도 기억에 남는 교양과목인 '현대체육의 이해', 수업을 들으면서 내가 왜 이러고 있나 하는 회의감이 많이 들었다. 대학을 오면 교양을 쌓아야 해서 교양수업을 군데군데 넣어 두는 것인가? 그건 내가 생각했던 공부가 아니었다. 실망감이 너무 컸다. 난 디자이너가 되고 싶은데 이 공부들은 다 뭔가? 난 실질적인 공부가 필요했다. 선배들을 봐도 의류 계통보다는 공무원 시험을 준비하거나 다른 일을 준비하고 있는 사람들이 더 많았다. 자연스럽게 학과 공부에서는 멀어져갔고 동아리에 할애하는 시간들이 늘어갔다. 친구들도 거의가 동아리친구였다.

입학할 때는 2등으로 들어왔는데 학과 성적이 계속 떨어졌다. 공부를 해야 할 이유를 찾지 못하니 점수가 나오지 않는 것은 당연한 결과였다. 그렇게 일 년을 보내고 2학년이 되자 속상한 일이 생겼다. 동아리 친구이자 유일한 학과 단짝 친구였던 아이가 휴학을 한다고 했다. 대학교 입학 즈음 IMF가 터졌는데 그 친구 집이 힘들어져서 어쩔 수 없이 선택한 거라고 했다. 남자아이들도 군대를 가야 했기에 자연스럽게 우리 모임은 없어지게 되었다. 학교를 다니고 싶지 않았다. 이대로 학교 수업을 계속 받아야 하는지도 의문이었고, 동아리에는 친구들도 없었다. 모든 것이 비어버린 느낌이 들었다. 단짝 친구가 일 년 뒤에 복학하겠다고 하니 나도 일 년만 휴학을 하면서 고민해 보자는 마음이 들었다. 마음을 정리한 그 날 나는 휴학계를 냈다.

꽃집

휴학계를 내고 모든 짐을 정리한 뒤 '자매의 방'을 나왔다. 집으로 돌아온 후, 한 달 정도 아무 생각 없이 시간을 흘려보냈다. 그사이 나의 신분이 대학생에서 백수로 바뀌어 있었다. 몸은 편했지만, 시간이 흐를수록 마음이 불편해 짐을 느꼈다. 휴학을 한 것도 미안한데 집에서 마냥 놀고 먹으려니 아무래도 눈치가 보인 것이다. 돈이라도 벌어보자 싶어서 아르바이트를 알아보기 시작했다.

무슨 일이든 원하는 자에겐 똑같은 상황도 다르게 다가오는 법이다. 평소 그냥 지나치던 꽃집에 '알바 구함'이라는 네 글자가 눈에 크게 들어왔다. 꽃집 알바라… 꽃을 주고 돈만 받으면 되니 이보다 더 좋을 수가 없었다. 똑똑… 약간 긴장된 마음으로 용기를 내어 문을 두드렸다. 잠시 후 주인처럼 보이는 50대 초반 정도의 중년여성이 걸어 나왔다. 짙은 아이라인이 인상적이었다. 단발머리에 금테 안경을 쓴 그녀는 베이지색 니트를 입고 있었다.

"저기… 알바 구하시나요?"

단도직입적으로 물었다. 꽃을 사러 온 건 아니었으니 말이다. 간단한 면접이 시작되었다. 나이는 몇 살인지, 어디 살고 있는지, 알바를 해본 적이 있는지, 몇 가지 질문이 더 오가고 난 후 내 연락처를 주고 꽃집을 나왔다. 그날 밤쯤, 내일부터 일해 달라는 전화를 받았고, 다음날 나는 꽃집 알바생이 되었다.

출근은 9시였다. 백수의 최고 장점인 늦잠을 잘 수 없는 게 가장 아쉬웠다. 부랴부랴 씻고 옷을 챙겨 입은 후 걸어서 15분 정도 떨어진 꽃집으로 향했다. 차가운 바람이 불어왔다. 챙겨온 목도리를 한 번 더 동여매고 두 손을 주머니에 찔러 넣었다. 잠이 확 달아남을 느끼며 열심히 걸었더니 어느새 꽃집 앞에 도착했다. 주인아줌마가 나와 있었다. 테이블에 앉아 간단하게 차를 한잔 마시며, 걸어오느라 차가워진 손을 녹였다.

차를 마시면서 꽃집 안을 천천히 둘러보았다. 입구의 왼쪽은 꽃다발을 만들 수 있는 탁자가 놓여 있었고, 벽에는 갖가지 부속품들 그리고 포장지들이 가지런하게 정리되어 있었다. 오른쪽에는 앙증맞은 작은 화분들이 보기 좋게 진열되어있다. 더 들어가니 허리쯤 오는 화분들이 줄지어 있었다. 그보다 더 안쪽에는 작은 비닐하우스처럼 설치된 곳에는 개업식에 많이 선물하는 큰 화분들이 있었다.

내가 제일 먼저 해야 할 일은 9시에 꽃집의 문을 열고 작은 화분들을 입구 밖으로 내는 것이었다. 화분 받침대를 먼저 깔고 제법 많은 양의 작은 화분들을 밖으로 가지고 나와 하나씩 보기 좋게 진열하는 것이다. 첫 작업부터 만만치가 않았다. 늘 자리에 있는 건 줄 알았는데 문을 닫을 때 화분을 전부 안으로 넣어야 하니 아침에는 꺼내는 게 당연한 것이었다. 바닥에 있던 작은 화분들을 하나씩 옮기니 허리가 조금씩 아파졌다. 작은 화분이라고 얕잡아 봤더니 그 무게가 만만치 않았다. 스무 개 남짓한 화분들을 다 옮기고 나니 그다음 해야 할 일이 이어졌다. 그것은 청소, 모든 알바의 기본이 청소 아닐까… 빗자루와 쓰레받기를 양손에 쥐고 열심히 쓸기 시작했다. 꽃다발을 만들다 나온 이파리며 줄기들을 봉투에 쓸어 담고 바닥에 떨어진 휴지 등을 쓸었다. 어제 잠시 볼 때는 몰랐는데 생각보다 꽃집의 규모가 컸다. 안쪽까지 꼼꼼히 청소하니 어느새 이마에 땀이 맺혔다.

잠시 쉬다가 주문을 받은 화분의 분갈이를 시작했다. 사장님의 시연이 먼저 있었고, 나도 따라서 해보는 식이었다. '오 마이 갓!' 나도 모르게 신을 부르고 있었다. 가게 오픈식 때 주로 쓰이는 큰 화분은 무게가 엄청났다. 옮기는 일부터 만만치가 않다. 시들 거나 상태가 안 좋아진 화분들은 전부 교체 리스트에 올라 있었다. 당연히 내가 해야 할 일이었다. 삽으로 화분의 흙을 전부 다 파낸 뒤에 제일 먼저 화분에서 물이 빠지는 구멍을 막아주는 체 모양의 플라스틱을 깔고, 이어서 자갈을 적당하게 깔아준다. 다음 단계로 흙을 붓고 새로운 모종을 놓은 뒤에 다시 흙을 보충한다. 살짝 다진 후 흙 위에 작은 자갈 모양의 돌을 깔아 깔끔한 모양이 되도록 만든다. 마지막으로 화분에 묻은 흙먼지를 씻어내고 옮겨 심은 모종에 물을 주고 나면 화분 하나가 완성되는 것이다. 그렇게 몇 번의 반복 작업을 하니 벌써 점심시간이다. 간단하게 밥을 먹는다. 다행히 냉장고에 반찬도 많고 식탁 위에 간식들도 많아서 작게나마 위로가 되었다. 밥이 꿀맛이 되려면 노동을 해야 함을 실감했다.

밥을 먹고 잠시 휴식을 취한 뒤 나를 찾아온 일은 꽃다발 만들기였다. 그때가 졸업 시즌이어서 꽃 사업을 하시는 분들에게는 일 년 중 가장 성수기였다. 나는 꽃다발을 만들어본 적이 없어서 사장님이 만드는 걸 도와드리는 수준이었다. 예를 들자면 장미의 가시를 제거한다든가 이파리를 정리해주는 정도의 보조적인 일이었다. 장미 몇 개를 잡고 대를 자르고 얇은 철사로 고정한 뒤 안개꽃을 그 주위에 두른다. 또다시 철사로 단단히 고정한 후 투명 포장지로 먼저 감싸준다. 그다음 형형 색색의 예쁜 포장지를 선택해 한 번 더 감싸주고 미리 만들어져 있는 리본을 포장지 색깔과 어울리는 것으로 선택해 고정해주면 하나의 꽃다발이 완성되는 것이다. 그렇게 완성된 꽃다발은 지나가는 손님들이 잘 볼 수 있게 진열장 위에 꽂아둔다. 졸업 시즌이라 그런지 꽃다발은 만들면 바로 팔려나갔다.

손이 모자랐는지 사장님이 나보고도 한 번 해보라고 한다. 우선 후리지아를 조금 가져와 아까 본 것처럼 철사로 묶고 송이송이 예쁘게 피어 있는 안개꽃으로 감싸준다. 눈여겨봤던 마음에 드는 포장지를 선택해 리본까지 달고 나니 제법 그럴싸한 작은 꽃다발이 완성되었다. 공급 대비 수요가 많으니 사장님도 급하셨던 탓인지 내가 만든 그 꽃다발을 바로 진열하셨다. 왠지 통과된 것 같아 내심 기뻤다. 그런데 이게 웬일인가? 잠시 뒤에 꽃집을 찾아온 손님이 여러 개를 잡고 살펴보더니 내가 만든 후리지아 꽃다발을 사갔다. 와! 사장님도 흐뭇한 눈으로 나를 바라보셨다. 하나가 팔리자 좀 더 적극적으로 꽃다발을 만들어보라고 격려를 하셨다.

자신감이 조금 붙은 나는 장미꽃다발에 도전했다. 가시가 많이 있어서 생각보다 다루기가 수월하지 않았다. 장미 가시는 크고 날카로워 찔리면 피가 날 정도로 아팠다. 농가에서 바로 가져온 장미는 생각보다 이파리가 정말 많았다. 꽃다발 하나를 만들고 나면 바닥에 이파리가 수북해지는 정도였으니 말이다. 장미꽃다발을 뚝딱 만들어냈다. 내가 만든 장미꽃다발을 진열하고 몇 분 후 또 팔렸다. 내가 여기에 재능이 있나 싶었다. 일을 잘하면 한 가지 함정이 있다. 일을 잘할수록 해야 할 일이 늘어난다는 사실이었다. 하지만, 그때는 그런 일머리 같은 게 없었다. 사장님과 같이 내가 꽃다발을 만들어내자 사람들이 우리 가게 쪽으로 몰려들었다. 근처에는 5개 정도의 꽃집이 나란히 붙어 있었는데 우리 가게가 가장 마지막 집이었다. 꽃다발을 팔기 위해 앞으로 나가면 가끔 옆집 사장님의 따가운 시선이 느껴졌다. 어찌나 쏘아보던지 세월이 많이 지난 지금도 그 눈빛이 기억이 날 정도다. 내 일과는 저녁 7시에 마쳤다. 사장님은 조금 더 남아서 나머지 장사를 하셨다.

다음날부터는 내가 일찍 나오고 사장님은 점심때쯤 출근을 하는 식으로 조금씩 패턴을 맞춰갔다. 뭐든지 멀리서 보면 희극이요, 가까이서 보면 비극인 법이다. 꽃집 앞을 그냥 지나치면서 바라봤을 땐 그저 예쁜 꽃들과 화초들에 둘러싸여 일을 하니 마냥 좋아 보였다. 막상 그 속에 들어와서 일을 해보니 겉으로 보는 것과 실제 일을 하는 것에는 아주 많은 간극이 있다는 걸 알게 되었다. 우아한 일이 아니라 그냥 막노동에 가까웠다. 화분을 나르고 흙을 파고 물을 주고 청소를 했다. 밖에서는 볼 수 없었던 수많은 일이 있었다. 겨울에 온실에서 일할 수 있으니 따뜻해서 좋았던 것과 매일 식탁 위에 가득 쌓인 군것질거리들을 제외하고 꽃집 일은 나를 지치게 만들었다. 일을 마치고 집으로 돌아가면 몸이 천근만근이었다. 처음 며칠은 거의 실신하다시피 쓰러져 잠이 들었다. 허리가 욱신거리고 하루 종일 서서 일하니 다리가 부었다. 노동의 참맛을 제대로 경험하는 중이었다. 견디고 또 견디는 마음으로 하루하루를 보냈다. 처음에 희열을 느꼈던 꽃다발 만들기도 계속하니까 그다지 재미가 없었다. 그저 반복되는 일과 중의 하나일 뿐이었다.

그래도 시간은 흘러 월급을 받는 날. 그전에도 잠깐씩의 알바 경험은 있었지만, 온전히 한 달을 가득 채워 월급을 받는 것이 처음이라 감회가 남달랐다. 흰 봉투 속에 들어있는 나의 한 달 동안의 수고가 가슴 뿌듯해지는 순간이었다. 봉투를 가방에 넣고 열심히 집으로 달렸다. 오자마자 큰 소리로 엄마에게 자랑했다. 예상대로 우리네 엄마들은 돈을 좋아했다. 그전까지만 해도 한심한 백수 딸로 보던 걱정스런 눈빛이 기특함을 가득 담은 따뜻한 눈빛으로 변해 있었다. 뭔가를 해냈다는 기분, 돈으로 뭔가를 할 수 있게 된 여유, 뭔지는 모르지만 나도 어른이 된 것 같은 뿌듯함, 여러 감정들이 들었다. 그 소중한 첫 월급으로 오래된 세탁기를 버리고 새것으로 바꿔드렸다. 세탁기를 설치하는 날, 나도 집에 뭔가 보탬이 된 것 같아서 괜히 우쭐해지는 기분이 들었다. 세탁기는 매일 돌려야 하는 것이니 내가 부모님 마음에도 자주 기억되겠지 싶어 잘 샀다는 생각이 들었다. 아직도 꽃집을 지날 때면 아르바이트 할 때가 떠오르곤 한다. 그런 생각이 든다. 많이 힘들겠구나! 역시나 사람은 아는 만큼 보이는 법이다.

마트

꽃집 알바는 그렇게 오래 하지 못했다. 생각했던 것보다 고된 노동에 몸살을 앓는 일이 많아졌기 때문이다. 꽃집 알바를 시작한 지 3개월 정도 됐을 때였다. 집 근처에 있는 큰 마트에서 알바를 구한다는 종이가 붙었기 때문에 이직을 더 이상 미룰 이유가 없었다. 마트는 부부가 운영하는 곳이었다. 나중에 알고 보니 체인으로 세 곳을 더 운영하는 기업형 마트였다.

남자 사장님은 키가 작고 야위었으며 걸음이 빨랐다. 어찌나 야무지게 걷는지 입고 있던 양복바지가 늘 펄럭였다. 가끔 뛰어다닌다는 착각이 들 때도 있었다. 짧은 상고머리에 앙다문 얇은 입술 때문인지 고집이 있어 보였다. 사장님의 반전은 깊고 반짝이며 예쁜 눈이었다. 속눈썹은 붙인 것처럼 길었다. 좀처럼 웃는 일이 없었는데 자신의 아이들 앞에서는 가끔 하얀 이를 드러내며 활짝 웃기도 했다. 아주 가끔 있는 일이긴 했지만 말이다.

여자 사장님은 남편보다 키도 크고 살도 많이 쪘다. 늘 "이건 살이 아니고 부은 거야."라고 말씀하셨지만, 지금 돌이켜보아도 그건 살이 분명했다. 니트로 된 조끼를 입으면 늘 꽉 끼었다. 볼록볼록한 배가 여실히 드러나는데도 늘 조끼를 고집하셨다. 아마도 하나를 더 껴입으면 몸매가 커버된다고 생각한 것 같다. 검은 바지에 긴 소매 티 그리고 조끼. 옷이 조금씩 달라지긴 했지만, 늘 같은 패턴으로 옷을 입고 출근했다. 머리는 남자 사장님처럼 짧았다. 아주 진한 검은색의 커트 머리는 곱슬머리여서 자연적으로 웨이브가 생겼다. 뺨은 늘 붉게 물들어 있었다. 미세혈관 확장이 원인이라는 안면홍조가 늘 심했다. 긴장하거나 운동을 했거나 하는 이유의 홍조는 아니었을 것이다. 왜냐면 늘 볼이 빨개져 있었기 때문이다. 남자 사장님보다는 직원들과 소통을 잘하긴 했지만, 기분이 업 다운이 심했다. 사장님 두 분이 부부다 보니 안쪽 사무실에서 싸우는 소리가 들리는 때도 많았다. 그럴 때면 여자 사장님의 얼굴은 평소보다 더 빨개졌다. 부부끼리는 같은 일을 하면 안 되는 거란 걸 그때 알게 되었다.

마트에는 직원이 제법 많았다. 쌀이나 술 같은 규모가 큰 물건을 배달해 주는 오빠가 두 명 있었고, 신선 코너를 책임지는 이모 두 명과 식육점을 책임지고 있는 이모 한 명, 그리고 계산을 맡고 있는 나와 동갑인 여자 아이 이렇게 총 아홉 명 정도가 함께 일을 했다. 과자 진열이나 상품 진열은 배달하는 오빠들의 몫이었다. 그중 한 명은 안경을 썼는데 얼굴은 작았지만 몸이 퉁퉁했다. 팔자걸음이 심해서였는지 늘 건들거리는 느낌이 났다. 담배는 어찌나 많이 피웠는지 옆에서 이야기할 때는 늘 담배 냄새가 났다. 사장님이 없을 때면 늘 자기만의 휴식 공간에서 마음껏 쉬었다. 말도 함부로 하는 경향이 있어서 마음에 들지 않았다. 또 다른 한 명은 건축학과를 다니던 대학생 오빠였는데 몸집이 작아서 쌀을 들거나 할 때면 안쓰러워 보일 때가 많았다. 그 오빠도 나와 같이 휴학 중이었다. 말이 별로 없어서 신중해 보이기는 했지만, 웃는 적이 거의 없는 오빠였다.

나는 신선 코너를 담당하는 이모와 제일 친했다. 늘 인정이 많았고 말도 다정다감하게 해주는 이모였다. 일을 잠시 쉴 때면 늘 계산대로 나와서 함께 이야기하는 걸 좋아했다. 신선 코너 일은 생각보다 많았다. 각종 과일이나 생선, 채소를 새벽에 사장님 부부가 대량으로 사 오면 그걸 씻거나 다듬어서 보기 좋게 만든 뒤 소포장을 해서 용기에 담아 랩을 싸는 게 신선 코너의 주 업무였다. 누군가의 노력 뒤에 이런 깔끔한 모습들이 탄생한다는 걸 알았다. 그냥 만들어지는 건 아무것도 없었다.

마트에서 가장 인기 있는 코너 중 하나였던 식육점을 맡고 있는 다른 이모는 연세가 좀 많으셨는데, 잔소리를 많이 하시는 스타일이었다. 허리가 많이 아프신지 늘 허리를 주먹으로 두드리고 있을 때가 많았다. 어찌나 목소리가 큰지 계산대까지 소리가 들렸다. 그래서인지 목은 늘 쉬어있었다. 식육점 이모는 긴 머리에 파마머리였다. 커다란 집게 핀으로 머리를 틀어 올려서 고정을 했다. 마트에서 일하는 동안 한 번도 머리 스타일이 변한 적이 없었으니 그 머리가 아주 마음에 들었거나 편했던 모양이다.

또 한 명은 나와 같이 계산대를 담당하고 있는 동갑인 여자 친구였다. 청으로 된 자켓을 즐겨 입던 그 친구는 작고 귀여운 이미지였다. 숫자를 싫어하는 나보다 더 숫자에 약해 실수를 할 때가 많았지만, 크게 신경 쓰는 것 같지는 않았다.

계산대 일은 잠시도 긴장을 늦출 수가 없었다. 돈에 관련된 일이다 보니 매일 밤 정산을 할 때 금액이 다르면 늘 원인을 찾아야 했기 때문이었다. 당시에는 보안용 카메라가 많이 보급되지 않았을 때였지만, 계산대 위쪽에는 CCTV가 있었다. 계산대를 비추고 있는 카메라는 사장님의 사무실 안에 있는 모니터로 생중계가 되고 있었다. 그래서일까? 늘 감시받는 기분이 들어 한동안은 그 카메라가 아주 신경이 쓰였다. 카메라의 용도는 계산대가 밀리면 사장님이 나와서 순간적인 병목현상을 해결해주고 들어가기 위함이었다. 하지만, 더 큰 이유는 돈이었다. 왠지 나를 믿지 못하는 느낌이 들어서 기분이 그리 유쾌하지는 않았지만, 원래부터 설치되어 있던 것이니 뭐라 할 수도 없는 일이었다.

마트는 아침부터 저녁까지 바빴다. 그때 처음 안 것은 사람들이 우유를 정말 많이 사 간다는 사실이었다. 아이를 키우는 집은 우유 소비량이 특히나 많았다. 마트 품목 중 가장 신경 쓰이는 것 중 하나는 아기 분유였다. 분유 한 개의 가격도 높은데다가 부모들이 한 꺼번에 여러 개를 사기 때문에 금액이 상당했다. 개수가 조금이라도 틀리면 저녁에 돈이 안 맞을 가능성이 아주 커져서 신경을 써야 했다. 주변에 술집을 하는 사장님들도 큰 고객이었다. 한번 오면 비싼 술이며 과일들을 한가득 사서 들고 가셨다. 처음에는 모든 일이 긴장되어서인지 집에 가면 어깨가 뻐근했는데 일이 점점 익숙해지니 크게 어렵지는 않았다. 단지 하루 종일 서서 하는 일이다 보니 다리가 아팠다. 가급적이면 계산대에서 벗어나지 말라 하니 운동량이 크지 않아서 더 힘들었다. 돈 버는 일이 녹록지 않음을 느꼈다. 물론 꽃집 알바보다 육체적인 힘은 덜 들었지만, 마트는 돈 관련 일이다 보니 정신적인 스트레스가 만만치 않았다.

아르바이트를 해보니 돈 버는 것이 힘들고, 그만큼 아껴 써야 한다는 걸 몸소 느낄 수가 있었다. 가뭄에도 늘 단비는 내리는 법이다. 힘든 마트 안에서도 기쁨은 있었다. 바로 점심시간이었다. 여자 사장님이 워낙 먹는 걸 좋아해서 점심은 늘 푸짐했다. 식육점이 있다 보니 주메뉴가 삼겹살인 날이 많았다. 지금까지도 그때 먹었던 삼겹살만큼 맛있는 고기를 먹어보지 못했다. 직원들과 함께 먹어서였을까? 아니면 여자 사장님이 고기를 정말 잘 구워서였을까? 상추에 고기를 얹고 장아찌를 올리고 쌈장을 조금 넣어서 먹으면 행복하다는 생각이 절로 들 정도였다. 다른 곳에서도 삼겹살을 먹어봤지만 이보다 더 맛있지는 않았다. 그래서인지 점심시간이 늘 기다려지곤 했다. 모두 네 곳의 마트를 운영하다 보니 남자 사장님은 늘 바쁘셨다. 다른 지점은 남동생이나 친척들이 도맡아서 운영하고 있었다. 작은 마트 하나에서 시작해 이렇게까지 일궈낸 게 대단해 보이긴 했다. 하루 매출도 상당했으며 다른 체인에서도 돈이 들어왔다. 그래서인지 두 분은 그때 당시 제일 비싼 고급 승용차를 타고 출근을 하셨다. 그럼에도 나는 나중에 마트일은 안해야겠다는 생각을 했다. 백 원짜리 장사다 보니 늘 적은 돈에도 예민해 보였다. 그리고 신경 써야 할 품목들이 너무 많았다. 채소는 상한 게 없는지 늘 점검해야 했고 과일은 조금이라도 썩거나 하면 교체를 해야 했다. 생선도 아침마다 손질하는 일이 만만치 않았다. 두부나 햄 등의 가공품은 일일이 유통기한을 확인해야 했다. 과자는 제과회사에서 들여오면 수량이나 상태를 파악하기 바빴고,

잡화 쪽은 검수하기가 여간 까다롭지 않았다. 고무장갑, 이쑤시게, 빗자루, 테이프, 청소하는 솔, 실내화 등등… 워낙 종류가 다양하기 때문에 물건을 확인하는 것만 해도 상당한 시간이 걸렸다. 이렇듯 마트는 하루 종일 검사의 연속이었다.

그렇게 세 달쯤 지났을까, 일이 제법 손에 익어서 편해지던 즈음 일이 생겼다. 저녁마다 '정산'이란 걸 하는데 기계에 찍힌 금액과 실제 돈이 같거나 거의 비슷해야 했다. 이때가 하루 일과 중 가장 중요한 시간이기도 했다. 그날은 정산금액이 터무니없이 차이가 났다. 결국 남자 사장님이 출동하셨고, 나는 하루 종일 찍었던 영수증을 일일이 확인해야만 했다. 그걸 다 찾아보는 일이 쉽지는 않았다. 결국 퇴근 시간이 훌쩍 지나갔다. 시간이 흐를수록 속상한 마음이 들었다. 실수한 나도 싫었지만, 남자 사장님의 꼼꼼함에 숨이 막힐 지경이었다. 이런 스타일의 남자랑은 절대 결혼하면 안 되겠다는 나름의 철칙이 생기기도 했다. 원인은 숫자 '0'을 하나 더 입력해서였다. 은행 같은 곳은 내가 갈 길이 아니라고 그때 생각했다. 나처럼 숫자에 알레르기가 있는 사람이 할 일이 아님을 알게 되었다. 녹초가 되어 집으로 돌아왔다. 침대에 쓰러지듯 누워 많은 생각을 했다.

매일 반복하는 일, 마트 일은 내가 원하는 삶이 아니었다. 언제까지 아르바이트만 하면서 살아야 할까? 뭔가 대책이 필요했다. 그날 이후부터 삶의 방향에 대해 고민하는 시간이 늘어났다. 내가 원하는 일은 무엇일까? 잘 할 수 있는 일은? 삶의 변화가 필요한 시점이었다.

자격증

변화가 필요하다고 느낀 그 날부터 나의 진로 찾기는 하루도 쉰 적이 없다. 의상디자이너가 되고 싶었지만, 현실의 벽은 크게만 느껴졌다. 주변에 딱히 조언을 구할만한 사람도 없었다. 그렇다고 학교로 돌아가 '현대체육의 이해' 같은 말도 안 되는 수업을 듣고 싶지는 않았다. 그럼 나는 무엇이 되어야 하나? 늘 그 질문이 머릿속을 맴돌았다.

그러던 어느 날 TV를 보는데 청담동에서 근무하는 헤어디자이너 5명 정도가 나와서 하루의 일과를 소개하는 장면이 나왔다. 연봉이 생각했던 것보다 아주 높았다. 받는 돈도 마음에 들었지만, 무엇보다도 디자인을 한다는 것이 나의 마음을 사로잡았다. 옷은 아니었지만, 나만의 디자인으로 새로운 걸 만들어낸다는 점에서는 공통점이 있어 보였다. 생각해보면 서류정리를 하는 일이나 보고서를 쓰는 일 같은 건 내게 큰 매력이 없었다. 그때 당시, 큰언니가 공무원 문제집을 주면서 공부를 해보라고 적극적으로 권유를 했다. 내가 생각했던 공무원은 책상에 앉아 서류와 씨름을 하는 모습이어서 별로 내키지 않았다. 세상 물정을 모를 때라 연금이라든지 육아휴직 같은 현실적인 이점이 눈에 들어 올 리 만무했다. 재미있을 것 같은 일이 우선이었다. 목표가 정해지니 방법을 찾기가 훨씬 수월해졌다.

헤어디자이너가 되기 위해서는 제일 먼저 미용 국가자격증이 필요했다. 집에서 차로 15분 정도 떨어진 학원을 찾아가서 그동안 모은 돈으로 학원등록을 했다. 부모님께 내 계획을 알리니 노발대발하셨다. 공부해서 안정된 직장을 갖기를 무척이나 바라셨다. 공부를 그리 못하는 편은 아니었으니 아쉬움도 있으셨을 것이다. 많이 반대하셨지만 이미 확고해진 내 결정을 꺾을 수는 없었다. 아빠는 한 번에 합격하지 못하면 다시 학교로 돌아가기로 하는 단서 조항을 달았다. 어쩔 수 없이 아빠와 약속했다. 그날 이후로 내가 열심히 해야 하는 이유가 생겼다.

미용학원은 모든 것이 낯설었다. 우선 마네킹이 그랬다. 목부터 얼굴의 머리만 있는 두상 마네킹이었다. 그리고 그 민 머리 부분에 씌우는 덧 가발이 있다. 실제 사람 모델을 놓고 연습할 수는 없는 일이니 초보에겐 꼭 필요한 재료였다. 가발은 생각보다 가격이 비쌌다. 그래서 조금씩 여러 번 잘라서 효율적으로 사용해야 했다. 그다음 필요한 건 커트에 가장 필요한 미용가위다. 가위는 두 종류였는데 일자 커트를 하는 일자 가위와 머리숱을 처리하는 틴닝 가위가 있다. 파마할 때 쓰는 롯드는 1호부터 10호까지 다양하다. 1호는 크고, 10호로 갈수록 작아진다. 파마할 때 필요한 파마 종이와 고무줄 그리고 꼬리 빗, 분무기, 핀셋 등을 사물함에 정리하고 수업을 듣게 되었다.

책상에 마네킹을 고정하기 위한 홀더를 끼우고 적응이 잘 안 되는 민머리 마네킹을 꽂는다. 그리고는 덧 가발을 씌워 고정시키고는 마네킹을 들고 샴푸대로 가서 사람의 머리를 감듯이 린스로 한번 감아 준다. 다시 자리로 돌아와 마네킹을 홀더에 고정한 후 약간 말리고 나면 준비가 끝난다.

미용 자격시험은 총 4가지로 구성된다. 1교시는 커트다. 머리 형태에 따라 V 형태의 '이사도라', A 형태의 '스파니엘', 45도로 들어서 자르는 '그라쥬에이션', 90도로 들어서 자르는 '레이어드'가 있다. 랜덤이라 어떤 형태가 자격증 시험에 나오는지는 아무도 모른다. 그러니 모든 종류의 커트를 다 연습해야 했다. 2교시는 파마다. 9등분 10등분 등 종류별로 섹션을 정확하게 나누어 롯드를 꼼꼼하고 깨끗하게 말아서 35분 안에 다 끝내야 한다. 3교시는 큰 롤을 감거나 찐득한 젤 느낌의 녹색 재료를 뿌려서 물결모양의 형태를 만드는 '횡거 웨이브'다. 두 가지 중 하나가 나오는데 어떤 것이 나올지 모르니 두 가지를 다 준비해야 했다. 마지막 4교시는 메이크업이었다. 시험 당일 옆자리에 앉은 수험생과 짝이 되어서 서로의 모델이 되어준다. 시험형식에 맞춰서 화장을 깔끔하게 끝내면 되는 것이다. 보기엔 총 4교시였지만, 그 안에 준비해야 할 종류들이 많아 제법 많은 시간이 필요했다.

나에게 주어진 한 번의 기회. 시험에서 떨어지면 다시 대학교로 돌아가야 했다. 원하지도 않는 공부를 하느니 헤어디자이너가 되는 편이 좋겠다는 생각이 들었다. 열심히 하기로 마음을 단단히 먹었고, 그것을 실천했다.

우선 학원생 중에서 가장 먼저 학원에 도착했다. 선생님보다 먼저 올 때가 많아서 강의실 불은 언제가 내가 켰다. 일찍 와서 남들보다 한 번이라도 더 연습했다. 타고난 재능이 없다고 생각했기에 내가 할 수 있는 건 노력뿐이었다. 그렇게 하루 종일 연습하고, 학원을 마치고 갈 때면 강의실 정리는 늘 나의 몫이었다. 늘 제일 마지막으로 강의실의 불을 끄고 나왔다.

장시간 서서 연습해야 하니 다리가 저릴 때가 많았다. 특히 커트 연습을 할 때면 자세를 어정쩡하게 숙이거나 무릎을 꿇을 때도 있으니 커트 하나를 완성하고 나면 다리와 허리가 아팠다. 요령이 없어서 더 그랬는지도 모른다. 가장 큰 문제 중의 하나는 가위였다. 아직 가위를 사용하는 방법이 서툴다 보니 빗으로 가발을 빗고 가지런히 놓고 잘라도 손을 베는 경우가 많았다. 가위에 베이는 느낌은 참 별로다. 아차 싶을 때는 이미 피가 나고 이어서 통증은 극심하게 찾아온다. 연습하는 내내 분무기를 사용해 물을 뿌려가며 해야 하니 상처에 물이 들어가면 고통은 배가 되지만, 밴드를 야무지게 붙이고선 심기일전해야 했다. 나에게 주어진 기회는 단 한 번이었으니까…

커트 연습이 끝나면 '와인딩'이라는 파마를 연습해야 했다. 하나씩 예쁘게도 말아야 하지만 시간제한이 있어 언제나 심장이 벌렁거림을 느꼈다. 어떤 때는 심장이 튀어나올 것 같다는 느낌이 들 때도 있었다. 타이머로 시간을 재면 마음이 급해지기 시작한다. 허둥지둥하는 것은 두말할 것도 없고, 하지 않던 실수도 잦아지게 된다. 제한 시간이란 것에 익숙해져야 했다. 초반에는 제한 시간 안에 완성이 되지 않았다. 제한 시간 안에 완성하면 결과물이 엉망이 되었고, 좋은 결과물을 만들려면 항상 시간을 초과했다. 수많은 연습이 필요했다. 하루에도 몇 번이나 전체를 말고, 다시 풀고, 헹군 후 다시 하기를 반복했다. 하나를 완성하고 나면 워낙 긴장해서였는지 의자에 앉아 한참을 멍하니 있곤 했다. 십 분 정도를 쉬고 다시 시작해야 했으니 체력소모가 많았다. 내가 두 번을 연습할 때 한 번도 제대로 하지 못하는 언니들도 많았다. 시험 볼 기회가 많다고 생각했거나 나처럼 절박함이 없어서 그랬는지도 모른다. 하지만, 나에게는 집중하는 힘이 필요했다.

3교시에 필요한 과목인 큰 롤과 횡거웨이브도 쉽지 않았다. 우선 큰 롤을 감는 것도 힘들었지만, 머리카락이 한 치도 흐트러짐 없이 완벽해야 했다. 횡거웨이브는 찐득한 액체를 머리에 발라서 물결모양을 잡아야 하는데 이건 왜 과목에 포함이 되어있는지 알 수가 없었다. 이런 머리를 과연 누가 할까? 이유는 알 수 없었지만, 시험을 위해서는 어쩔 수 없이 해야만 했다. 횡거웨이브는 손에 묻는 그 액체의 찐득함도 싫었지만, 완성하고 나면 주변이 엉망이 되기 일쑤였다. 그러니 모든 과목 중에 가장 하기가 싫었다.

마지막으로 해야 하는 일은 메이크업 수업이었다. 준비하는 것 중에 가장 부담이 없었다. 스킨로션을 화장 솜에 묻혀 피부 결대로 바르고, 베이스랑 팩트를 골고루 발라주고 눈썹을 그리고, 쉐도우를 음영에 맞추어 고루 펴 발라 준 다음 아이라인을 그리고, 인조 눈썹을 붙인 후 입술을 발라주면 완성된다. 처음엔 눈썹 그리기가 잘 안됐지만 다른 과목들에 비하면 그리 힘들지 않았다. 같이 수업을 듣던 학생들과 짝을 지어 연습했다. 가끔 눈썹을 이상하게 그리거나 쉐도우를 과하게 바르면 우리는 서로 웃음을 참을 수 없었다. 자칫 잘못하면 광대의 메이크업처럼 보이기도 했으니 말이다. 나중에는 너무 웃어서 배가 아플 정도였다.

무슨 일이든 연습하고 반복하면 분명히 좋아진다. 커트하면서 가위에 베이는 횟수가 점점 줄어들었고, 형태도 밸런스가 맞았다. 와인딩은 시간 안에는 무조건 들어왔다. 문제는 완성도를 조금 더 높이는 것이었다. 롤이나 횡거웨이브는 하기는 싫었지만, 이것 역시 더 나은 결과가 나오기 시작했다. 메이크업 수업은 재미있어서 그랬는지 금방 잘했다는 소리를 들었다. 몇 달을 오로지 학원에서만 살았다.

시간이 흘러 시험을 치는 날이 되었다. 지금은 그때가 어느 계절이었는지 기억도 나지 않는다. 기억나는 건 생각했던 것보다 아주 많았던 책상들이었다. 일렬로 길게 붙여서 이어진 책상이었다. 그런 긴 줄이 여러 줄이었으니 규모가 상당히 컸다. 시험관들도 생각보다는 많았다. 그 광경을 보고 있자니 심장박동수가 갑자기 빨라졌다. 시험 준비물을 든 아주 큰 가방을 들고 긴장된 마음으로 기다렸다. 수험번호에 따라 자리가 정해졌다. 맨 앞줄 가운데 자리였다. 안 그래도 긴장되는데 맨 앞줄이라니… 하필 시험관들이 가장 많이 서 있는 자리 바로 앞이었다. 잠시 속상한 마음도 들었지만, 노력을 했으니 왠지 모를 자신감도 있었다.

드디어 시험 시작을 알리는 소리가 들렸다. 1교시 커트부터 시작했다. '평소 하던 대로만 하자.'를 되뇌며 가급적이면 가위에 베이지 않도록 유의하며 진행했다. 손가락을 다치면 감점도 있었지만, 다음 순서를 진행하기가 힘들기 때문이다. 다행히 손에 피도 안 났고, 커트 밸런스도 마음에 들었고, 시간도 충분했다. 완성이 다 된 사람은 자리에 앉으면 된다. 커트를 마치고 자리에 앉으니 그제야 주변이 눈에 들어왔다. 내 옆에 있던 사람은 나이가 50이 넘은 듯했는데 커트선이 삐뚤거렸다. 연습량이 부족했다는 것이 한눈에 들어 올 정도였다. 다른 사람들 역시 아직도 커트 중이었다. 다들 나처럼 긴장한 티가 많이 났다. 뒤쪽 줄에서는 가위에 베여 상처가 났는지 외마디 비명이 들리기도 했다. 채점은 빠르게 이루어졌으며 생각했던 것보다 꼼꼼하게 보았다. 다음 시험 전까지 주변을 깨끗하게 정리해야 했다. 정리 점수도 들어갔으니 말이다. 곧바로 와인딩 시간이 되었다. 연습을 제일 많이 했던 분야라서 그런지 별로 긴장이 되지 않았다. 내 것만 신경 쓰자고 생각하며 집중했다. 다 완성하고 앉으니 이번에도 맨 앞줄에서 내가 제일 먼저다. 2교시라 그런지 커트할 때보다 더 여유가 생겼다. 다른 사람들의 결과물을 보면서 느꼈다. 이번 시험에 무조건 합격할 수 있겠다는 확신이 들었다. 시간 안에 못 해내는 사람이 많았고, 결과물이 안 좋은 사람도 많았다. 곧바로 이어진 3교시에는 다행히 롤이 나왔다. 찐득한 횡거웨이브 액을 꺼내지 않아서 다행이라는 생각이 들었다. 롤도 연습을 많이 해서인지 무난하게 마무리했다.

드디어 마지막 메이크업 시간이 되었다. 그쯤 되니 전혀 떨리지 않았다. 시험이 끝나간다는 마음의 안도감이 내 심장박동수를 정상으로 되돌려 놓았다. 그런데 생각지도 못했던 복병이 나타났다. 문제는 옆에서 시험을 치던 50초반의 수험생이었다. 메이크업 시험은 짝을 맞추어 서로의 얼굴에 메이크업을 완성하는 것인데 누가 모델이 될지는 아무도 알 수 없었다. 시험 당일 짝이 되는 사람이라 서로 어색한 인사를 나눈 게 고작이었다. 배운 대로 스킨로션을 바르고, 베이스 화장을 하는데 검버섯 같은 게 너무 많았다. 아무리 덧칠을 해도 검버섯이 사라지지가 않았다. 잡티를 가리기도 해야 하지만, 두꺼운 느낌이 들어서도 안 됐다. 지금까지 잘 해왔는데 속상한 마음이 들기 시작했다. 정성껏 화장을 했지만, 계속 뜨는 느낌이 났다. 눈썹 끝이 유난히 쳐져서 그리기가 쉽지 않았다. 모양이 삐뚤거렸다. 입술까지 마무리

하고 보니 내 마음에 들지 않았다. 괜히 그 아줌마가 원망스러웠다. 왜 하필 주름이 많고, 검버섯도 심하고, 점까지 많은 사람이 내 짝이 되었을까? 열심히 한 만큼 속상한 마음이 컸다. 아무리 마무리를 잘 하려고 해도 완성했다는 느낌이 없었다. 결국 시간을 2분 남겨놓고 완성한 후 힘없이 자리에 앉았다. 메이크업 시간을 빼고는 무조건 합격했다는 확신은 있었다.

시험을 마치고 돌아오면서 나는 할 만큼 했다고 생각했다. 최선을 다하면 후회가 남지 않는다는 것을 그때 알게 되었다. 그리고 한 가지 더 깨달은 점이 있다. 열심히 한 건 자기 자신이 제일 잘 아는 법이다. 자신감은 나에게서 나오는 것이었다. 그러니 시험을 치면서도 흔들림이 없었다. 준비된 사람은 흔들림이 없고 후회도 없다. 이 두 가지를 어린 나이에 알게 된 것만으로 큰 수확이라 생각했다. 얼마 지나지 않아 '국가 미용자격증 합격'이라는 소식을 듣게 되었다.

미용실

일을 처음 시작한 곳은 시내 한가운데 있는 규모가 꽤 큰 미용실이었다. 여자 원장님 두 분이 동업을 하고 있었다. 나중에 안 사실이지만 두 분은 어릴 때부터 친구였다고 한다. 한 분은 갈색 긴 머리였고, 늘 레이스가 달린 옷을 입었다. 긴 인조 속눈썹을 붙이고 화장을 두껍게 하고 있어서 가끔 화장을 안 하고 출근하시는 날에는 다른 얼굴을 마주하곤 했다. 또 한 분의 원장님은 보이쉬한 느낌이 들었다. 짧은 상고 스타일에 진한 흑색 머리였고 가죽 잠바랑 청바지를 주로 입으셨다. 두 분이 친구이자 동업자였지만, 스타일은 상당히 대조적이었다. 두 분 모두 결혼해서 각자 7살 딸아이가 한 명씩 있었다. 어쩌면 워낙 친해서 결혼이랑 출산까지 비슷한 시기에 했는지도 모른다는 생각이 들었다.

미용실에는 디자이너가 3명이었고, 스텝이 3명 정도 되었다. 디자이너와 스텝은 워낙 그만두는 경우가 많아서 사람들이 자주 바뀌곤 했다. 내가 갔을 땐 남자 디자이너 두 명과 여자 디자이너가 한 명이 일하고 있었다. 그중 키 작고 브라운 톤의 색깔 안경을 쓴 남자 디자이너가 내 사수가 되었다. 붙임성이 좋은 성격이라 같이 일하기는 그리 힘들지 않았다. 다른 남자 디자이너는 정신과 스타일이 너무 자유분방해서 가끔 도인이 아닐까 싶은 생각이 들 정도였다. 어쩌다 미용을 하게 되었을까 하는 의구심마저 들었다. 여자 디자이너는 오드리 헵번 스타일의 올림머리를 하고 있었다. 몸은 아주 날씬해서 검은색 정장이 잘 어울렸다. 스텝 두 명은 내가 근무한 지 얼마 안 돼서 번갈아 가며 무단결근을 하더니 결국 그 뒤로 볼 수가 없었다. 며칠 후 새로운 스텝 두 명이 충원되었다.

미용실에서 일을 처음 시작하는 단계를 '스텝'이라고 부른다. 주로 디자이너들의 작업을 돕거나 청소를 하거나 샴푸를 하는 보조적인 역할을 담당한다. 그러다가 실력이 조금 쌓이면 남자 커트를 연습해서 실제 손님의 머리를 자를 수 있게 되면 '중상'이 되는 것이다. 미용실마다 차이가 있긴 하지만, 여자 머리를 잘하는 단계가 되면 디자이너가 되는데 초급디자이너와 디자이너로 나뉜다. 딱히 정해진 건 아니지만, 중년 여성의 머리를 얼마나 잘해 내느냐에 따라 디자이너의 등급이 나눠지는 것 같았다. 보통 50대가 넘어가면 오랫동안 해오던 자신의 스타일이 확고해지기 때문에 디자이너 입장에서는 제일 까다로운 손님층에 속했다. 나는 시작한 지 얼마 안 되었으니 당연히 스텝의 신분이었다. 디자이너가 커트할 때면 늘 옆에 보조자로 서 있어야 했다. 그러면서 커트는 어떻게 하는지 손님 응대는 어떻게 하는지를 어깨너머 배우는 것이다.

손님이 없을 때면 마네킹을 가져와 따로 커트 연습을 해야 했다. 염색이나 매직 파마처럼 약을 바르는 일은 그리 어렵지 않았다. 보통 스텝들은 뒤쪽을 바르고 디자이너들은 옆쪽을 바른다. 일단 눈에 보이는 곳을 더 신경 쓰는 것이다. 언제나 사수가 마무리를 잘 해줘서 일이 금방 익숙해졌다. 그중에서 곱슬머리를 펴는 스트레이트는 한번 시작하면 시간이 오래 걸렸다. 우선 약을 전체적으로 발라서 '연화'라는 과정을 거치고 머리를 감긴다. 약이 묻어있으면 모발이 탈 염려가 있어서 깨끗하게 씻어 내야만 한다. 다시 자리로 오면 찬바람을 섞어가며 꼼꼼하게 말려야 한다. 그 뒤 매직기로 하나씩 나누어서 모발을 일일이 펴주는 작업을 진행하는데 이 과정에서 시간이 오래 걸린다. 보통 곱슬이 심한 사람들이 스트레이트 시술을 받는 경우가 많아서 머리카락을 조금씩 나누어서 정성스럽게 펴주어야 한다. 머리숱이 많으면서 곱슬기까지 심한 경우는 시술을 마치면 손목이 시큰거렸다.

처음 일을 하게 된 미용실은 번화가에 있는 곳이어서 드라이 손님이 많았다. 그것은 주변 술집으로 출근하는 '언니'들이 많았다는 뜻이기도 했다. 6시 이후가 되면 우르르 들어왔다. 보통 저녁에 출근하는 경우가 많으니 밤이 되면 여기저기서 드라이를 하느라 분주했다. 실내에서 담배를 피우는 손님이 꼭 한두 명은 있었다. 원장님들 입장에서는 가게 매출을 많이 올려주는 메인 손님이라 딱히 제지하지는 않았다. 매일 보는 얼굴들이라 처음에는 거부감을 보이던 사람들도 친해졌고, 나도 어느새 그들의 뒷머리 드라이를 담당하는 정도가 되었다. 뭐든지 연습을 하면 느는 법이다.

조금씩 자신감이 붙었고 제법 내 역할을 해내는 중이었다. 스텝의 주 업무 중 하나인 샴푸 하기도 처음에는 어설프기 짝이 없었다. 사수가 가르쳐주긴 했지만, 막상 손님이 누워있는 상태로 하니 손이 내 맘대로 움직이지 않았다. 옷에 물이 묻거나 온도 조절을 잘못해서 당황할 때도 많았다. 다행히 사수가 인내심이 많은 편이어서 실수를 해도 잘 이해해 줬다. 꾸준히 연습한 결과 샴푸 하기에도 자신감이 붙었다. 드라이와 샴푸, 약 바르기, 파마 등 기본적인 일은 조금씩 손에 익숙해져 갔다.

어느 정도 시간이 지났을 때 이제 남자 커트를 배워야 하는 시기가 되었다. 하지만, 아무도 초보인 나에게 일을 맡기는 사람은 없었다. 그럴 때는 '지인 찬스'가 유효하다. 남자 사람 친구나 오빠, 오빠 친구 등 부담이 없는 사람들을 데리고 와서 연습했다. 물론 앉아 있는 사람들은 걱정이 많겠지만 말이다. 긴장한 탓인지 가위에 손을 베이는 경우가 많았다. 자격증을 준비하면서 가위를 들었을 때 이후로 쓸 일이 없었는데 남자 커트를 배운다고 다시 가위를 든 것이다. 생각보다 쉽지 않았다. 클리퍼를 쓰는 것도 쉽지 않았고, 가위로 형태를 잡는 것도 그랬다. 보통 왼손 가운뎃손가락의 중간을 베는 경우가 많았다. 관절 쪽이라 반창고를 붙여놔도 금방 떨어지곤 했다. 그 상태에서 염색 머리 샴푸라도 하는 날이면 극심한 고통에 시달려야 했다. 고무장갑을 껴보기도 했지만, 결국은 맨손으로 해야 제대로 샴푸를 할 수 있었다. 살점이 보이기도 했다. 쓰라려 눈물이 핑 돌았다. 하지만, 겉으로는 아닌 척해야 했다.

부모님의 반대를 무릅쓰고 선택한 길이었다. 부모님께 성공하는 모습을 보여주고 싶은 마음이 무엇보다 컸다. 그러기 위해서는 내가 할 수 있는 기술을 늘려서 내 사업을 해야만 했다. 그런 목표들이 있으니 고통이 참아졌다. 어차피 선택은 내가 한 것이었다.

좀처럼 남자 커트 실력이 늘지 않았다. 지인 찬스도 한두 번이었다. 어느 날 퇴근하면서 집으로 가는 길에 생각했다. 남자 커트를 많이 할 수 있는 곳이면서 부담이 덜 되는 곳은 어디일까? 결론이 나왔다. 바로 남자 중학교나 남자 고등학교 근처에 있는 미용실로 가는 것이다. 나는 곧바로 실행에 옮겼다.

미용 재료상을 하는 사장님들은 미용 재료도 공급해주지만, 미용 쪽에 발이 넓어서인지 구인·구직도 담당하고 있었다. 평소 인상이 좋았던 사장님께 말씀드렸고, 마침 조건에 딱 맞는 미용실이 있어서 옮길 수 있었다. 그곳은 원장님과 디자이너 한 명 그리고 이제 갓 미용을 시작한 스텝 한 명이 함께 일하는 곳이었다.

'중상'이 되려면 우선 남자 커트를 잘 할 수 있어야 했다. 내 생각은 틀리지 않았다. 그곳에 근무한 지 얼마 안 됐을 때 중학교에서 갑자기 용모 검사를 시행한 것이다. 머리가 길었던 학생들이 가게에 줄을 지어서 왔다. 워낙 수가 많아서 내가 해야만 하는 상황이 된 것이다. 마무리는 원장님이 해주기로 하고 일단 투입이 되었다. 내가 할 수 있는 범위에서 최선을 다했다. 열 명 정도 안 쉬고 잘랐을까? '감'이라는 게 조금씩 잡히기 시작했다. 일주일 뒤에는 인근 고등학교에서도 용모 검사가 있었다. 덕분에 원 없이 남자 커트를 할 수 있었다. 각기 다른 두상과 다양한 모질을 경험할 수 있었다. 클리퍼 사용이 익숙하지 않았는데, 두 번의 용모 검사로 인해 어느 정도 감을 익힐 수 있었다. 남자학교 주변이라 확실히 남자 커트를 할 수 있는 기회가 많았다. 그러다 보니 어느새 '중상'이라는 직책이 어색하지 않게 되었다. 이 일을 계기로 성장이 필요하다고 느낄 때마다 거기에 맞춰서 근무지를 옮겨야겠다고 생각했다. 사람은 생각하지 않으면 제자리에 머물 수밖에 없다는 것도 알게 되었다.

학생 커트에 자신감이 붙어 갈 즈음이었다. 처음 보는 손님이 가게를 방문했다. 디자이너가 일을 하고 있었는데 시간이 없다고 바로 커트를 해달라고 한다. 조금 고민을 하다가 결국 내가 하게 되었다. 클리퍼로 올리는 머리만 연습하던 시기였는데 손님이 클리퍼로 올리지 말고 가위로만 해달라고 한다. 눈앞이 캄캄했다. 그런 머리는 잘라본 적이 없었다. 원장님은 일이 있어서 안 계셨고, 디자이너는 단골손님이 계셔서 나를 도와줄 상황이 안 되었다. 어떻게든 스스로 해결해보자고 마음을 다잡았다. 누가 봐도 어설펐을 것이다. 자신감은 상대방이 더 크게 알아차리는 법이다. 손님이 나의 떨리는 손놀림을 감지했을 때는 이미 옆머리가 잘려 나간 뒤였다. 아니나 다를까 노발대발하기 시작한다.

"내가 옆머리 짧게 하지 말라 그랬잖아… 에이씨…"

왜 그런 무모한 용기가 났을까? 못하면 차라리 못하겠다고 할 것을… 상황을 알아차린 디자이너가 와서 수습해 주었다. 다행히 많이 잘려 나가지 않아서 어느 정도 마무리가 되었다. 그래도 커트 값은 주고 가셨으니 지금 생각해보니 호인이다. 다리에 힘이 풀렸다. 내가 이 정도구나 싶은 한계, 무모한 짓을 한 것에 대한 후회, 직원들한테 피해를 준 것 같은 미안함… 여러 감정이 들어서 휴게실에 들어가서 한참을 소리 죽여 울었다. 일을 마무리하고 들어온 디자이너가 많이 위로해 주었다. 아마도 자신도 이런 시절이 있었으리라. 그 아저씨의 잔상이 꽤 오랫동안 남았다. 덕분에 쉬는 시간만 되면 마네킹을 잡고 가위로만 자르는 남자 커트를 연구하게 되었다. 두 번 다시는 이런 실수는 하지 않겠다는 마음으로…

성장

노력하고 반복하다 보면 지금보다는 더 잘하기 마련이다. 자격증 공부를 하면서 느낀 부분이기도 하다. 오전 9시 출근에 오후 9시 퇴근. 꼬박 열두 시간의 근무였다. 일이 늦게 마치는 날이면 밤 10시가 되기도 했다. 가끔 미용 세미나가 있는 날이면 퇴근은 더 늦어졌다. 세미나는 밤 10시에 진행되는 경우가 많았다. 미용실 영업이 끝나는 시간을 고려해서 늦은 시간에 시작하는 것이다. 세미나는 보통 유명한 강사가 와서 최근에 유행하는 커트 시연을 한다. 염색이나 펌 등 새로운 기술이 나왔을 때 모델을 앉혀놓고 직접 시술하는 모습을 보여주기도 한다. 세미나는 2시간 정도 진행될 때가 많았다. 그러면 밤 12시는 가뿐하게 넘어갔다. 졸린 눈을 비비면서 나도 모르게 하품이 새어 나왔다. 저린 두 다리를 두드려 가면서 꼼꼼하게 메모를 했다. 미용 세미나에는 제법 많은 인원이 참석했다. 소규모 세미나도 있지만, 대부분 20~30명 정도 되는 인원이 모였다. 대부분 미용실을 운영하는 원장님들이거나 원장이 되려고 하는 디자이너들이 많았다.

흔히 미용을 한다고 하면 노는 것을 좋아하고 공부하기가 싫으니 그 분야를 선택했다는 시선들이 많았다. 어쩌면 부모님이 처음 이 길을 반대한 것도 그런 고정관념이 있어서 더 그랬는지도 모른다. 하지만,

내가 보는 대부분 미용사들은 누구보다 열심히 살고 공부하면서 삶을 치열하게 살아내는 사람들이었다. 세미나장에 오는 미용인들은 더욱 그랬다. 일을 마치고 왔으니 피곤할 법도 한데 모르는 부분은 질문을 한다거나 메모를 했다. 염색이나 펌 등의 약제를 직접 만져보기도 하고 발라보기도 하면서 누구보다 열과 성을 다해 공부하고 체험을 했다. 세미나장을 온다는 것은 지금의 실력이 부족함을 느끼기 때문이고 더 나아진 실력을 갖추기 위해서였다. 적어도 그 자리에 있는 사람들은 자신의 삶에서 '노력'이라는 뜨거운 단어를 각자의 가슴 속에 품고 있었다.

세미나를 마치고 별을 보면서 집으로 돌아왔다. 씻고 누우면 새벽 1시가 넘었다. 이불속으로 지친 몸을 끌고 들어가면 나도 모르게 '어우…'하는 탄식소리가 났다. 참 하루가 길 구나 생각하면서 나도 모르게 잠에 빠져들었다. 날이 밝으면서 다시 아침 9시까지 출근을 했다. 시간이 지날수록 남자 커트는 자신감이 붙었다. 클리퍼를 쓰는 스타일도 그랬고 문제가 됐었던 가위로만 자르는 스타일도 손님과 트러블 없이 해낼 수 있었다. 남자 중고등학교 앞으로 옮긴 것이 '신의 한 수'였다. 덕분에 빨리 성장 할 수 있었다.

2년 정도 근무를 하고 일에 익숙해지니 또다시 성장의 필요성이 느껴졌다. 일명 '아줌마 머리'라고 불리는 중년 여성의 머리를 연습해야만 했다. 또다시 생각했다. 어디에 가면 가장 많이 할 수 있을까? 당시 있던 가게는 중고등학교와는 가깝지만, 주변이 주택가라 인구밀도가 그렇게 높지 않았다. 면적대비 사람이 많은 곳을 찾아야 했다. 그곳은 바로 아파트 단지였다. 결국 정든 그곳을 나와서 3일 정도를 쉬고 바로 아파트 단지가 있는 새로운 미용실로 출근을 했다. 지금 생각해보면 가게를 한번 옮길 때 한 달쯤 쉬는 시간이 있었으면 어땠을까 싶다. 그때는 왜 그렇게 나를 몰아세웠는지 모르겠다. 어쩌면 서른 살에 내 가게를 하겠다는 목표가 있어서 더 그랬는지도 모른다.

새로 옮긴 곳은 대단지 아파트 상가 1층에 있는 미용실이었다. 그 상가 내에선 가장 위치가 좋았다. 상가에 들어서면 제일 먼저 보이는 곳이었다. 전에 다니던 미용실보다는 절반 정도의 크기여서 그랬는지 조금 답답한 느낌도 있었다. 하지만, 위치적으로 봤을 때 이보다 더 좋은 곳이 없었다. 그곳은 늘 손님이 많았다. 앞으로 미용실을 오픈하면 아파트 단지 내에 해야겠다고 마음을 먹었다. 일하는 사람은 4명이었지만, 지금까지 일하던 곳 중 가장 바빴다. 원장님과 디자이너 한 분 그리고 중상이 된 나와 스텝 한 명이 있었다.

내 예상대로 아파트 단지 안이라 여자 손님이 많았다. 확실히 보는 것도 도움이 많이 되었다. 일하는 틈틈이 각도는 어떻게 드는지, 머리 위쪽은 어떻게 마무리하는지, 뒷머리는 어떻게 다듬는지 유심히 살폈다. 하지만, 원장님의 단골손님이 나에게 머리를 맡길 리가 만무했다. 바로 위 디자이너도 근무한 지 오래되어 자기 손님이 많았으니 그 손님들 역시 내게 머리를 하지는 않았다. 다행히 여학생의 머리를 자를 수 있는 기회들이 생겨나긴 했지만, 좀처럼 중년 여성의 머리를 할 수 있는 기회는 주어지지 않았다. 그런데다 디자이너가 남자였는데 나랑 코드가 너무 맞지 않았다. 트로트를 유난히도 좋아했던 그는 하루 종일 가게에서 트로트를 들었다. 다른 사람들의 취향 따위는 중요하지 않았다. 물론 트로트가 나쁘다는 건 아니다. 하지만, 하루 종일 들어야 했으니 평소 트로트를 좋아했던 사람이라도 금방 지겨워졌을 것이다. 지금까지 일해 왔던 디자이너들과는 달리 기회를 주지 않았다. 늘 자신이 마무리까지 다 해야 하는 편이어서 늘 나는 남자 머리만 담당할 수밖에 없었다. 무엇보다 밥 먹는 시간이 가장 불편했다. 지금까지 있었던 곳은 모두 휴게실이 따로 있었다. 휴게실 안에는 냉장고와 작은 싱크대와 식탁이 있고 작은 소파 등이 있어서 쉬거나 밥을 먹기에 불편하지 않았다. 하지만, 새로 옮긴 가게는 워낙 협소하다 보니 휴게실 공간이 따로 없었다. 그렇다 보니 손님이 없는 시간에 맞춰 밥을 먹어야 했다. 어떻게 보면 가장 기본적인 부분이 해결이 안 되는 곳이었다. 그곳은 오래 있을 곳이 아니라는 생각이 들어서 몇 개월 일하다가 그만두었다. 지금 생각해도 그곳에서의 추억이 그리 아름답지 않다. 원장님은 직원들의 편의보다는 돈이 우선인 사람이었다.

다른 해결책이 필요했다. 어떻게 하면 될까? 또다시 생각에 잠겼다. 무엇보다 바로 위에 디자이너가 없는 곳이 필요했다. 그러기 위해서는 규모가 너무 큰 곳보다는 작은 가게가 좋을 것 같다는 생각이 들었다. 얼마 지나지 않아 원장님 한 분이 운영하는 가게로 옮길 수 있었다. 무엇보다 이전 가게에서 가장 불편했던 휴게실 문제가 해결되어서 좋았다. 손님들과 친해지는 것이 급선무였다. 사람들은 웬만해선 낯선 사람에게 자신의 머리를 잘 맡기지 않는다. 원래 하던 사람의 손을 가장 안전하게 느끼는 법이다. 한마디로 단골 확보가 쉽지는 않다. 우선 얼굴이 익숙해져야 했다. 그건 결국 시간을 필요로 하는 일이기도 했다.

근무한 지 어느 정도 지나자 원장님이 없는 시간에 성격 좋아 보이는 아줌마의 머리를 조금씩 만질 수 있었다. 바로 위 디자이너가 없으니 확실히 기회는 많아졌다. 게다가 하루 종일 트로트를 듣지 않아도 되니 무엇보다 좋았다. 원장님은 정이 많은 사람이었다. 눈물도 많고 살아온 세월이 순탄하지 않아서였는지 인간적으로 마음이 많이 갔다. 특히 나와 먹는 것이 잘 맞았다. 둘이서 손님이 없는 시간에는 군것질도 많이 했다. 에이스와 믹스 커피를 함께 먹는 걸 좋아했고 물냉면도 좋아했다. 그래서인지 지금까지 일하던 곳 중에서 가장 살이 많이 찌기도 했다. 원장님에게는 아들 두 명이 있어서 일찍 퇴근하는 날이 많았다. 그러면 저녁 시간은 온전히 나 혼자 가게를 운영해야 했다. 손님들과 얼굴을 익혀 갈수록 일을 하기는 수월했다.

남자 머리는 이제 어떤 사람이 와도 다 해낼 수 있을 것 같았고, 여자 머리도 자신감이 붙어갔다. 이렇게 하면 되겠다는 생각이 들었다. 내 미용실을 오픈하기 전까지는 여기서 기술을 익혀야겠다는 생각이 들었다. 미용실을 옮기면 또다시 사람들과 익숙해지는 시간이 필요하기에 그 시점에 다른 곳으로 옮기는 것은 아니라고 생각했다. 무엇보다 원장님과의 사이가 좋았다. 그러니 굳이 다른 곳으로 옮길 이유가 없었다.

늘 '생각'이란 걸 했던 것 같다. 어떻게 하면 좋을까? 어디로 가면 지금보다 실력이 나아질 수 있을까? 그럴 때마다 해답을 찾았고 생각에 그치지 않고 행동으로 옮겼다. 만약 그런 질문을 던지지 않았다면 성장이 조금 늦어졌는지도 모른다. 물론 중간에 잘못된 선택을 한 경우도 있기는 했지만, 어디서든 배울 점은 존재했다. 어느덧 나는 20대 후반을 지나 30대를 향하고 있었다. 미용 일을 처음 시작하면서부터 목표로 삼았던 '30살에 내 가게 시작하기'를 실행할 때가 된 것이다.

슬럼프

미용은 일이 고된 건 둘째치고 나를 더 힘들게 한 것은 휴무일이었다. 지금이야 근무 조건이 많이 개선되어서 주 5일 근무를 하는 곳도 많고 근무시간도 유연성 있게 운영되는 곳도 많다. 하지만, 그때는 대부분의 미용실이 일요일은 근무하고 평일에 쉬었다. 나의 휴무일은 화요일이었다. 지금보다는 확실히 경직된 시스템이었다. 토요일이나 일요일은 일주일 중 미용실이 가장 바쁜 날이었다. 그러니 주말에 쉬는 건 있을 수 없는 일이었다. 남들이 다 쉬는 주말에 일을 해야 하니 자연스럽게 친구들과 멀어져갔다. 처음에는 다 같이 놀러가는 계획을 잡더니 어느새 나는 그 자리에 빠져있는 경우가 많아지게 되었다. 함께 놀러 갔다 온 추억을 공유할 수 없으니 왠지 모를 소외감을 느끼는 일도 생겼다. 삶의 패턴이 다르니 어쩔 수 없는 일이었다. 쉬는 날이 되면 대부분 늦은 시간까지 밀린 잠을 잤다. 간혹 급하게 처리해야 하는 은행 업무가 있으면 일찍 일어나기도 했다. 컨디션이 좋다 싶으면 쇼핑을 할 때도 있었다. 하지만, 대체로 몸 상태가 좋은 날이 드물었다. 그래서 휴무일 대부분은 집에서 TV를 보거나 잠을 더 자면서 재충전의 시간을 가졌다. 또 일주일을 살아내야 했기 때문이다. 휴일에 잘 쉬지 않으면, 그 주 내내 몸이 피곤했다. 그만큼 나에게 휴무일은 몸을 회복시키는 소중한 시간이었다.

벚꽃이 피어나기 시작할 즈음이었다. 눈이 부시도록 맑은 일요일. 그날도 어김없이 손님 머리를 자르고 있었다. 내 또래로 보이는 남녀 커플이 벚꽃데이트를 하러 가기 전에 머리를 커트하기 위해 가게로 왔다. 여자 친구는 하늘거리는 핑크색 원피스를 입고 공들여 드라이한 것 같은 긴 웨이브 머리를 하고 있었다. 약간은 상기된 표정으로 남자친구를 기다리는 중이었다. 조금 있으니 친구 커플이 도착했고, 그렇게 네 명은 멋진 차를 타고 더블데이트를 하러 떠났다. 가게 안에서 한참 동안 서서 행복한 표정을 지으며 떠나는 그들의 뒷모습을 바라보았다. 유리창 하나가 그들과 나를 구분 짓는 어떤 경계선처럼 느껴졌다. 마음대로 돌아다닐 수 있는 자유를 가진 자와 갖지 못한 자를 나누고 있다는 생각이 들었다. 하필이면 날씨는 눈이 시릴 만큼 선명했고, 따뜻하고 포근한 바람이 불어왔다. 여기 그늘진 유리창 안에서 벗어나고 싶었다.

생각해보면 나의 20대는 일요일이 없었다. 일을 한 기억 외엔 특별한 기억이 없는 것이었다. 열심히 살았으나 제대로 된 추억이 나에게는 없었으니 갑자기 회의감이 밀려왔다. 내가 과연 잘살고 있는 것이 맞는 건가? 스스로 질문을 하는 시간이 많아졌다. 그러니 우울한 마음이 들기 시작했다. 그 마음에 좀 더 불을 지핀 건 친구와의 만남에서였다. 오래간만에 친구들과 만나서 밥을 먹고 이야기를 했다. 회사에 다니는 친구들은 제법 많은 액수의 돈을 저축하고 있었다. 언젠가 하게 될 결혼을 위해 돈을 열심히 모아둔 것이었다.

집으로 돌아오는 길에 많은 생각이 들었다. 미용 일을 처음 시작할 때

월급이 워낙 적었다. 지금이야 최저임금이라는 개념이 있지만, 그때는 기술을 배운다는 명목으로 '열정페이'를 강조하던 시절이었다. 그리고 그것을 당연한 것으로 생각했다. 돈은 늘 부족할 수밖에 없었다. 적은 월급으로 미용 도구를 사야 했다. 가위나 클리퍼는 모두 개인이 사야 하는 것인데, 그 액수가 만만치 않았다. 일자 가위 하나만 40만 원 정도 했다. 물론 가격이 다양하기는 했지만, 내가 처음으로 일을 하려고 산 가위의 가격이 그랬다. 가위도 일자 가위나 숱 가위, 장 가위, 스트록 가위 등등 종류가 워낙 많았고 클리퍼도 종류가 큰 것부터 중간 사이즈 그리고 면도를 할 때 주로 쓰는 것까지 몇 종류나 되었다. 행여 일을 하다가 떨어뜨리기라도 하면 새로 사야하는 경우도 있었다. 게다가 세미나는 자비로 듣는 경우가 많았다. 커트 교육이라도 들으면 돈은 늘 부족하기 마련이었다. 상황이 이러니 월급을 받아도 밑 빠진 독에 물을 붓는 기분이었다.

열심히 살 때는 앞만 보고 달리느라 몰랐는데 잠시 서서 멈추어 생각해보니 모아놓은 돈이 너무 없었다. 자연스럽게 회사 다니는 친구와 비교가 되었다. 누구보다 열심히 살았는데 내 돈은 다 어디로 갔을까? 왜 돈을 이렇게 못 모았지? 난 절대 흥청망청 산 적이 없었다. 아니 그럴 돈이 없었다고 말하는 게 더 정확한지 모른다. 꼬리에 꼬리를 무는 회의감이 나를 괴롭혔다.

그때쯤 심해진 위장병도 문제였다. 미용을 시작하면서 제시간에 밥을 먹은 적이 별로 없었다. 먹더라도 아주 급하게 먹고 나와야 했다. 나는 밥을 천천히 먹는 편이어서 빠듯한 점심시간은 내가 제일 견디기 힘든 시간 중 하나였다. 주말처럼 바쁜 날에는 오후 3시나 4시가 되어도 밥을 먹지 못하는 경우가 많았다. 손님을 기다리라고 해놓고 밥을 먹더라도 그 밥이 제대로 넘어갈리 만무했다. 그런 생활을 8년 정도 하고나니 나의 위장은 상할 대로 상해있었다. 음식물이 넘어가면 화장실로 직행해야 할 정도의 몸 상태가 되었다.

부정적인 생각들이 머리를 잠식하니 일을 하는 게 즐거울 수가 없었다. 어떤 때는 손님이 앉아서 기다리고 있는 것도 부담스러웠다. 예전에는 한 명이라도 나에게 머리를 맡기면 감사했는데, 부정적인 생각들 때문인지 그런 마음이 아예 사라졌다. 왜 이럴까 곰곰이 생각해보니 '슬럼프'였다. 한 번 찾아온 그 마음이 나를 너무 힘들게 만들었다. 아무런 의욕도 기쁨도 없었다. 왜 일을 해야 하는지에 대한 답을 찾지 못하고 있었다. 미용밖에 모르고 열심히 산 결과가 고작 부족한 은행 잔액과 아픈 몸밖에 없다는 생각이 계속 들었다. 열정이 사라지니 몸이 더 아픈 것 같았다. 그야말로 악순환이었다.

삶에 대한 고민들이 계속되던 그때, 우연히 로버트 기요사키의 『부자 아빠 가난한 아빠』 로버트 기요사키 지음/안진환 역/민음인 펴냄라는 책을 읽게 되었다. 자주는 아니었지만, 꾸준히 서점에 들러 책을 사는 것을 좋아했다. 제목이 마음에 들어서 산 그 책이 내 마음을 더 흔들어 놓았다. 사실 다른 부분은 기억이 나지 않고 딱 한 부분, '사분면'만 기억난다.

'1사분면'은 '봉급생활자 E Employee',
'2사분면' '사업가 B Business Owner',

'**3사분면**'은 '자영업자 S Self-Employed',

'**4사분면**'은 '투자가 I Investor'

대부분 사람들은 '1사분면'과 '3사분면'에 종사한다. 하지만, 진짜 부자가 되려면 '2사분면' 또는 '4사분면'에 있어야 한다는 이야기였다.

이어서 '파이프의 원리'가 나왔는데 그걸 읽으며 느낀 충격이 아직도 선명하다. 자세한 이야기는 기억이 나지 않지만, 대략적인 이야기는 그랬다.

> A와 B, 두 사람이 있는데 어떤 부자가 와서 두 사람에게 제안을 했다. 아주 멀리 떨어진 오아시스에서 정해진 기간 안에 더 많은 물을 길어 오는 사람에게 상금을 주겠다는 내용이었다. A는 그날부터 물 양동이를 가지고 나와서 먼 길을 열심히 달려 물을 길어 온다. 누구보다도 열심히 했다. 낮이고 밤이고 쉬지 않고 일을 했다. 그런데 나머지 한사람 B는 보이지 않았다. A는 자신이 이긴 것 같다고 내심 기뻐하며 더욱더 열심히 물을 퍼 날랐다. 그런데 며칠 뒤 사라졌던 B가 나타났다. 기술자들을 데리고 나타난 B는 무언가를 열심히 만들기 시작한다. 그것은 다름 아닌 물 파이프였다. 파이프를 만드는 데 시간이 걸리긴 했지만, 결국은 파이프가 완성되어 B는 버튼 하나만 누르면 쉽게 물을 얻을 수 있었다. 하지만, 양동이로 물을 퍼다 나르던 A는 그때까지도 쉬지 않고 열심히 물을 나르고 있었다.

이 이야기는 나에게 말해주는 바가 너무나도 컸다. 그 부분을 읽고 한참이나 멍하니 앉아 있었다. 열심히만 살아온 나에게 주는 메시지 같았다. 로버트 기요사키가 말했다.

"기술자가 되면 먹고사는 문제는 해결이 되지만,
내가 잘하면 잘할수록 내 몸이 망가지게 된다."

기술자의 예시에 미용사가 있었다. 안 그래도 몇 가지 사건들 때문에 극심하게 슬럼프를 겪는 중이었는데 그 책이 나를 더 일하기 싫게 만들었다. 그 책을 읽은 이후로 나에게 있어서 미용은 양동이로 물을 퍼다 나르는 일이 되었기 때문이었다. 더 깊은 수렁으로 빠지는 것 같은 느낌이 들었다. 나의 삶이 통째로 부정당하는 느낌, 뭔가 잘 못 살아온 것 같은 자괴감, 후회하기엔 이미 늦어버린 것 같은 조바심… 여러 가지 복합적인 기분들이 들었다. 도저히 일을 계속할 수 있는 상황이 아니었다.

결국 원장님께 일을 그만두어야겠다고 말했다. 나에게 휴식 시간이 필요하다고 느꼈다. 쉬어야만 했다. 그래도 직원이 구해질 때까지는 일을 해주기로 했다. 한 달이 지났지만, 여전히 소식이 없다. 쉬어야겠다고 마음을 먹고 나니 한시라도 빨리 그만두고 싶었다. 사람을 구한다고 말한 지 두 달이 다 되어갈 무렵, 원장님이 적극적으로 사람을 구하지 않는다는 사실을 알게 되었다. 일할 사람이 없는 것이 아니라 구인 광고를 하지 않고 있었던 것이다. 물어보면 사람을 구하는 중이라는 대답만 돌아왔다.

견디기가 힘들었다. 그러던 어느 날 원장님이 먼저 퇴근하고 가게에 혼자 있었다. 갑자기 머리가 어지럽고 숨이 막히기 시작했다. 심호흡을 크게 했다. 하지만, 증상이 나아지지 않았다. 숨을 못 쉬니 죽을 것 같았다. 가게 문을 열고 뛰어나갔다. 찬 바람을 쐬니 조금 진정이 되었다. 가게로 들어왔는데 다시 가슴이 조여오기 시작했다. 견딜 수가 없었다. 머리가 빙글빙글 도는 것 같았다. 그때는 몰랐는데 지금 와서 보니 그게 '공황장애'가 아니었나 싶다. 가끔 연예인들이 공황장애를 겪었다고 말하는 그 증상과 똑같았기 때문이다. 그런 증상이 며칠째 계속되었고, 더 이상 방치하면 안 되겠다는 생각이 들었다. 이미 두 달이 넘도록 기다려 주었으니 내가 할 도리는 다했다고 생각했다. 그날 밤 짐을 쌌다. 그리고 종이에 편지를 썼다. 무슨 내용이었는지 기억은 잘 나지 않지만, 아마도 더 이상은 못 하겠다는 내용과 그동안 감사했다는 대충 그런 내용이었을 것이다. 가게 불을 끄고, 짐을 전부 다 빼고 문을 잠근 후 열쇠를 문 안으로 밀어 넣었다. 두 번 다시는 돌아오지 않겠다는 나의 의지였다.

쉼표

늦잠을 실컷 잘 수 있는 자유, 내 마음대로 할 수 있는 시간, 하루 종일 서 있지 않아도 되는 편안함. 그랬다. 나는 자유인이 되었다. 거의 8년을 쉬지 않고 달려왔다. 열심히 하는 게 최선이었고 그래야 한다고 믿었다. 목표도 있었고 열정도 있었다. 공부도 열심히 했고 최고가 되려는 욕심도 있었다. 하지만, 이제 막 서른 살이 된 나에게는 남은 것은 공황장애 증상과 아픈 위장, 그리고 잔액이 얼마 없는 통장이 전부였다. 그저 쉬고 싶다는 생각만 있었고, 나는 멈출 수밖에 없었다. 열심히 하면 되는 세상인 줄 알았다. 하지만, 내가 그린 모습은 이런 게 아니었다. 이상과 현실간의 간극이 너무나도 컸다. 결국 나는 도망치듯 그 세상을 나왔다. 쉬고 싶다는 생각 외엔 아무 생각도 들지 않았다.

거짓말처럼 아침 7시에 눈이 떠졌다. 우리 몸은 생각보다 솔직하다. 늘 출근 시간에 맞춰 같은 시간에 일어나던 습관을 몸이 기억하고 있는 것이다. 일부러 눈을 더 꼭 감았다. 그러고는 출근하지 않아도 된다는 자유를 마음껏 누렸다. 어딘가에 얽매이지 않아도 된다는 것만으로도 살 것 같았다. 한동안 힘겹게 쉬어지던 들숨과 날숨이 제법 안정을 찾아갔다. 부모님도 이제껏 열심히 한 것을 아는 터라 쉬는 것에 대해서 따로 잔소리를 않으셨다. 그것만으로도 다행이었다.

한동안 아무 생각도 하고 싶지 않았다. 배가 고프면 밥을 먹고, 자고 싶으면 잠을 잤고, TV를 보고 싶으면 하루 종일 TV를 봤다. 바깥공기가 그리워지면 드라이브를 했다. 최대한 의식의 흐름대로 시간을 보냈다. 아무도 나에게 뭐라고 하는 사람이 없었다. 그토록 바라던 자유의 시간이었다.

스무 평이나 열 평 남짓한 공간에서 거의 12시간 이상을 대부분 주말도 없이 서서 일을 했다. 다리는 늘 아팠고 어깨도 아팠다. 무엇보다 사람을 상대하는 일이 쉽지 않았다. 이 세상에는 좋은 사람도 많지만, 나와 코드가 달라도 너무 다른 사람들도 많았다. 모든 사람을 다 맞추기란 불가능에 가깝다. 서비스직은 늘 친절해야 한다는 강박관념이 있다. 필요 이상의 친절함이 때로는 독이 될 때가 있음을 이제는 안다. 하지만, 일을 할 때는 무조건 내가 을이 되어야 한다고 생각했다. 그렇게 교육을 받았고, 나 말고 모든 사람이 그렇게 했으니 고개를 숙이는 건 당연한 일이었다. 부당한 요구를 받아도 그들의 비위를 맞추는 것이 능력처럼 느껴졌다. 손님이 만족하는 것, 그것만이 내가 추구해야 할 그 무엇이었다. 일을 하면 할수록 더 많은 가면을 쓰게 되었다. 즐겁지 않아도 웃어야 했고, 재미없는 이야기를 들을 때도 누구보다 재미있게 들어줘야 했다. 몸이 너무 피곤해서 쓰러질 것 같은 날에도 아닌 척을 해야 했다. 그게 프로였다. 적재적소에 알맞은 가면을 찾아 꺼내 썼다. 그 사람에 맞는 가면을 쓰고 때론 명랑하게 때론 조용하게 이야기 했다. 하지만, 일을 그만둔 지금 그런 가면을 쓸 필요가 전혀 없다. 그저 나의 본연의 모습이 되면 된다. 누군가의 감정을 살필 이유도 없고 분위기를 맞출 필요도 없다.

침대에 누워 두 팔을 위로 쭉 뻗었다. 허리도 펴고 다리도 쭉 펴서 기지개를 켰다. 온몸으로 휴식이 주는 여유를 느꼈다. 밥을 먹는 것도 천천히 꼭꼭 씹어서 삼킬 수 있었다. 더 이상 음식물을 씹지도 않고 밀어 넣는 일은 없었다. 시켜서 먹는 배달 음식이 아닌 엄마의 따뜻한 밥을 먹는 것만으로도 몸이 회복되는 것 같았다.

미용을 그만둘 즈음에 몸이 워낙 좋지 않았다. 아침에 출근해서 미용실을 청소할 때면 쓰러질 듯이 힘이 들었다. 바닥을 쓸고 닦는 정도만 해도 식은땀이 났다. 어지러울 때도 많았으나 오롯이 혼자 견뎌내야 하는 시간들이었다. 이젠 그런 청소쯤은 내가 하고 싶을 때 하면 되는 일이었다. 방을 쓸고 닦는 것쯤은 아무런 문제가 되지 않았다. 나는 내 공간이 좋았고 편했다. 누군가의 눈에 맞출 필요도 없었다. 아무도 나에게 요구하는 것이 없었다. 지금 생각해봐도 그때 진짜로 '쉼'을 알아가는 중이었다.

하루는 온종일 예능프로를 보았다. 심각한 것보다는 웃을 수 있는 프로그램이 좋았다. 또 어떤 날은 드라마만 보았다. 드라마는 한 번 빠지면 헤어 나오기 힘들다. 맛있는 과자 한 봉지를 안고 주인공의 이야기를 따라가다 보면 금방 밖이 어두워지곤 했다. TV는 계속 봐도 볼 것들이 넘쳐났다. 그러다 때로 지겨워지는 순간이 오면 가끔 책을 본다.

당시 내가 가장 좋아했던 책은 성공한 사람들의 이야기였다. 자서전 위주의 책을 주로 봤다. 특히나 작고하신 정주영 회장의 『시련은 있어도 실패는 없다』 정주영 지음/제삼기획 펴냄같은 책을 좋아했다. 『시련은 있어도 실패는 없다』에 나오는 '빈대 철학'은 아직도 잊을 수 없는 이야기이다.

> 정주영 회장이 부두에서 일할 때 합숙소의 환경이 워낙 열악했다. 특히나 자려고 누우면 빈대가 많아서 몸을 물리는 경우가 많았다고 한다. 얼마나 힘이 들었는지 꾀를 내어서 큰상을 놓고 상다리 4개를 각각 물이 담긴 그릇에 넣었다. 한동안 빈대들의 공격이 잠잠해져서 잠을 잘 수가 있었는데 얼마 가지 않아서 또다시 빈대의 공격이 시작된 것이다. 영문을 몰랐던 정주영 회장은 불을 켜고 이유를 알아보았다. 빈대들이 벽을 타고 올라 천장으로 가서는 정주영 회장이 자고있는 곳에 정확하게 낙하하여 그의 몸을 물고 있었던 것이다. 그때 그는 너무 많은 것을 느꼈다고 한다. 사람이 빈대보다 못하면 되겠는가 하고 말이다.

나 역시 그 부분을 읽고는 많은 생각에 잠기는 계기가 되었다.

한비야 작가의 책도 너무 좋아했다. 다른 것도 좋았지만, 특히나 『한비야의 중국 견문록』 한비야 지음/푸른숲 펴냄은 너무 재미있게 읽었다. 한비야 작가의 씩씩한 일상을 따라가고 있노라면 나도 중국의 어느 한 공간에 들어와 있는 것 같은 기분을 느꼈다. 그 외에도 하버드에 들어간 사람의 성공 이야기, 돈을 많이 벌었다는 사장님들의 이야기 등의 자전적 성공 이야기를 읽는 것이 즐거웠다. 왠지 그런 책을 읽고 나면 많은 용기가 나는 것을 느꼈다.

책 읽는 것도 지겨워지면 그림을 그렸다. 주제는 내 마음대로다. 사람을 그릴 때도 있었고, 꽃이나 사물을 그릴 때도 있다. 작은 스케치 북을 하나 사서 샤프로 사각사각 소리를 내며 그렸다. 결과물이 좋건 싫건 그리는 시간이 내 마음을 편안하게 했다. 색연필을 사서 채색까지 하다 보면 또 하루가 금방 지나간다.

다음 날 아침이 시작되면 좋아하는 음악을 찾아서 듣는다. 최신 음악부터 하나하나 정성 들여 들어본다. 가사와 음을 하나씩 기억하면서 듣다가 보면 감정이입이 저절로 된다. 국내 음악부터 팝송까지 계속 듣고 있어도 질리지 않는다. 어떤 날을 잠만 자도 하루가 금방 흘러갔다. 이 시간들이 너무 행복했다.

편해지는 만큼 나는 내 공간 속에 점점 더 숨고 있었다. 밖은 위험했고 내 방은 나에게 안정감을 주었다. 온종일 집에만 머무는 시간이 계속되었다. 사람을 만나는 것도 피곤한 일이었다. 혼자 쉬고 혼자 생각하는 시간이 늘어났다. 그리고 그 생활에 익숙해지고 있었다. 할 수 있다면 계속 이렇게 살고 싶다는 생각도 들었다. 반쯤 은둔형 외톨이가 되어간다는 생각도 들었다. 아마도 이런 시간이 계속된다면 꼭 그렇게 될 것도 같았다. 육체적으로는 어느 때보다 편했지만, 시간이 지날수록 부모님이 마음에 걸렸다. 부모님의 얼굴을 볼 때면 나만의 유토피아에서 빠져나와야 한다는 걸 느끼곤 했다. 하지만, 다시 나의 세상으로 돌아오면 행복을 느끼는 이 시간들을 깨고 싶지 않았다.

현실은 나를 계속 쉬도록 내버려 두지 않았다. 서른 살쯤이 되었으니 결혼도 생각해야 했고, 그러기 위해선 지금보다 돈도 모아야 했다. 역시나 언제까지 일을 쉴 수는 없는 노릇이었다. 그렇다고 이전으로 돌아가고 싶지는 않았다. 하루는 현실을 심각하게 고민했고, 또 하루는 아무런 생각 없이 내가 하고 싶은 대로 살았다. 그렇게 두 달 정도를 마음껏 쉬었다. 전보다 몸이 회복됨을 느꼈다. 제일 먼저 좋아진 건 공황장애 증상이었다. 숨이 차고 답답하고 가끔은 숨을 못 쉴 정도의 호흡곤란이 왔었는데 그 증상이 많이 없어졌다. 위장장애도 밥을 급하게 먹지 않아서인지 완벽하진 않지만, 전보다 좋아졌다. 또한, 계속 서 있지 않아도 되니 다리 아픈 것도 괜찮아졌다. 몸이 좋아지고 있는데 다시 무언가를 해야 한다고 생각하니 마음은 우울해졌다. 다시 세상 속으로 나가야 한다고 생각하니 막막하기도 했다. 마치 어린아이가 무언가를 시작하는 마음처럼 겁이 났다. 하지만, 다시 시작해야 했고 문밖으로 걸어 나와야만 했다.

세 번째 이야기 **또 다른 길을 찾아서**

방황과 선택

세상을 향해 걸어 나왔다. 머뭇거리며 용기를 내어 봤지만, 내게 돌아오는 것은 막막한 마음밖에 없었다. 오로지 미용 일만 하고 살았다. 하지만, 이제 그 길을 가지 않으려는 내가 할 수 있는 것은 아무것도 없었다. 서른, 무언가를 시작하기에 애매한 나이. 나는 두려움이 앞섰다. 어디서부터 다시 시작해야 할지 갈피를 잡지 못했다. 다시 학교에 돌아가야 할까? 어떤 분야를 해야 할까? 나는 뭘 잘 할 수 있을까?

일을 찾아보는 날이 늘어날수록 세상 쓸모없는 인간이 되어버린 것 같은 느낌이 들었다. 사람에게는 일이 중요하다. 특히 어떤 일을 하는가는 그 사람을 말해주는 상징이기도 하다. 하지만, 어디에도 나를 반겨주는 사람이 없었다. 소위 말하는 '스펙'이란 것도 없었고, '배경'은 더더구나 없었다. 그럼에도 불구하고 미용을 다시 하고 싶은 마음은 없었다. 그때 방향성을 알게 되었다. 열심히만 해서는 안 되는 것이 인생이라는 것을… 우리는 항상 방향을 잘 선택해야만 했다. 처음에는 그 차이가 미미하지만, 시간이 지나면서 너무나도 다른 삶이 펼쳐진다. 첫 단추를 잘 못 끼웠다는 후회감이 밀려오기도 했다. 내 인생이 어디서부터 꼬여버린 걸까? 다시 일어설 수 있을까? 난 어떻게 살아가야 할까? 신이 있다면 나를 어디에 쓰려고 만들었을까? 나 같은 건 차라리 있으나

마나 한 걸까? 하긴 나 하나 없어진다고 이 세상이 변하기나 할까? 길을 찾는 시간이 길어질수록 나를 향한 비난이 내 마음을 갉아 먹었다.

"넌 잘못 살았어."
"넌 쓸모없는 인간이야."
"넌 아무것도 아니야."
"니가 뭘 할 수 있겠어."

점점 옥죄어 오는 이 차가운 독백들이 나를 지치게 했다. 하염없이 걸었다. 나는 어디로 가야 하는지 스스로 물었다. 나 말고는 다른 모든 사람이 행복해 보였다. 다 잘 나가는 것처럼 보였다. 그랬다. 나는 실패자였다. 아무것도 할 수 없는 실패자, 아무도 찾지 않는 인간, 그저 그런 한 인간이 길 위에 서 있을 뿐이었다.

아무 생각 없이 쉴 때는 이렇게 힘들지 않았는데, 오히려 세상을 살아 보려고 하니 마음이 휘몰아쳤다. 다시 내가 만들어 놓은 울타리 안으로 숨고 싶었다. 하지만, 그럴 수는 없었다. 나를 위해서가 아니었다. 고생하는 부모님이 늘 눈앞에 아른거렸다. 그분들이 어떻게 살아오셨는지를 누구보다 잘 알기에 다시 숨을 수가 없었다. 자식을 떠나서 최소한의 양심이 있는 사람이라면 그래서는 안 되는 거였다.

마음을 가다듬고 처음부터 다시 생각하기 시작했다. 미용을 다시 해볼 생각이 있는가? 아니다. 그러면 뭘 시작하고 싶은가? 우선 회사에 취직하고 싶은 마음은 들지 않았다. 어딘가에 갇혀 있다는 생각이 들면 다시 호흡곤란이 올 것만 같았다. 생각하는 것만으로도 숨이 가빠짐을 느꼈다. 그러면 출퇴근이 좀 더 자유로운 무언가가 필요했다. 불현듯, 미용 일을 하면서 알게 된 손님 한 분이 떠올랐다. 40대 중반의 여자였다. 처음에는 서로 낯을 가리느라 어색했는데 자주 보게 되면서 많이 친해진 손님이었다. 통화하는 내용이 주로 몇억에 매매가 되었다거나, 몇백을 조정해보자 그런 이야기 들이었다. '억'이 왔다 갔다 하니 왠지 스케일이 커 보였다. 나중에 그분이 부동산에 근무하는 것을 알게 되었다. 무엇보다 마음대로 돌아다닐 수 있는 자유가 부러웠다. 가고 싶은 곳을 가고 시간에 얽매이지 않아도 되는 그 일상을 나도 경험해 보고 싶었다. 머릿속에 그분이 스쳐 지나가자 목표가 다시 선명해 짐을 느꼈다.

공인중개사 자격증 공부를 해야겠다고 마음을 먹었다. 곧바로 실행에 옮겼다. 아무것도 모르고 시작했다. 이런 자격증이 있다는 정도만 알았다. 인터넷강의를 알아보고 혼자 시작했다. 모두 6가지 과목을 공부해야 했다. 1차 시험인 민법 및 민사 특별법과 부동산학개론, 2차 시험인 부동산 세법, 부동산 공법, 중개사법 및 실무, 부동산 공시법 이었다. 몇 번 혼자 해보다가 민법에서부터 막히기 시작하자 이건 혼자 할 수 있는 공부가 아니겠다는 생각이 들어서 학원 수강을 하게 되었다. 처음 가본 공인중개사 학원은 또 다른 세상이었다. 내 나이가 서른이어서 많다고 생각했는데 그곳에서는 어린 편에 속했다. 대부분 40대 이상 아줌마나 아저씨들이었다. 가자마자 두꺼운 책 6권을 받았다. 이걸 다 해야 합격이라니. 내가 너무 쉽게 생각했나? 후회가 밀려오기 시작했다. 하지만, 그런 생각도 잠시. 곧바로 민법 수업이 시작되어 후회 따위를 할 정신이 없었다.

생전 처음 들어보는 법적인 용어들이 머리 위에 흩뿌려져 둥둥 떠다녔다. '상계', '가등기', '간접점유', '간이인도', '물권', '지상권' 등등 생전 처음 들어보는 용어들이 쏟아져 나오고 있었다. 한국말인 건 분명한데 알아들을 수가 없었다. 어떻게 시간이 지나갔는지 모르게 흘러갔다. 이런 거라고? 모두 다 법에 관련된 공부였다. 처음 접해보는 분야라 겁은 났지만, 수강 신청도 했고 더 이상 물러날 곳도 없었다. 오로지 남은 것은 '직진'이라는 생각뿐이었다. 그러기 위해선 적응을 해야 했다. 용어도 익숙해져야 했고 학원 사람들과도 친해져야 했다.

사람은 환경 적응의 동물이라고 했다. 며칠 학원을 다녀보니 원래 여기가 내 세상이었던 것처럼 느껴졌다. 여전히 용어는 어려웠지만, 다행히 민법 선생님이 위트가 넘쳐서 수업은 재미있었다. 무슨 공부든 재미가 있어야 시너지가 나는 법이다. 생활 속에서 일어나는 일로 법을 풀어주니 쉽게 다가왔다. 여섯 과목 중 민법을 가장 좋아하게 된 건 아마도 민법 자체가 좋았다는 것보다 선생님의 수업이 좋아서였기 때문일 것이다. 부동산학개론 선생님은 재미있는 분은 아니었지만, 요점정리를 잘 해주셨다.

공인중개사 시험은 일 년에 한 번 응시가 가능하다. 1차와 2차로 나누어지는데 둘 다 붙어야 합격이다. 1차에 떨어지면 2차에는 응시할 수 없다. 1차를 붙고 2차에서 떨어지는 경우는 다음 해에 2차만 응시해도 된다. 불행히도 2차에서 두 번 떨어지는 경우는 그다음 해에 1차와 2차, 모두 다시 준비해야 하는 불상사가 생긴다. 그건 최악의 시나리오다. 1차는 무조건 붙어야 한다는 결론이 나온다.

자연스럽게 1차 시험 과목인 민법과 부동산학개론 수업이 상대적으로 아주 중요했다. 1차가 없는 2차는 소용이 없었으니 말이다. 두 과목 모두 공부해야 할 분량이 많았다. 공인중개사 시험을 준비하는 초기에는 용어 검색하느라고 시간을 많이 소요했다. 참고서를 읽어도 용어를 모르니 이해가 힘들었다. 새로 찾은 용어는 일일이 해석을 써놔야 했다. 2차 시험 중에는 그나마 중개사법이 쉽게 다가왔다. 공시법은 등기나 지적을 다루는 부분이라 새로운 걸 알 수 있어서 좋았다. 세법은 역시나 재미가 있을 리 만무했고, 마지막이 공법이었는데 2차 과목 중에서 공법이 가장 난감했다. '공포의 법'이라고도 불릴 만큼 범위가 너무 넓었다. 우선 외워야 할 표들이 넘쳤다. 어디서 시험이 나올지 모르니 무조건 외워야 하지만, 그 수가 어마어마했다. 공법은 사람들이 중간에 가장 많이 포기하는 과목 중의 하나이기도 했다. 나 역시 공법만 생각하면 머리가 지끈거렸으니 사람 마음은 다 똑같은 것 같았다.

내가 다닌 학원은 수강생이 많았다. 한 반은 규모가 제법 컸는데 학생들이 큰 교실을 꽉 채울 정도였고, 특강이라도 하는 날이면 발 디딜 틈이 없었다. 나이가 아주 많은 머리가 희끗희끗한 남자도 있었고, 부동산 실무를 하고 있지만 자격증이 없어서 공부하러 온 사람들도 많았다. 혹은 집에서 아이들을 다 키우고 자기 시간이 되어 공부하러 온 중년 여성들도 있었고, 나처럼 다른 일을 하다가 이직을 하려고 공부하러 온 사람도 있었다. 20대가 몇몇 있기는 했지만, 거의 출석하지는 않았다. 자연스레 내가 가장 어린 편에 속했다.

학원에 다니면서 언니들과도 점차 친해져서 6명 정도 되는 언니들과 항상 같이 밥도 먹고 차도 마시면서 친분을 쌓을 수 있었다. 나를 빼고는 모두 기혼자였다. 그중에 왕언니가 참 좋았다. 나이는 가장 많았지만, 말에 기품이 있고 소녀 같은 미소를 늘 간직하고 있었다. 얼굴도 곱고 인상도 좋았다. 항상 남을 비난하기보다는 칭찬할 거리를 찾아내는 언니여서 곁에 있으면 마음이 편안했다. 왕언니를 중심으로 하나둘씩 모여들더니, 6명 멤버가 만들어졌다. 왕언니가 1호였고, 난 6호였다. 그중 3호 언니는 학교 선생님 출신이어서인지 설명을 정말 잘했다. 내가 공법을 헤매고 있을 때, 복도 계단에 앉아서 전체 틀을 잡아 주기도 했다. 언니의 '계단 특강'을 듣고 난 후 공법이 조금씩 정리가 되기 시작했으니 지금 생각해도 감사하다. 그녀들을 만난 것을 참 다행이라고 여겼다. 학원에 다니는 동안은 그녀들이 있어서 외롭지 않았고, 내가 해야 할 일은 열심히 공부하는 것뿐이었다.

공인중개사

무언가에 집중하는 일. 그것은 차라리 방황보다 나았다. 한없이 나를 자책했던 그 시간보다 살만했다. 하찮은 인간이라고 스스로 손가락질 하던 그때보다 마음이 편안했다. 책상과 의자에 앉아서 누군가의 강의를 듣고 있는 이 순간이 감사하기까지 했다. 다른 생각을 할 겨를이 없다는 것도 도움이 되었다. 자아비판하고 있을 시간적 여유가 없었기 때문이다. 해야 할 공부가 산더미 같이 쌓여 있었다.

우울감에 빠질 때는 일부러라도 많은 스케줄을 만들어 바쁘게 살 필요가 있다고 생각했다. 일정한 시간에 이뤄지는 규칙적인 수업 패턴도 도움이 된다. 삶이 불규칙해질수록 더 많은 불안을 느낀다. 그러니 일부러라도 내 삶을 규칙적으로 바꿀 필요가 있다.

오전 10시부터 수업을 들었다. 사람들도 익숙해지고 공부도 조금씩 형체가 보이기 시작했다. 분량이 많았기 때문에 전체적으로 한번 훑어볼 필요가 있었다. 어려운 부분은 대충 보고 넘어갔다. 대략 이런 것이 있구나! 정도로만 가볍게 읽었다. 다시 돌아왔을 땐 기출문제와 병행을 했다. 그러지 않고서는 책을 모조리 외워야 할 판이었다. 기출문제를 풀고 나니 공부의 방향이 잡히기 시작했다.

인생도 그렇고 시험 문제도 마찬가지로 '우선순위'라는 것이 있었다. 책 한 페이지 속에는 꼭 외워야 하는 중요 단락이 있다. 그걸 집중적으로 공부했다. 이렇게 하면 되겠다 싶은 혼자만의 방법이 생겼다. 그런 생각이 들고 나면 남들은 볼 수 없지만 스스로 많은 추진력이 생긴다는 것을 느낀다. 평균이 60점 이상이어야 하고 한 과목이라도 40점 이하가 나오면 무조건 불합격이다. 그러니 어느 것 하나 포기를 할 수는 없었다.

학원에서 처음 친 모의고사 점수는 절망에 가까웠다. 대부분 찍었다고 표현하는 게 맞다. 이거다 싶은 게 하나도 없었다. 과연 시간 안에 해낼 수 있을까 하는 비관적인 생각이 다시 고개를 들었다. 불안을 잠재우는 것은 '집중'이다. 나에게 필요한 건 끝없는 자책보다 하나라도 제대로 알고 넘어가려고 하는 '의지'였다.

민법이 가장 문제였다. 이해 당사자인 '갑'과 '을'만 나올 때는 그래도 문제가 이해되었다. '갑', '을', '병', '정'까지 네 명이 나오면 문제를 읽어내는 것만도 한참이 걸렸다. 누가 누구한테 뭘 줬다더라? 지문이 제법 길었다. 빈 공간에 연필로 쓰면서 읽지 않으면 도무지 이해할 수 없는 문제들이 많았다. 평소에도 글을 천천히 읽는 편이다. 하지만, 시험의 지문은 그러한 느긋함을 가지고 읽어 내려갈 수 없었다. 조금 더 심장 박동 수를 올릴 필요가 있었다. 일부러 같은 패턴의 문제를 뽑아서 여러 번 풀었다. 그리고 나니 같은 유형의 문제가 나오면 틀리는 법이 없었다. 그렇게 하나씩 차곡차곡 쌓아 가면 되는 일이었다.

대충하는 건 도움이 되지 않는다. 한 문제라도 완벽하게 이해하고 넘어가는 일, 그것이 포인트였다. 살아가는 것도 마찬가지란 생각이 들었다. 대충하다 보면 늘 나중에 문제가 생기기 마련이다. 시험지에 동그라미가 점점 더 많아졌다. 밑바닥까지 떨어져 있던 자신감도 조금씩 올라가는 중이었다.

전쟁 중에도 꽃은 핀다고 했던가. 공부하다가도 언니들과 함께 먹는 점심시간은 숨통을 트이게 만들었다. 같은 고민을 하는 사람에겐 동병상련의 정이 있다. 그걸 터놓을 수 있고, 공유하는 것만으로도 많은 치유를 얻는다. 맛있는 걸 먹는 즐거움도 있지만, 무엇보다 마음을 토닥이는 데 도움이 되는 시간들이었다. 언니들과 마주 보면서 웃고 떠들었던 그 시간이 지금 돌이켜보아도 참 소중했구나 싶다. 다시 힘을 내서 전진 할 수 있는 용기도 얻었다. 나 말고는 모두 주부라서 그랬는지 싸 오는 간식 스케일도 남달랐다. 언니들 덕에 늘 배부르게 먹을 수 있었다.

시험은 일 년에 한 번, 10월 말에 있으니 그전까지는 최대한 집중 모드가 되어야 했다. 시험을 일 년에 두어 번 칠 수 있으면 마음의 부담감이 좀 나았을지도 모른다. 하지만, 일 년에 딱 한 번뿐이니 무조건 붙어야 했다. 학원비도 그렇지만 기타비용이 많이 들었다. 식비부터 교통비, 기타 생활비가 들어가야 했고, 무엇보다 그 시간 동안 일을 못 하니 기회비용이 많이 들었다. 한 달에 최소 이백만 원을 번다고 계산을 해도 10개월 동안 일을 못 하면 이천만 원 정도의 손해가 발생한다는 계산이 나오는 것이다. 불합격하게 되면 비용이 이중 삼중으로 들어갈 수 있으니 어떻게든 한 번에 붙어야 했다. 그렇게 생각하니 점점 더 스트레스가 쌓이는 것 같았다. 봄쯤 시작할 때는 멋모르고 했지만, 여름이 되니 두세 달밖에 안 남았다는 생각이 들어 조바심이 났다.

여름 특강을 신청해서 들었는데 사람들이 너무 많아서 에어컨을 켜놔도 강의실 안이 후끈거렸다. 맨 앞줄에서 열성적으로 들어서일까? 사람들의 공부 열기 때문이었을까? 특강을 듣는 동안 이마에 땀이 맺혔다. 난 좀처럼 땀이 나지 않는 체질인데 이마에 땀이 난다는 건 실내가 그만큼 더웠다는 의미였다.

시험 날짜가 다가올수록 웃고 떠드는 수다 시간도 점차 사라져갔다. 시험을 치는 과목이 총 여섯 과목이다 보니 한 과목을 보고 있으면 다른 과목이 걱정되는 식이었다. 아직 부족하다고 느껴지는 과목이 너무 많았다. 하루 종일 외우고 또 쓰고 하다 보니 머리가 터질 지경이었다. 나만큼이나 언니들도 고군분투 중이었다. 언니들 중에는 시험에 한 번 떨어졌거나, 두 번 떨어진 경우도 있었다. 그러니 그 스트레스가 나보다 훨씬 많았을 것이다. 모두 수험생이 된 듯 열심이었다.

생각보다 가을은 빨리 찾아왔다. 아침 저녁으로 제법 쌀쌀해진 날씨 탓에 긴 옷을 챙겨 입어야 했다. 학원에서 임시로 마련해준 독서실을 이용해서 이동시간을 최대한으로 줄였다. 남은 시간은 한 달 남짓. 이 한 달을 어떻게 보내느냐가 관건이라는 생각이 들었다. 아침 일찍 독서실로 이동하여 공부를 시작했다. 불현듯 미용 자격증 시험을 준비할 때 제일 먼저 학원에 도착해서 공부하던 모습이 떠올랐다. 이번에도 누구보다 일찍 나와 내 페이스대로 공부를 시작했다. 최선을 다해야 한다는 건 이미 경험을 해봐서 알고 있었지만, 이번 경우는 물리적 시간이 너무 부족하다는 생각이 들었다. 시간이 조금만 더 주어지면 좋겠다 싶었지만, 시간은 단 하루도 멈추지 않고 부지런히 흘러갔다. 시험 날짜가 임박해지자 포기할 건 자동적으로 포기되기 시작했다. 기출문제에서 중요하게 다뤄진 파트를 집중적으로 볼 수밖에 없었다. 시간대비 효율을 올려야 했기 때문이다.

드디어 시험 날이 되고 정해진 학교로 향했다. 날씨가 쌀쌀해서 몸이 떨리는 건지 아니면 긴장을 해서 떨고 있는 건지 구분이 되지 않았다. 시험은 친다는 것은 그렇게 기분 좋은 일은 아니다. 그동안의 고생이 실수에 의해 허사가 될 수도 있고, 열심히 한데서 출제가 안 되면 맥이 빠지는 일이기도 하다. 떨리는 마음으로 시험장에 가니 아는 얼굴이 몇몇 보였다. 부정행위 방지를 위해 일부러 학원생들을 다른 곳과 섞어서 배치한다고 했다. 시험 시작 소리에 맞춰 시험지가 배부되었다. 시험지를 받자마자 열심히 풀어나갔다. 오지 선다형 중에 2개가 계속 남았다. 공부가 부족해서 일까? 결국 2개 중에 하나를 급하게 찍고 넘어갔다. 한 문제에서 지체하기엔 시간이 너무 촉박했다. 심장 뛰는 소리가 귓가에 울리는 것 같았다. 사람은 가끔 초인적인 힘이 나올 때가 있다. 특히나 중요한 시험을 치를 때는 그런 힘이 한 번씩 나온다. 시간을 마지막 1분까지 써가며 시험을 쳤다. 그렇게 치열했던 하루가 끝이 났다. 내 에너지를 다 쏟아부어서 일까, 그날 저녁 몸살을 앓았다.

이렇게 열심히 살아본 적이 또 있을까 싶을 만큼 매 순간을 아껴서 썼다. 미용 자격증을 딸 때도 그랬지만 최선을 다했으니 후회는 없었다.

이왕이면 결과가 좋기를 바라는 마음뿐이었다. 요즘 들어, 내가 좋아하게 된 말이 있다. '진인사대천명', 할 수 있는 만큼의 모든 노력을 다하고 하늘의 뜻을 기다리라는 말이다. 시험을 치고 나오면서 이제 시험은 내 손을 떠났다는 생각이 들었다. 다음날 겨우 몸을 추스르고 채점을 하러 갔다. 가채점이기는 했지만, 생각보다 점수가 너무 잘 나왔다. 2개 중에 헷갈렸던 문제가 많이 맞았다. 60점이면 합격하는 시험에서 나는 90점에 가까운 점수를 받았다. 이럴 줄 알았으면 좀 살살할 걸 그랬나 싶은 기분 좋은 여유가 생겼다.

얼마 후 도청에서 발급되는 자격증을 받았다. 상장처럼 생긴 이 작은 종이 하나를 받기 위해 그렇게 고군분투했었나 싶으니 솔직히 허탈한 마음이 들었다. 하지만, 힘들다고 중간에 포기하지 않은 나에게 스스로 손뼉을 쳐주고 싶었다. 무슨 일이든 자기 자신이 가장 잘 아는 법이다. 내가 얼마나 준비가 된 자인지, 얼마나 노력을 했는지, 남들은 다 몰라도 나 자신은 안다. 다른 사람의 평가도 중요하지만, 그보다 더 중요한 건 내가 나를 바라보는 시선이다. 자격증을 가방 안에 구겨지지 않도록 고이 넣고 조금은 당당해진 발걸음으로 도청을 걸어 나왔다.

새로운 길

8평 남짓한 작은 사무실. 책상과 의자 몇 개가 나란히 있고 큰 테이블이 놓여 있다. 벽에는 대형 지도가 걸려있었고 한쪽에는 냉장고가 있다. 그 위에는 차를 마실 수 있게 믹스 커피와 녹차가 종이컵과 함께 진열되어있고, 한쪽 벽에는 여러 명이 앉을 수 있는 일자형 의자가 있다. 키 크고 멋진 느낌의 남자 소장님이 있었다. 단발머리에 굵은 펌을 하고 있는 귀여운 인상의 여자 사무장님도 함께 일했다. 그리고 40대 중반 정도 되고 조금은 건조해 보이는 표정의 여자 직원 한 명과 내가 있었다. 이렇게 네 명이 근무하는 부동산 사무실로 출근을 하게 되었다.

자격증을 땄으니 실무 경험이 필요했다. 다행히 집에서 그리 멀지 않은 곳에서 직원을 구하고 있었다. 집에서 가까운 곳이 지리적으로 낯설지 않으니 일을 시작하기에는 좋을 것 같았다. 출퇴근이 가까우니 육체적으로 힘든 일은 그리 없었다. 출근하는 첫날 느낀 것은, 시험은 시험일 뿐이라는 사실이었다. 물론 용어가 아주 낯설지 않았다. 하지만, 자격증 공부를 하는 것과 실무는 완전히 다른 세계였다.

아파트나 빌라, 주택 등의 매매나 전세 또는 전월세 등의 물건이 접수되면 지역정보지나 인터넷에 올려 조건에 맞는 사람을 구하는 것이 주된 업무다. 팔려는 사람과 사려는 사람을 연결해 주는 것이다. 오전 조회 시간에 소장님이 그 전날 들어온 물건을 알려주면 메모해 두었다가 적당한 수요자가 있으면 소개를 하고, 계약이 성사되면 수수료를 받는 식이었다. 일은 그렇게 복잡해 보이진 않았다. 미용만 하다가 완전히 다른 일을 하려니 어색하기는 했다. 막상 일을 시작 하려고 하니 공부할 때가 가장 행복했구나 싶은 마음이 들었다. 자격증 준비를 하는 시간도 스트레스가 있긴 했지만, 실무는 또 다른 느낌이었다. 이제는 정말 실전이었다.

오전 10시쯤 출근해서 한 두 시간 매물정리를 하고 바로 사무실을 나와도 된다. 계속 사무실에 앉아 있을 필요는 없었다. 무엇보다도 그게 가장 좋았다. 그때부터는 나만의 자유 시간이 주어지는 것이다. 오전 시간에 출근만 하고 나면 그 외 시간에 무슨 일을 해도 상관은 없었다. 매일 정해진 시간 동안 거의 12시간을 일만 하다가 갑자기 많은 자유가 주어지니 처음에는 적응이 쉽지 않았다. 시간을 쓰는 방법을 익히지 못했던 탓이다. 사무실 사람과 점심밥을 먹고 헤어지면 그때부터는 온전히 나의 시간인데 가끔은 내가 일을 하고 있는 것이 맞는가 싶을 때가 있었다. 아직 초보라 기존고객이 있었던 것도 아니고 그렇다고 매물의 양이 많은 것도 아니었다. 그러니 내 전화기는 조용할 때가 많았다. 공인중개사인 듯 공인중개사 아닌 그런 기분…

사실 집에 있을 때는 백수나 다름이 없었다. 처음에는 자유 시간이 많아서 쾌재를 불렀다. 하지만, 자유란 그에 상응하는 대가가 항상 따르기 마련이다. 부동산 일은 자기가 스스로 열심히 하지 않으면 월급이 없었다. 사실 그것도 좀 충격이었다. 사무실마다 시스템이 좀 다를 수도 있겠지만, 내가 일했던 곳은 그랬다. 기본급은 당연히 있고 계약을 성사할 때마다 수수료를 나누어 주는 거로 생각했는데 아직 어린 생각이었다.

상황을 인지하고 나니 마냥 놀 수가 없었다. 매물을 꼼꼼히 정리하고 정보지 등에 따로 신청해서 사람들이 볼 수 있게 매물정보와 나의 전화번호를 올린다. 혹은 접수된 매물이 있으면 사무실 사람들과 함께 내부를 보러 가기도 한다. 내부 상태를 잘 파악하고 있어야 중개할 때 유리하다.

매매는 보통 주인들이 직접 내놓는 경우가 많으니 내부를 보러 가면 아주 우호적이다. 청소도 깨끗이 해놓고 우리가 가면 마치 외운 듯이 집의 장점에 대해 나열을 시작한다. 남향이라서 햇살이 하루 종일 들어온다, 학교가 가까워서 아이들 키우기가 딱이다, 도배한 지 얼마 안 돼서 너무 깨끗하다, 구조가 다른 집에 비해서 너무 쓰기가 좋게 빠졌다, 주변에 도로가 없어서 집이 조용하다, 다른 집에 비해서 사정상 정말 싸게 내놓은 거다 등등 주인은 쉬지 않고 어필을 시작한다. 하긴 부동산이란 것이 말 하나로도 제법 큰 돈이 왔다 갔다 하니 매력 발산은 당연한 일이었다.

전세는 사정이 좀 달랐다. 주인이 살고 있는 경우는 괜찮았지만, 주인은 다른 곳에 살고 세입자만 살고 있는 경우는 두 가지의 분위기로 나뉜다. 세입자가 원해서 집을 나가려고 하는 경우는 아주 우호적이다. 새로운 사람이 구해져야 자신들도 이사를 할 수 있으니 꼭 좀 부탁한다고 오히려 사정을 한다. 하지만, 세입자가 아직 전세 기간이 남은 경우이거나 주인과 사이가 좋지 못한 경우 또는 주인이 전세값을 올려 어쩔 수 없이 나가야 하는 상황인 세입자는 표정이 좋지 못하다. 내부를 보러 가면 일부러 집을 안 보여 주는 경우도 많고 집을 과하다 싶을 만큼 엉망진창으로 해놓은 경우도 종종 있었다. 입이 튀어 나와 있으니 집을 보러온 고객도 마음이 불편하긴 매한가지다. 그럴 때면 중개를 하는 사람도 덩달아 분위기를 살펴야 했다.

내가 일하는 사무실 주변은 아파트나 빌라, 주택 그리고 상가가 있어 물건이 다양한 편이었다. 아파트는 보통 내부가 비슷하니 한 곳만 보고와도 모습이 대충 그려진다. 물론 리모델링 여부에 따라 완전히 다른 느낌이 나는 집도 있다. 분명 밑에 층에 있는 집과 구조랑 평수가 같은데 얼마나 공사를 잘해 놨느냐에 따라 사람들의 호감도가 급격히 달라진다. 빌라는 아파트만큼의 통일성이 없다. 세대수도 작고 군데군데 위치하고 있어서 빌라가 매물로 나오면 꼭 가서 확인해야 했다. 똑같은 빌라라도 방향이나 층수에 따라서 조건이 많이 달라지기도 했다. 바로 옆에 건물이 얼마나 인접하고 있는가도 중요한 체크포인트였다. 건물이 너무 다닥다닥 붙어 있으면 채광에 직접적인 영향을 주기도 하고 사람들이 중요하게 생각하는 '뷰'에 치명적이기도 하다. 그러니 직접 가서 체크하는 건 중요한 업무 중 하나였다.

제일 마음이 짠한 건 주택의 방 한 칸 월세를 보러 갈 때다. 보통 주택의 주인집 옆에 있는 한 칸짜리 방이나 2층 안채 옆에 있는 방은 혼자 사는 사람들이 많다. 깔끔하게 해놓고 사는 여자나 남자도 있었지만, 정리 정돈이 안 되고 열악한 경우도 많았다. 주로 입구에서 문을 열고 들어가면 녹색 소주병이 일렬로 늘어선 경우가 많았다. 그 술병을 보고 있노라면 그들의 삶의 무게가 고스란히 전해져 온다. 빛이 많이 바랜 이불과 얼룩진 베개, 단출한 살림살이, 몇 개 되지 않는 옷가지, 청소가 안 되어있는 먼지 쌓인 싱크대 등이 보인다. 어쩔 수 이 그들의 공간에 침입해야 하는 순간이었다. 세입자가 차라리 없으면 체크하고 나오기가 편하지만, 사람이 있는 경우는 간단하게만 둘러보고 나오는 경우도 많았다. 그렇게 하루에 여러 곳의 집을 보고 나오면 사람들의 사는 모습이 참 다양하다고 생각하게 된다.

맨몸으로 태어나서 누군가는 좋은 옷을 입고 누군가는 또 해진 옷을 입게 되는 인생살이가 참으로 다르구나 싶었다. 힘들게 살고 싶은 사람은 아무도 없을 텐데 사람이 사는 집을 보고 있노라면 그 사람의 인생이 어느 정도 엿보이는 것 같아 마음이 쓰일 때가 있다. 어쩌다가 술에 찌든 삶을 살게 되었을까? 뭔가를 열심히 해보려고 했는데 생각대로 일이 안 풀리는 삶도 분명히 있다. 자신의 인생을 대충 살고 싶은 사람은 없다. 단지 꼬이고 꼬이다 보면 어느 순간에는 자포자기하게 된다. 그때부터는 의욕도 없고 숨을 쉬고 있으니 사는 것밖에 안 되는 삶이 되기도 한다.

시간이 조금씩 지날수록 매물을 찾는 전화가 많아졌다. 지역정보지를 보고 전화가 오거나 인터넷에 올린 매물정보를 보고 전화가 오는 경우가 대부분이다. 전화가 오면 부동산 위치를 알려주고 사무실에서 만나

간단하게 브리핑을 하고 집을 보러 간다. 브리핑이 꼭 필요했다. 처음에는 멋모르고 나온 매물을 거의 다 보여주려는 의욕이 앞섰는데 그건 서로에게 피곤한 일이었다. 우선 만나서 원하는 가격대를 상의하고 위치나 구조 등 고객의 니즈 파악이 무엇보다 중요했다. 그걸 알고 나서부터는 고객을 만나면 무조건 사무실에 앉아서 5분이라도 상담을 한다. 그들이 원하는 걸 알고 나면 꼭 봐야 하는 집이 추려지고 쓸모없는 수고를 피할 수 있게 되는 것이다. 어찌 보면 고객이 원하는 것을 파악하는 일, 이것이 가장 중요한 체크포인트였다. 그리고 얼마나 매물 정보를 꼼꼼하게 기록해놨는지도 중요했다. 이사 날짜도 중요했는데 집이 아무리 마음에 들어도 서로가 원하는 이사 날짜가 아니면 계약이 성사되기가 힘들다. 그러니 매물이 하나 나오면 위치나 평수, 리모델링 정도, 이사 날짜, 주인 전화번호, 세입자 전화번호, 주변 시설 등 하나도 놓쳐서는 안 되었다. 그렇게 메모를 하면서 나는 새로운 길에 적응하는 중이었다.

적응

미리 겁먹을 필요는 없다. 물론 누구에게나 시작은 어렵지만, 하다 보면 된다. 부동산 일도 그랬다. 처음 시작할 때는 뭐가 뭔지 하나도 모르겠더니 일을 하는 방식을 조금 익히고 나자 여유가 생기기 시작했다. 손님들을 대하는 것에도 조금씩 요령이 생겼고 불필요한 일들을 줄일 수 있었다. 매물을 보는 눈도 조금씩 단단해 지고 있었다. 예전에는 보지 못했던 수압을 체크한다든지, 베란다 쪽에 결로 현상이 있는지를 확인한다든지, 누수 부분이 있는지 천장을 유심히 살펴본다든지 하는 일이 그랬다. 특히나 등기부등본상의 권리관계를 파악하는 일도 빼놓을 수 없는 순서였다. 고객이 아무리 그 매물이 마음에 든다고 해도 가압류나 근저당권 설정 등 권리관계가 복잡하게 얽혀 있으면 계약이 성사되기가 힘들었다. 처음에는 이런 기본적인 권리관계도 확인하지 않았다. 집을 소개하고 몇 번이나 전화를 걸어서 힘들게 조건을 맞추고 겨우 계약이 성사될 것 같다가 등기부상의 오류가 발견되어 계약이 취소된 적이 한두 번이 아니다. 그러니 하나의 매물이 나오면 권리관계도 미리 파악해야 하고 외형적으로도 하자가 없는지 확인을 해야 했다.

계약이 성사되는 것은 두 가지 종류가 있었다. 하나는 집을 보자마자 마음에 들어서 다른 곳도 안 보고 곧바로 성사가 쉽게 되는 경우고,

또 하나는 여러 번 애를 먹고 난 후 테이블에 앉아서 계약서를 쓰는 경우다. 그게 끝은 아니었다. 부동산의 매도자와 매수자가 서로 뜻이 맞아 계약서를 쓰기 위해 부동산에 다 같이 모였다 하더라도 긴장의 끈을 놓을 수 없다. 계약서를 쓰는 날은 사무실이 꽉 찬다. 파는 사람과 사는 사람, 혹은 주인과 세입자 이렇게 뭔지 모를 대립자 느낌이 나는 두 부류가 모이기 때문에 분위기가 항상 밝은 것은 아니었다. 매매의 경우 서로의 합의가 있었다 하더라도 파는 사람은 한 푼이라도 더 받고 싶은 게 인지상정이고, 사는 사람의 입장에서는 얼마라도 더 깎아서 사고 싶은 게 사람 마음이다. 전세나 월세 같은 경우에도 주인과 세입자 간의 기 싸움이 만만치 않다. 전월세의 경우에는 세입자들이 주인에게 요구하는 항목들이 늘어나서 주인이 불편한 기색을 드러낼 때가 많다. 상황이 이러하니 양쪽을 계약 테이블에 앉혔더라도 중간에서 균형을 잡는 일이 쉽지 않다.

가장 애를 먹었던 일 중의 하나는 이사 날짜를 잡는 일이다. 우리나라는 '손 없는 날'을 중요하게 여긴다. 사람들이 하도 이날을 중요하게 생각해서 '손'이 도대체 뭔가 하고 찾아본 적이 있다. '손(損)'의 사전적 의미는 "날수에 따라 동서남북 4방위로 다니면서 사람의 활동을 방해하고 사람에게 해코지한다는 악귀 또는 악신을 뜻한다. 즉, 예로부터 '손 없는 날'이란 귀신이나 악귀가 돌아다니지 않아 인간에게 해를 끼치지 않는 길한 날을 의미한다. 따라서 이날에 이사 또는 혼례, 개업하는 날로 잡는 등 주요 행사 날짜를 정하는 기준이 되고 있다."고 한다. 출처: 네이버 지식백과; 시사상식사전 사람들이 얼마나 이날을 따졌으면 부동산 달력에는 '손 없는 날'이 따로 인쇄되어 있을 정도이다. 보통 손 없는 날은 이사비용도 높은 편이다. 모든 일엔 수요와 공급의 법칙이 적용된다. 그날 이사를 하려는 사람이 많으니 당연히 비용이 커지는 것이다. 문제는 모두가 그날에 움직이려고 하는 데 있다. 매매는 매도자가 이사를 나오면 리모델링을 거쳐 매수자가 입주하는 경우가 대부분이라 문제가 되지 않았다. 전세나 월세가 늘 문제였다. 기존 세입자가 이사를 나가면 간단한 도배나 수리를 거쳐 새로운 세입자가 들어오는 식인데 항상 이 둘 사이에 불협화음이 생겼다. 기존에 살던 사람들도 손 없는 날에 나가려고 하고, 들어오는 사람도 이왕이면 손 없는 날에 이사하려고 하니 늘 문제였다. 서로 합의가 이루어지지 않는 경우는 새벽에 이사를 나가고 대충 청소만 해서 오후에 세입자가 이사를 들어오는 경우도 생겨났다. 도대체 이 형체도 모르는 '손' 때문에 사람들이 이렇게 싸우는 모습을 보자니 실소가 나왔다. 또 다른 경우는 새벽에 이사를 나가고 초스피드로 도배만 해서 도배지가 아직 마르지도 않은 상태에서 이삿짐만 옮겨 놓고 마르면, 가구 정리를 하는 사람들도 보았다.

우리가 살면서 이사를 한다는 것은 결혼과 출산처럼 살아가면서 겪는 큰일 중 하나다. 그러다 보니 이왕이면 좋은 것이 좋다는 인식이 깔린 것이다. 어찌 보면 그렇게 기를 써서라도 잘살아 보고 싶다는 열망이 담긴 듯해서 애처로운 마음이 들 때도 있었다. 상황이 그러하니 계약을 위해 서로 부동산에서 만났다 하더라도 끝내 날짜 협의가 안 돼서 계약이 안 되는 경우도 생겼다. 이사 날짜도 중요했지만, 그보다 더 예민한 부분은 돈에 관련된 것이었다. 분명 금액에 합의해서 모인 것인데 둘 중 하나가 가격에 트집을 잡는 경우가 있다. 마음이 바뀐 것이다. 결국 욕심이 원인이다. 그런 경우 매도자는 다 필요 없다 하고 떠나버리면 그만이다. 그러면 남은 사람들은 허탈해 진다. 물론 서로 좋게 계약을 마무리하고 웃으면서 나가는 일도 많다. 어떤 결과가 있을지 예상이 안 되니, 계약일이 되면 나도 모르게 긴장 모드가 되었다.

물건에 대해 계약할 때는 소장님만 유일하게 계약서를 작성할 수가 있다. 직원은 보통 '소속 공인중개사'와 '중개보조인'이 있는데 소속 공인중개사는 자격증을 취득해서 직원이 된 경우이고 중개보조인은 자격증 없이 일하는 사람을 말한다. 부동산은 워낙 실무가 중요한 경우가 많으니 중개보조인이라도 현장경험이 훨씬 풍부할 때가 많았다. 하지만, 나중에 중개인 사무실을 차려서 계약서를 쓰기 위해서는 자격증이 꼭 필요했다. 계약할 때는 계약서 쓰는 것을 유심히 볼 수밖에 없다. 그게 가장 필요한 실무 경험이기도 했으니 말이다.

계약서에는 고지사항이 워낙 많았다. 소재지부터 지목, 용도, 매매대금, 계약금, 잔금, 이사 날짜, 특약사항, 매도자와 매수자의 기본 정보, 누수 부분이나 외벽 상태 등 계약 후 발생할 수 있는 문제들을 미연에 방지하고자 정확하게 명시를 해 두어야 한다. 특히나 특약사항에는 서로가 원하는 조건들을 기재하는 경우가 많았으므로 계약서 빈칸을 꽉 채울 때가 많았다.

이렇게 계약서 작성이 끝나면 계약금과 같은 큰돈이 오고 간다. 다 끝나면 양쪽에서 정해진 수수료를 받는다. 중개인 사무실마다 다를 수 있겠지만, 부동산을 하면서 좋은 것은 계약이 끝남과 동시에 바로 현금을 받을 수 있다는 점이었다. 월급도 아니고 주급도 아닌 계약이 있을 때마다 돈이 들어오는 것이다. 제법 많은 수수료를 받는 경우도 있었지만, 원룸 계약처럼 간단한 계약은 수수료도 적었다. 어쨌든 계약이 많이 성사될수록 좋은 일이긴 했다. 현금을 받으면 은행으로 곧장 달려가 입금을 했다. 뭔가 수고한 것에 대한 보상이 바로 주어지는 것 같은 점이 좋았다. 하나의 계약을 성사시키는 것은 결코 적지 않은 노력이 필요하다. 그런 노력으로 서로 원하는 조건을 만족시켰을 때는 뿌듯한 마음이 들기도 했다.

나는 나이가 어린 편이어서인지 어른들보다는 신혼부부 고객이 오면 마음이 잘 통했다. 그들을 만나면 매물에 대해서 솔직하게 다가갔다. 무조건 좋다고만 말하지 않고 매물에 있는 안 좋은 점도 정확하게 말을 해줬다. 내가 집을 구하는 입장이라면 어떤 사람을 원할까 생각해 보니 답이 나왔다. 그 부분이 오히려 신뢰가 생겨 계약으로 이어지는 경우가 많았다. 나이가 비슷해서 공감되는 부분이 많으니 대화하기도 수월했다. 대화가 잘 되면 마음은 자동으로 열린다. 그렇다 보니 신혼부부가 집을 구하러 오면 반가운 마음마저 들었다.

부동산 일은 시간적 제약이 많지 않아서 좋았다. 내가 원하는 곳을 갈 수 있는 자유, 시간을 조정 할 수 있는 자유가 좋았다. 새장 속에만 갇혀 있던 새에서 하늘을 마음껏 날아다니는 새가 된 것 같은 기분마저 들었다. 아직 배워야 할 실무들도 많고 계약서를 쓰는 것도 연습해야 했지만, 자유가 있다는 것만으로 충분했다. 날씨가 유난히도 좋은 날에는 사무실 사람들과 드라이브를 했다. 맛집을 찾아가기도 하고 예쁜 커피숍을 찾아가 여유 있는 티타임을 즐길 때도 있었다. 물론 매일 있는 일은 아니었지만, 낮시간에 어딘가를 돌아다닐 수 있다는 것 자체가 좋았다. 오늘 하늘에 떠있는 구름은 어떤 모양인지, 바람은 어느 정도 불어오는지, 햇살이 얼마나 눈 부신지를 갇혀만 있을 때는 알지 못했다. 세상은 이렇게도 눈이 부시는데… 봄의 싱그러움, 여름의 정열, 가을의 화려함, 겨울의 소박함을 전에는 알지 못했다.

원점

공인중개사 일은 스스로 찾아서 해야만 한다. 어느 정도 정해진 틀이 있기는 했지만, 자신이 일하는 만큼의 결과물만 나온다. 알아서 하는 것. 어쩌면 그게 가장 힘든 일인지도 모른다. 차라리 시켜서 하는 일이 더 편할 수도 있다. 혼자 계획하고 추진해 나가야 하니 자신의 하루 계획표를 짜지 않으면 일과가 무너지는 경우가 흔히 발생한다. 일을 하지 않아도 아무도 뭐라고 할 사람이 없다. 그러니 더욱더 스스로를 다잡아야 하는 일이기도 했다.

개인 시간이 없다가 너무 많은 시간이 주어지니 한동안은 적응하기가 쉽지 않았다. 시간 관리가 안 되어 힘든 것도 있었지만, 조금 더 신경 쓰인 부분은 직원들 간의 문제였다. 그곳에서도 보이지 않는 경쟁이 존재했다. 하나의 매물이 접수되면 일하는 직원 중 먼저 계약을 체결하는 사람이 수수료를 받는 방식이니 당연히 경쟁심리가 생길 수밖에 없었다. 함께 잘살 수 있는 방법을 알았더라면 더 좋았을 텐데, 남이 가지면 나는 가질 수 없는 구조이니 그런 마음이 드는 것은 어찌 보면 당연한 일이었다. 그런 경쟁이 가끔은 마음을 상하게 할 때도 있었지만 정작 놀랐던 일은 따로 있었다.

이제 막 가을로 접어든 늦은 밤, 사무실에 깜빡하고 두고 온 물건이 있어서 가지러 갔는데 부동산 사무실에 불이 켜져 있었다. 밖에서 보니 여러 사람이 모여 있다. 매도자와 매수자 같아 보이는 사람이 앉아 있고 소장님과 사무장님이 함께 앉아 있다. 새로운 계약이 체결되나보다 생각했다. 진지하게 계약이 진행되고 있어 차마 들어갈 엄두가 나지 않았다. 다음날, 같이 일하는 언니에게서 새로운 사실을 알게 되었다. 소장님과 사무장님이 부부사이라는 사실을 말이다. 나중에 알게 된 일이지만, 그때 했던 계약은 워낙 좋은 매물이어서 두 분이 바로 계약을 진행했던 모양이었다. 직원들에게 모두 공평하게 매물을 공개하는 줄 알았는데 두 분이 부부이다 보니 이번처럼 좋은 기회가 있으면 바로 계약을 진행하는 경우도 종종 있는 모양이었다. 두 분이 부부라는 사실에 우선 놀랐다. 내가 눈치가 없는 건지 아니면 그분들이 공과 사를 정확하게 구분 지으면서 일을 한 건지는 모르겠지만, 언니가 말해줄 때까지 전혀 모르고 있었다. 두 분이서 따로 계약을 하는 상황이 이해가 가기도 했지만, 기운이 빠지는 것도 사실이었다. 지금까지 우리에게 공개한 것은 베스트는 아니었던 셈이다. 모두 다 그러진 않았겠지만 몰래 하는 계약을 본 이후로는 그런 생각이 계속 들었다.

또한, 부동산 일을 하면서 어려웠던 부분은 상대적으로 어린 나이였다. 서른한 살, 결코 적지 않은 나이였음에도 불구하고 부동산 쪽에서는 나이가 많이 어린 편이었다. 그때는 지금보다 날씬했을 때라 그랬는지 손님들이 내 나이보다 어리게 보는 경우가 많았다. 보통 부동산에 오는 주 고객층은 신혼부부를 제외하고는 40~50대 이상이 많았다. 너무 어린 사람이 앉아 있으니, 믿음이 없어 하는 눈치였다. 나이가 많아서 삶의 경륜이 묻어나는 사람들을 찾는 듯했다. 입장을 바꿔 놓고 생각해보았다. 내가 고객이라도 딸 같은 사람이 부동산에 앉아 있으면 미덥지 않은 마음이 들 것 같았다. 그러니 나의 주 타깃층은 신혼부부가 되는 경우가 많았던 것이다.

어려운 부분은 그뿐이 아니었다. 제일 중요한 부분 중 하나였던 급여 부분이 그랬다. 부동산 일은 보통 계약할 때 바로 돈을 받는 구조다. 적지 않은 돈을 입금할 때도 있다. 하지만, 워낙 수입이 일정하게 들어 오는 게 아니니 월급을 받을 때처럼 안정적인 느낌이 없었다. 월급이 없다는 것이 이렇게 스트레스가 될지 몰랐다. 다행히 부동산 일을 하면서 평균을 내보니 미용을 했을 때보다 많은 돈을 벌기는 했다. 그럼에도 일정하지 않은 패턴의 수입이 내 삶을 불안하게 만들었다. 그런데다 수수료를 받으면 중개사 사무실마다 다르지만 30% 정도는 소장님에게 나누어 주어야 하니 그 금액도 적지 않았다.

직접 시간 관리를 해야 하는 것도, 직원들과 항상 경쟁 모드로 일을 해야 하는 것도, 그 일을 하기엔 나이가 어리다는 느낌도. 무엇보다 수입이 일정치 않았던 것은 생각하지 못한 변수였다. 공부할 때는 자격증 하나만 보고 그렇게 열심히 달려왔는데 실무를 하면서 보니 생각하지 못했던 어려움이 생겨났다. 여러 가지 마음이 들었다. 또다시 방황하는 시간이 늘어났다. 일을 안 하고 있으면 불안한 마음이 계속 들었다. 시간 관리하는 방법을 잘 알지 못했다. 시간이 많이 생기면 무조건 행복할 줄 만 알았는데, 그것도 현명하게 시간을 쓸 줄 아는 사람의 이야기였다.

결국 부동산은 나이가 조금 더 들면 그때 해야겠다는 생각에 이르렀다. 지금보다는 고정 수입이 필요했다. 무엇이 좋을까 고민하는 시간이 늘어났다. 어떻게 살아가야 하나? 라는 원초적인 질문들이 머릿속을 맴돌았다. 늘 방황만 하고 사는 인생 같아서 화도 났다. 남들은 잘 살고만 있는 것 같은데, 회사에 다니는 친구들이나 공무원이 된 친구들은 안정적인 삶을 살고 있는데 나만 뒤처지는 느낌이 계속 들었다. 왜 늘 이렇게 정착하지 못하고 방황하는 것일까. 나 자신이 미웠다. 학교 다닐 때 공부를 좀 더 열심히 할 걸 그랬나? 공무원 공부를 지금부터라도 해야 하나? 좀 더 안정적인 직장을 알아봐야 하나? 그럼 난 뭘 준비해야 하지? 머릿속에 혼란스러워지기 시작했다. 겨우 찾은 길이 공인중개사였는데 아직은 때가 아니라는 생각이 들고나서부터 고민을 하는 날이 많아졌다. 무엇보다 안정적인 생활 패턴이 필요했다.

상황이 그렇게 되고 보니 무언가를 새로 시작하는 것도 엄두가 나지 않았다. 우선 돈도 많이 들었고 시간도 많이 필요했다. 사람들이 흔히 하는 말 중에 '배운 게 도둑질'이란 말이 있다. 나에겐 가장 익숙하고 그나마 제일 잘 할 수 있는 일이 미용일이었다. 선택의 여지가 없었다. 고심 끝에 시간이 날 때마다 학원에 가서 미용에 필요한 기술들을 추가로 배웠다. 속눈썹 연장하는 기술을 배우고, 네일 관리 방법도 배웠다. 다행히 미용 자격증이 종합이라 모든 분야를 다 할 수 있었다. 내가 미용 자격증을 따고 몇 년 후부터 미용은 헤어, 네일, 피부 등으로 각각 분리가 되었다. 지금은 미용실을 시작 하려면 거기에 맞는 자격증을 모두 따야 하지만, 내가 가진 미용 자격증은 통합되어있을 때 따 놓은 거라 지금 어떤 분야를 하던 상관이 없었다. 그러니 하고 싶은 분야의 실무교육을 받아서 바로 시작하면 되는 것이다. 그런 이유로 해서 여러 파트를 다시 배우게 되었다.

로버트 기요사키가 말한 '파이프라인'에 맞지 않는 일임을 알면서도 지금 당장 할 수 있는 일을 찾아서 해야만 하는 상황이 나를 힘들게 만들었다. 물을 길어 나르는 물통 사업도 힘들지만, 파이프라인을 구축하는 것 역시 힘들다는 사실을 나중에야 알았다.

"자동으로 돌아갈 수 있는 시스템을 구축하라."

책에서 말하는 대로만 한다면 부자가 안 될 이유가 없었다. 하지만, 현실은 냉정했다. 시스템은 아무나 개발 할 수 있는 분야가 아니었다. 다 커서 부모님께 손을 벌릴 수도 없으니 시스템 개발은 일단 놔두고 당장 먹고사는 문제를 생각하지 않을 수 없었다. 그러니 여러 가지 기술을 조금 더 배워서 미용 일을 다시 시작하게 된 것이다. 하고 싶은 일과 해야 하는 일에는 늘 간극이 있게 마련이다. 내가 하고 싶고 잘 할 수 있는 일을 직업으로 삼으면 금상첨화겠지만, 늘 현실은 그렇지 못하다.

이제는 내 가게를 오픈해야 겠다고 마음을 먹었기에 시간을 낭비할 수 없었다. 모든 에너지를 다시 배우는데 쏟아부었다. 그렇게 몇 달이 지나서 교육과정이 끝나고 가게를 알아보기 시작했다. 처음으로 나의 가게를 만들 생각을 하니 두려운 마음도 들었지만, 설레는 마음도 함께 들었다. 가게를 얻기까지 수많은 우여곡절이 있었지만, 결국 나만의 가게를 만들게 되었고 나는 다시 미용 일을 시작했다. 할 수 있는 일을 하는 것, 선택의 여지가 없었다. 하지만, 전보다는 조금 다른 방식으로 일을 해야겠다고 다짐을 했다.

내 방식대로

무엇보다 점심시간만큼은 사람답게 식사를 하고 싶었다. 예전엔 점심 시간을 훌쩍 넘긴 3시나 4시에 밥을 먹는 것이 예사였고, 바쁜 날에는 5분 만에 밥을 먹어야 하는 날도 부지기수였다. 당시 위가 너무 많이 상해버렸다. 전처럼 다시 할 수는 없는 노릇이었다. 그래서 생각한 것이 '100% 예약제'였다.

지금이야 예약시스템이 대중화되었지만, 미용실을 오픈할 때만 해도 예약시스템이 많지는 않았다. 수입은 조금 줄어들지 모르겠으나 그것이 일을 오래 할 수 있는 방법이라는 생각이 들었다. 예약제로 일을 시작 하니 나도 그렇고 손님도 무작정 기다리는 일이 없어졌다. 예전에는 손님이 오든 안 오든 가게에서 무작정 기다리는 식이었다. 늘 그런 구조가 비효율적이라는 생각이 들었다. 예약제로 방식을 바꾸자 손님이 없는 시간에는 나만의 시간활용을 할 수 있어서 그 점이 좋았다. 가장 필요로 했던 점심시간을 12시로 정하면서 식사를 규칙적으로 하는 습관도 만들 수 있었다. 1시간 정도를 비워놓기 때문에 여유를 가지고 밥을 먹을 수 있다. 때론 맛집을 찾아서 새로운 것을 먹어보기도 한다. 그럴 때면 예전에 허겁지겁 먹던 그 모습과 비교해 지금이 얼마나 행복한가 깨닫기도 했다. 밥을 먹고 난 후 마시는 커피 한 잔도 늘 기분을 좋게 만든다. 규칙적인 식사를 시작하니 자연스럽게 위가 예전보다 많이 좋아졌다. 예전엔 음식물이 들어가기만 해도 화장실로 직행해야 할 정도로 상태가 안 좋았다. 생활이 규칙적으로 변하니 몸이 먼저 알아차린다. 가끔 컨디션이 안 좋은 날에는 일을 줄이거나 쉴 수 있게 일정을 조정할 수 있어서 만족감이 컸다. 물론 모든 일에는 장단점이 있듯이 일을 하지 않으면 그만큼의 수입이 줄어든다. 회사처럼 고정 월급이 없이 자기 사업을 하는 사람들은 늘 수입에 대해 고민을 해야 한다는 부담도 있긴 하다. 그런 단점이 있음에도 불구하고 예약제로 바꾸면서 내 생활에 대한 만족감이 좀 더 올라갔다.

하루 종일 바쁜 날도 있지만, 한가한 날도 있다. 그럴 때면 서점에 가서 책을 구경한다. 다행히 걸어서 십 분 정도 거리에 서점이 있다. 다음 손님이 언제 있을지 아니까 마음이 급할 것이 전혀 없다. 중간에 일이 비는 시간은 오롯이 나만의 시간이 된다. 서점을 가면 종합 베스트셀러 코너를 먼저 둘러보고 경제나 에세이, 과학 등 각 분야의 인기 있는 책을 둘러본다. 그러면 요즘 어떤 분야에 사람들이 집중하고 있는지가 대략 보인다. 서점의 조용한 분위기가 좋았다. 잠시 동안 시간이 멈추어 있는 것 같은 느낌을 받으면서 관심 있는 책을 하나씩 훑어본다. 서점이 가지고 있는 냄새가 좋았고 특히 책장을 넘길 때 나는 냄새가 좋았다. 그래서 일부러 바람을 일으키며 책장을 넘겨보곤 했다. 책을 유심히 고르고 있는 사람들을 관찰하는 것도 재미있다. 고등학생쯤 돼 보이는 머리를 야무지게 묶은 여자아이는 영어 관련 문제집을 한참이나 넘겨보면서 자기에게 맞는 책을 찾는 듯 신중한 모습이다. 전기기사 자격증과 관련된 책 앞에서 집중한 듯 미간을 찌푸리고 있는 중년 남성은 무엇 때문에 저 책을 사는 걸까? 일을 하는데 더 도움이 되려고 자격증을 따려는 것일까? 아님, 새로운 일을 시작하기 위해서 그토록 진지한 모습일까? 몽글몽글한 사랑 이야기가 필요한 20대 초반쯤으로 보이는 긴 생머리 아가씨는 로맨스 소설 앞에서 한참을 머무른다. 삼십 대 정도로 보이는 건장한 청년은 주식관련 책을 열심히 뒤적이는 중이다. 주식을 하고 있거나 또는 주식을 시작하려는 사람일 것이다. 뭔가 근심이 있어 보이는 오십 대 후반의 중년 여성은 오랫동안 스님이 쓰신 따뜻한 위로의 말을 뒤적이고 있다. 아이와 함께 책을 고르는 엄마의 다정한 모습도 보인다. 책을 고르는 손끝에 사랑이 묻어있다. 이렇게 가만히 보고 있으면 그 사람이 조금은 그려진다. 어떤 분야에 지금 관심이 있는지 그들이 들고 있는 책을 보면 아주 희미하게나마 그 사람을 유추해 볼 수 있다. 이렇게 사람도 보고 책도 보면서 나만의 시간을 마음껏 누린다.

예약이 없는 시간에는 은행 업무를 보거나 필요한 것을 사기 위해 마트나 백화점을 가기도 한다. 그것 역시 다음 예약 시간을 미리 알고 움직이는 것이니 급하지 않다. 때론 무언가를 배우러 가기도 한다. 영어 모임에 참석해서 대화해보기도 한다. 예전부터 언어 공부하는 것에 관심이 많았다. 관심의 시작은 미용을 한 지 2년쯤 지났을 때였다. 손님으로 온 사람이 전화로 통화를 하는데 중국어를 너무 유창하게 하는 것이다. '배우고 싶다.'라는 마음이 소용돌이치는 것을 느꼈다. 조심스럽게 물었다. 그녀는 조선족이고 남편을 만나 결혼해서 아들 하나를 낳고 한국에서 살고 있다고 했다. 염치 불고하고 부탁을 했다. 중국어를 배우고 싶다고. 미용 일을 하면서 중국어 학원에 다니기는 쉽지 않은 일이다. 일을 마치는 시간이 보통 저녁 9시쯤이었으니, 그 시간엔 학원이 대부분 문을 닫는다. 그분이 말하길 최소 4명 이상이 되어야 과외가 가능하다고 했다. 그때부터 함께 일하는 직원들을 설득하기 시작했다. 함께 중국어 공부를 하자고 말이다. 불행히도 중국어를 하고 싶다는 직원이 아무도 없었다. 공부를 하려면 9시 출근에서 한 시간을 앞당겨 8시까지 가게로 와야 하니 아침잠을 포기할 수 없었을 것이다. 풀이 죽어 있으니 원장님이 해보겠다고 하신다. 겨우 두 명이 모였다. 그분께 말씀을 드리니 내가 안쓰러워 보였는지 두 명만으로 수업을 해주시겠다고 했다.

그날 이후 매일 중국어 공부를 했다. 음의 높낮이인 '4성'이 있다는 것도 처음 알게 되었고, 중국어에 사용하는 한자가 우리가 배운 것과 다르게 쓰기 편하게 만든 '간자체'라는 사실도 알게 되었다. 원해서 하는 공부였으니 숙제도 열심히 했다. 한자 공부로 연습장이 꽉 찼다. 뭔가를 아는 것에 대한 기쁨이 늘 좋았다. 영어가 되었든 중국어가 되었든 다른 나라의 말을 할 수 있다는 것이 참으로 매력적으로 다가왔다. 그렇게 4개월 정도를 열심히 했는데 선생님이 중국으로 돌아가게 되었다는 안타까운 말을 하셨다. 나중에 알게 된 사실이지만, 남편과 이혼하게 된 것이 이유였다. 한국에서 중장비 일을 하던 그녀의 남편은 술만 마시면 폭력적으로 변했다고 했다. 아들 때문에 참고 살던 그녀에게 잊지 못할 사건이 생겼고, 결국 이혼을 결심하게 된 것이다. 그렇게 나의 중국어 수업이 강제로 끝이 났다. 진짜 열심히 할 수 있었는데… 재미있었는데… 일 년만 하면 기본적인 회화는 할 수 있을 것 같다는 희망도 있었는데… 선생님이 안 계시니 어찌할 도리가 없었다.

몇 년이 지나서 다른 미용실에서 일할 때도 원장님을 설득해서 중국어 과외를 받았다. 그때는 불행히도 원장님이 2개월만 하고 포기를 선언하는 바람에 같이 그만두게 되었다. 시간이 한참을 지나 중국어에 대한 미련을 못 버려 학원에 등록했는데 방학 때가 지나자 학생들이 빠지는 바람에 최소 인원 5명이 안 돼서 반이 사라지는 때도 있었다. 내 가게를 하면서는 일대일 중국어도 시작해보았는데, 비용이 많이 비쌌다. 보통 학원보다 3배 정도가 차이가 났으니 계속 하는 것에 부담을 느껴 그만두게 되었다. 중국어는 영어에 비해 발음하기도 쓰는 것도 쉽지가 않다. 전문 선생님이 없으면 따라 하기가 여간 어려운 일이 아니다.

역시 내가 가야 할 길을 영어인가 싶어서 영어 모임을 알아보았다. 나는 늘 배움에 목이 말라 있었던 것 같다. 5개 국어까지는 아니라도 외국어 하나 정도는 기본회화가 가능할 정도로 해보고 싶다는 생각을 늘 품고 있었다. 그런 마음이 항상 있으니 일을 안 하는 시간에는 언어 관련 모임을 찾으러 다니는 것이다. 일주일에 한 번이니 일하는 데 크게 지장이 없었다. 일하는 중간에 이런 모임을 할 수 있는 것도 예약제로 바꾸었기에 가능한 일이었다. 그런 시간들이 참 행복하다고 느껴질 때가 많았다. 독서 모임에도 참석하게 되면서 두 가지 모임을 함께 하기에는 무리가 있어 영어 모임을 그만두기는 했지만, 언젠가는 영어 모임도 꼭 다시 하고 싶다. 세상에는 영어를 잘하는 사람도 많지만, 나처럼 못하는 사람도 분명 있을 테니 초보 영어 모임으로 시작하면 좋을 것 같다.

내 가게를 시작하면서부터는 내가 내 삶을 주도하고 있다는 느낌을 종종 받는다. 적어도 월요병이 없는 걸 보면 지금 이 방식이 싫지는 않은 것 같다. 그렇게 가게를 운영한지 벌써 10년이 되어간다. 중간에 힘든 일도 있었지만 포기하지 않고 꾸려오는 중이다. 내 방식대로…

봉사

늘 힘든 일만 있었던 건 아니다. 손님 중에 교회에 다니던 남자가 있었다. 어느 날 머리를 자르러 와서는 내게 부탁을 하셨다. 이번 요양원 봉사에 함께 해줄 수 있냐는 말이었다. 교회 사람들은 보통 목욕 봉사나 청소, 식사 준비 등의 봉사를 하는데 이번에는 커트도 할 사람이 필요했던 모양이었다. 평소 봉사에 관심은 있었지만, 기회가 닿지를 않아 미뤄왔던 일 중 하나여서 흔쾌히 승낙했다. 며칠 뒤 약속 시간에 맞춰 교회 앞에 도착했고 함께 목적지로 향했다. 도심에서 조금 벗어난 시골 마을 끝자락 즘에 제법 큰 요양원 건물이 보였다. 얼마 전까지 흐드러지게 펴있던 벚꽃이 거의 다지고 철쭉이 수줍게 꽃망울을 터트리는 따뜻한 봄날이었다. 포근한 바람이 불어오니 마음이 괜히 설레었다. 길가에는 연초록의 어린 풀들이 새로 돋아나고 있었다.

요양원 건물은 얼마 전에 흰색 페인트칠을 새로 했는지 전체적으로 깔끔한 느낌이 들었다. 생각했던 것보다 큰 규모에 놀랐다. 마음을 진정시키고 관계자의 안내에 따라 안으로 들어갔다. 2층으로 올라가니 큰 홀이 나오고 그곳에 휠체어를 타신 어르신 분들이 많이 앉아 계셨다. 대부분 검은 머리보다 흰머리가 더 많아 세월의 흐름을 읽을 수 있었다. 큰 홀은 TV를 보거나 간단한 레크리에이션을 할 수 있도록 해놓았고,

복도를 따라가면 어르신들이 주무시는 방들이 나온다. 우리는 간단하게 인사를 나누고 각자가 할 일이 있는 곳으로 흩어졌다. 목욕 봉사를 하시는 분들은 관계자의 지시에 따라 일사불란하게 움직였다. 그들은 할아버지, 할머니를 씻기기 위해 각 방에 있는 욕실로 향했다. 어르신들은 살이 많이 빠지긴 하셨지만, 혼자 힘으로 옮기기에는 역부족이었다. 보통 2인 1조가 되어서 목욕 봉사를 한다. 상황이 그러하니 사람 손이 많을수록 일하시는 분들이 훨씬 수월하겠다는 생각이 들었다. 같이 온 교회 분들은 많이 해봤는지 봉사하는 모습이 익숙해 보였다. 이렇게도 안 보이는 곳에서 좋은 일을 많이 하시는 분들이 많았구나 싶었다. 누구 하나 알아주는 것도 아니고 인증사진을 찍는 것도 아닌데 묵묵히 자기들이 할 수 있는 일들을 찾아서 하고 있었다. 청소하는 분들도 자신의 집을 치우듯 꼼꼼하게 맡은 일을 했다.

나는 의자를 놓아둔 장소로 미용 가방을 들고 가서 자리를 잡았다. 이미 많은 분들이 기다리고 있었다. 가위나 빗 등 필요한 도구들을 꺼내 정리를 마치자 숨 돌릴 틈도 없이 할머니 한 분이 간병인의 부축을 받으며 앉으셨다. 말씀을 잘 못 하시는지 간병인이 대신 말을 해 주었다.

"최대한 짧게 잘라주세요."

머리가 길면 생활하기가 불편하다는 것이 간병인의 설명이다. 할머니도 여자인데 너무 짧게 하는 게 괜히 미안해서 조금 길게 잘랐더니 옆에 있던 간병인이 바로 길다고 이야기를 한다. 자주 자르시기가 힘들어서 그러려니 하고 짧게 자르기 시작했다. 할머니의 두피에는 각질이 많았다.

빗질을 할 때마다 머리에서 각질이 떨어지기 시작했다. 나도 모르게 손이 계속 멈칫거렸다. 생각보다 많은 각질에 적응이 되지 않았다. 그래도 내색을 할 수는 없는 노릇이었다. 꾹 참고 머리를 자르고 있는데 할머니가 반복해서 말씀하신다.

"고맙다… 고맙다…"

각질 때문에 잠시라도 멈칫거렸던 나의 손이 부끄러워짐을 느꼈다. 조금 더 적극적으로 빗질을 시작했다. 이런 것 따위는 아무것도 아니다 생각하니 진짜 아무것도 아닌 것처럼 느껴지기 시작했다. 한 분을 끝내고 클리퍼나 가위를 일일이 소독하는 건 일이었지만, 금방 적응 되었다. 다음 분은 멋쟁이 할아버지다. 큰 키에 젊었을 때 한 인기 하셨을 것 같은 모습이다. 오렌지색 비니 모자로 병원 옷에 멋을 더하 셨다. 머리는 대부분이 흰머리다. 아직은 풍성한 머리숱이 할아버지를 더욱 멋지게 보이게 했다. 머리를 자르는 동안 한마디 말씀도 없으셨다. 다하고 일어나시며 건네는 짧은 한마디 말씀에 할아버지의 카리스마가 느껴진다.

"고생했소!"

두 번째 순서가 끝날 무렵 할머니 두 분이 싸우는 소리가 들렸다. 자신의 순서가 먼저라는 것이다. 누가 먼저 하는 것이 뭐가 중요할까 싶었지만, 두 분에게는 중요한 일인 듯해서 잠자코 바라보고 있었다. 결국 한 분이 이겼고, 먼저 커트를 해드렸다. 자르는 내내 좀 전에 말싸움에서 진 할머니의 따가운 눈빛이 느껴져서 편치가 않았다. 나도 모르게 자르는 속도가 빨라졌다. 금방 마무리를 하고 차례를 기다리는 할머니의 머리를 잘라드리는데 아까 말싸움에서 진 것이 아직도 분한지 표정이 좋지 못했다. 손은 머리를 자르고 있으면서도 생각은 잠시 딴 곳으로 향했다. 처음에 커트한 할머니가 생각났다. 고맙다는 말씀을 무한반복 하던 그 할머니는 얼굴이 참 편안했다. 얼굴에 주름이 가득했지만, 인자함이 묻어나는 표정에 괜히 흐뭇한 마음이 들었다. 불만 가득한 표정으로 앉아 있는 할머니의 얼굴에는 그런 여유가 보이지 않았다. 나이가 들면 자신의 얼굴에 책임을 져야 한다는 말이 생각났다. 과연 나는 할머니가 되었을 때 어떤 표정을 짓고 있을까 하는 생각이 들었다. 세상살이의 모습이 얼굴에 그대로 묻어있음을 알게 되는 순간이었다.

미용 일을 하면서 흰머리를 가장 많이 잘라본 시간들이었다. '나도 언젠가 머리가 백발이 되겠지!'라는 생각이 드니 마음 한쪽이 시큰했다. 걷는 게 힘들어 휠체어에 의지하고 있는 그분들의 모습을 가만히 바라보았다. 한때는 건강하고 젊었을 그분들의 시간이 다시 돌아오지 않는다는 사실이 안타까웠다. 나이를 먹는다는 것은 누구에게나 적용되는 것이지만 막상 다리에 힘이 빠지고 기운도 없어지고 눈앞이 침침해지는 그때가 오면 서글픈 마음이 저절로 들 것 같았다.

미용 봉사를 갔던 그곳은 요양병원 중에서도 치매가 있는 분들이 계신 곳이었다. 치매라는 것이 계속해서 증상이 발현되기도 하지만, 컨디션이 좋을 때는 평소와 같으니 대화도 가능하고 병의 정도에 따라서 일상생활이 가능하기도 했다. 한 분은 상태가 심각해 휠체어에 앉지도 못해 침대로 직접 가서 눕혀놓은 상태로 커트를 해드렸다. 몸에서 느껴지는 쇠약함이 나에게도 고스란히 전해져왔다. 삶의 끝을 기다리는 느낌이 이런 것일까? 복잡한 마음이 들었다. 할머니는 참으로 앙상했다. 인간의 뼈가 이리도 얇았던가 싶을 만큼 팔과 다리가 부러질 듯 약해 보였다. 머리도 자르지 못할 정도의 몸 상태였는데 너무 많이 길어서 간병인이 특별히 부탁한 것이었다. 평소 워낙 깔끔한 성격이었던 할머니를 생각한 배려였다. 생각보다 많은 분들의 머리를 잘랐다. 하지만, 그리 피곤하지 않았다. 왜였을까? 평소 같았으면 어깨와 다리가 아플 만도 한데 그 순간만큼은 그런 생각이 별로 들지 않았다. 미용봉사를 마치고 다 같이 모여 어르신들의 식사 준비를 도와드렸다. 대부분 거동이 불편하셨기 때문에 식판을 직접 옮기지 못하셨다. 그러니 많은 사람의 손을 필요로 했다. 식판을 옮겨드린다고 해도 숟가락을 드시는 것도 힘들어 하는 분들이 많아 한 분마다 옆에 앉아서 식사하는 것까지 도와 드려야 했다. 조금 충격적으로 다가온 사실은 식판에 담기는 음식의 양이었다. 밥도 조금, 김치는 몇 조각, 버섯볶음도 계란찜도 한두 번 뜨면 없어질 만한 양에다가 국도 건더기가 거의 없는 멀건 국이었다. 속으로 너무 한 거 아닌가 하는 생각이 들 때쯤 같이 가신 분이 말씀하신다.

"어르신들은 소화력이 약해서
많은 음식물을 드실 수가 없어요"

그 말을 듣고 나니 이해가 가기도 했지만 생각했던 것보다 너무 적은 양이 계속 신경이 쓰였다. 이것만 드시고 어떻게 사시나 싶었다.

식사를 마치고 교회에서 마련한 작은 무대가 꾸려졌다. 역시나 어르신들은 노래를 가장 좋아하시는 듯했다. 트로트를 부를 때 참여도가 가장 높았다. 손뼉을 치면서 따라 부르는 분도 계셨고, 멍하니 바라만 보는 분도 계셨다. 하지만, 자리를 뜨지 않는 걸 보니 싫지는 않은 것이 분명했다. 노래 시간이 끝나고 바이올린이랑 첼로를 켜는 시간이 오자 금세 음악회에 온 것 같은 기분이 들었다. 현악기의 부드러우면서도 깊은 소리가 참 듣기가 좋았다. 그때 생각한 것은 살면서 악기를 하나쯤 제대로 다룰 수 있다면 여러모로 좋을 것 같았다. 내 마음을 표현하고 싶을 때도 그렇고 어딘가 나서서 무언가를 해야 할 때도 악기는 꽤 괜찮은 무기가 되겠다는 생각이 들었다.

현악기의 잔잔한 소리를 들으며 오늘 하루를 가만히 되짚어 보니 괜히 뿌듯해지는 마음이 들었다. 내가 어딘가에 쓸모가 있다는 마음, 나도 필요한 존재라는 생각이 한참을 머릿속을 맴돌았다. 봉사하러 왔지만, 내가 더 치유를 받았다는 느낌이 들었다. '고맙다.'라는 말을 하루 동안 가장 많이 들은 날이기도 했다. 누군가 내 도움을 필요로 한다는 사실에 가슴이 뜨거워짐을 느꼈다. 어르신들의 모습을 보며 언젠가는 나도 맞이하게 될 내 인생의 마지막을 잠시나마 그려볼 수 있었다. 누구나 나이가 든다. 한 사람이라도 예외는 없다. 그러니 이왕이면 좀 더 멋지게 살아야 하지 않을까! 생각보다 시간이 빨리 흐른다. 어르신들도 나를 보면서 그들의 젊은 시절이 얼마 전인 것처럼 느끼지 않았을까? 어느새 악기소리가 멈추고 박수소리가 들려왔다. 나도 함께 응원의 박수를 보냈다.

상담센터

사람들을 예쁘고 멋있게 해주는 것이 나의 주된 일이지만, 그만큼 중요한 일이 또 있다. 각자가 하고 싶어 하는 말을 진심을 다해 들어주는 것이다. 한번은 아는 동생의 소개로 온 사람이 있었다. 표정이 그리 밝지 않았다. 기분전환을 하고 싶어서 왔다고 했다. 보통 처음 온 손님은 조심스럽다. 그 사람의 성향도 모를뿐더러 사람이란 본래 친해지는 데 시간이 필요한 법이니 말이다. 대화를 나누다 보면 그 사람의 스타일을 어느 정도는 알아낼 수 있으니 진심 어린 이야기를 나누는 것이 무엇보다 중요하다.

시간이 조금 지나자 그녀는 내가 편하게 느껴졌는지 속에 있는 이야기를 꺼냈다. 갑자기 얼굴이 일그러지더니 눈물을 흘린다. 가슴 깊은 곳에서 올라오는 통곡에 가까운 울음소리는 한동안 계속되었다. 너무 갑작스러운 울음이라 잠깐 당황했다. 섣불리 무슨 말을 할 수 있는 상황이 아니었다. 이런 경우는 보통 어설픈 위로가 독이 되는 법이다. 그래서 잠시 그녀가 진정할 때까지 기다려 주기로 했다. 일대일 예약제로 미용실을 운용하는 터라 항상 다른 사람의 시선을 느끼지 않아도 되니 조금 더 솔직한 마음이 되는 것 같았다. 몇 분이 지나자 마음이 진정되었는지 자신의 아픈 이야기를 꺼냈다.

그녀는 아직 어린 아들 둘을 키우고 있었다. 아이들을 재우다 항상 밤 9시 전에 같이 잠이 들었다. 사업을 하는 그녀의 남편은 언제나 퇴근 시간이 늦었다. 늘 바빠서 늦겠거니 생각했다고 했다. 육아에 지쳐 있던 그녀는 다른 것까지 생각할 겨를이 없었다고 했다. 그러던 어느 날 못 보던 카드 명세서를 하나 발견하게 되었고, 내역을 보고 가슴이 무너지는 기분을 느꼈다고 했다. 카드에 찍힌 상호를 검색해보니 마사지 가게와 외곽에 있는 카페가 대부분이었다는 것이다. 보통은 카드를 공유하는데 남편이 아내 몰래 하나를 더 만든 것이다. 두근거리는 마음을 부여잡고 명세서에 찍혀있는 마사지 가게로 찾아갔다고 했다. 우리가 보통 생각하는 경락마사지를 하는 가게이길 바라면서 말이다. 하지만, 마사지 가게에 입구에 서는 순간 그녀의 기대는 처참히 무너졌다. 어두침침한 실내, 붉은 불빛이 새어 나오는 내부, 얇은 옷차림의 여자들이 복도를 걸어갔다고 회상했다. 입구에서 건장한 남자가 '여기는 남자 전용입니다.'라고 말하며 제지하는 바람에 더는 들어가지 못했다고 한다. 마사지를 받는데 '남성 전용'이라는 말이 붙으면 짐작이 갈만했다. 그 가게에서 걸어 나오는데 다리가 후들거렸다고 했다. 결국 주차해놓은 차에 가지도 못하고 길거리에 주저앉았다. 머릿속이 텅 비어 버린 느낌으로 아무 생각도 할 수 없었다고 한다. 명세서를 보고 남편이 그 마사지 가게를 일 년 가까이 이용한 사실도 알게 되었다고 한다. 결국 남편에게 명세서를 보여주게 되었다. 더 화가 나는 건 남편의 태도였다. 처음에는 미안하다고 하며 빌더니 시간이 지나자 이제는 대놓고 그곳을 가더라는 것이다. 어차피 들켰으니 당당하게 가겠다는 것이었다. 그녀에게 그곳을 안 갈 수가 없다고 말했다는 것이다. 너무 어이가 없고 황당해서 눈물도 나지 않더란다.

남편은 모든 걸 들킨 이후로 보란 듯이 더 늦게 집에 들어왔다고 한다. 미안하다고 사과를 해도 받아줄까 고민을 해야 할 판에 더 떳떳하게 나왔으니 그녀가 받은 심적 고통이 어떠했을지 짐작이 갔다.

결국 이혼해야 하겠다고 마음을 먹었지만, 현실적인 문제를 생각하지 않을 수도 없는 노릇이었다. 우선 전업주부로 십 년 가까이 지내다 보니 경제활동이 가장 문제였다. 이혼을 하면 돈을 벌어야 하는데 막상 일할 생각을 하니 막막해지더라는 것이다. 경력단절이 된 여성들이 가장 많이 고민하는 부분이기도 했다. 그다음이 아이들의 양육 문제였다. 자신이 키울 능력이 안 되면 아빠에게로 아이를 보내야 하는 상황인데 도저히 그럴 용기가 나지 않는다는 것이다. 그러니 마음은 백번이나 이혼을 하고도 남았지만, 현실적인 벽에 부딪혀 이러지도 저러지도 못하는 상황이었다. 그동안 마음이 닳고 닳아 기분 전환이라도 하려고 미용실로 오게 된 것이다. 오죽하면 생전 처음 보는 나에게 자신의 치부가 될 수 있는 이야기를 토해내듯 하고 있을까…

조금 진정이 된 그녀에겐 좀 더 이성적인 방법이 필요해 보였다. 당장 이혼할 수 있는 상황이 아니라면 천천히라도 좋으니 무언가를 배워서 경제적 능력을 만드는 것이 어떨지 물었다. 좋아하는 일이 뭔지, 예전에 무슨 일을 했었는지, 관심이 가는 분야가 있는지 알아가다 보니 그녀는 제빵에 관심이 많았고 아이들하고도 자주 만들어 먹을 정도라고 했다. SNS에 직접 만든 빵을 올리곤 하는데 반응이 좋아서 보람될 때도 많다고 했다. 이제부터라도 정식으로 제빵 기술을 체계적으로 배워보는 게 좋겠다는 말을 건넸다. 하나의 목표가 생긴 것 같다고 아까

보다는 기운찬 표정으로 이야기를 했다. 나중에 문자를 받았는데 다른 곳으로 이사하게 되었다고 한다. 그녀에게 늘 행운이 함께 하길 바란다는 답장을 했다.

보통 남녀관계에 관한 고민들이 가장 많다. 결혼한 사람들은 남편과의 성격 차이나 남편의 바람기 때문에 하소연을 하는 경우가 많았다. 그럴 때면 늘 그랬듯이 묵묵히 듣기만 했다. 그런 문제 다음으로 기혼자들이 많이 하는 고민 중 하나는 시댁하고의 불화다. 한 중년 여자는 10년이 넘게 시어머니와 대화를 하지 않는다고 했다. 결혼할 때 자신의 친정집이 너무 가진 것이 없어 부자인 시어머니의 눈에 차지 않았을 거라고… 시어머니는 늘 연락도 없이 와서는 현관문 비밀번호를 누르고 집안으로 들어 왔다고 했다. 넓은 집을 당신이 사준 것이니 그렇게 하는 것이 당연한 권리라고 생각하는 것이다. 며느리가 시집올 때 많은 혼수를 해 오지 못한 것이 시어머니는 늘 불만이었다. 남편을 출근시키고 집안을 청소할 때쯤이면 벨도 누르지 않고 그냥 들어와서는 다른 집 며느리는 얼마를 해왔다더라고 하며 대놓고 푸념했다고 했다. 남편이 출근하고 없으니 기댈 사람도 없는 상황이었다. 시어머니의 가시 있는 말들을 오롯이 혼자 감당해야 했다. 어떤 날은 친정을 대놓고 무시하는 날도 많았다고 했다. 정도가 점점 심해져서 한 번은 말대꾸를 했더니 뒷목을 잡고 불같이 화를 내더라고 했다. 시어머니의 무시에 견디다 못해 남편과 이혼을 결심했는데 그때 남편이 마음을 이해해줘서 위기를 넘어갈 수 있었다고 했다. 지금도 명절이 되면 남편만 가고 자신은 시댁에 가질 않는다고 하니 마음의 상처가 얼마나 컸으면 그럴까 싶다.

또 많이 하는 고민은 형제들과의 불화다. 한 언니의 남편은 삼 형제 중에 둘째라고 했다. 아버지는 일찍 돌아가시고 어머니가 혼자 계셨는데 몸이 좋지 못해 형제들이 의논을 한 결과 큰아들 내외가 어머니를 모시기로 했다. 조건으로 어머니가 소유하고 있는 고가의 아파트를 물려받기로 했는데 아파트 명의이전을 하고 며칠 후 어머니를 요양시설에 보냈다는 것이다. 결국 형제들끼리 다툼이 생겼고 어머니의 아파트를 반납하라고 첫째에게 요구했지만 무시되었다고 했다. 듣다 보니 드라마 같은 일들이 주변에도 많다는 생각이 들었다. 큰아들 내외는 어머니가 치매 증상이 보여 어쩔 수 없었다고 변명했다고 하는데 아파트를 받고 며칠 뒤 요양원으로 보낸 것은 누가 봐도 모실 생각이 없는 것처럼 보였다. 상황이 그러하니 가족이 다 같이 모이는 건 이제 상상할 수 없는 일이 되어버렸다고 했다. 아파트가 8억 가까이 된다고 하니 돈에 눈이 멀면 사람의 도리가 없어질 수도 있는 거구나 싶었다. 이런 종류의 이야기들은 보통 해결책을 바래서 이야기를 하는 것 보다는 누군가에게 답답한 마음을 말하고 싶어서인 경우가 많아 진심으로 공감해주면 그걸로 충분하다.

늘 좋은 이야기보다는 힘들고 지치는 이야기가 더 많다. 가슴이 아프거나, 누군가에게 화가 나거나, 원하는 일이 잘 진행되지 않을 때 늘 푸념하듯 이야기를 했다. 말을 하면서 마음이 풀리는 경우가 많으니 나는 자연스럽게 상담자가 되었다. 항상 행복한 사람은 없다는 걸 많이 느낀다. 겉으로 보기에는 다 행복하게 웃고 있지만, 막상 앉아서 대화를 나눠보면 가슴속에 아픈 사연은 누구에게나 있다. 어쩌면 이런 현실적인 문제들을 늘 듣다 보니 결혼에 대한 환상 같은 것이 예전부터 없었는지도 모른다. 결혼에 대해 꿈을 꾸는 친구들을 보면 현실은 그렇게 드라마 같지 않다고 말해주고 싶을 때가 많았다. 너무 많은 하소연을 듣다 보니 사람에 대해 너무 큰 기대도 없었다.

사랑은 변하기 마련이고 결혼은 지극히 현실일 뿐이다. 사랑해서 결혼하지만, 결국은 서로 다른 사람이 생기기도 하고 서로를 아프게 하기도 한다. 늘 현실적인 고민을 들어주다 보니 세상을 보는 눈이 삐딱해졌는지도 모른다. 하지만, 오늘도 나는 사람들의 고민과 푸념을 듣는다. 늘 그러하듯이…

네 번째 이야기

가족 탄생 그리고 위기

인연

로맨스 영화가 좋다. 조폭들이 많이 나와서 욕을 하거나 폭력을 쓰는 그런 부류의 영화나 공포물은 거의 안 보는 편이다. 판타지도 그렇게 좋아하는 편은 아니다. 지극히 현실적인 사랑 이야기가 좋다. 물론 내가 좋아하는 원빈이 나온 '아저씨'는 예외이긴 했지만 말이다. 로맨스 영화처럼 운명의 사랑을 늘 기다려 왔다. 만나려고 애쓰지 않아도 만나지는 사람, 골목 귀퉁이를 돌면 우연히 뽕 하고 만나 질 것만 같은 사람, 그런 영화 속의 한 장면 같은 사랑을 늘 꿈꿔왔다. 하지만, 영화를 너무 많이 본 탓일까? 현실에서는 그런 사랑을 찾을 수는 없었다. 나이가 들어가긴 했지만, 결혼할 마음도 딱히 없으니 그리 급할 건 없었다. 다행히 집에서 막내다 보니 엄마도 굳이 결혼을 재촉하지 않으셨다. 오히려 찾아봐도 없으면, 엄마랑 평생 같이 살자는 무서운(?) 말씀을 하시고는 했다. 결혼생활에 대해 부정적인 이야기를 지겹도록 들어와서 더 그런지도 모른다. 나는 어느새 서른 중반을 달리고 있었다.

내 인생에는 결혼은 없나보다 하고 어느 정도 마음에서 포기를 하던 즈음이었다. 내 모습이 딱했는지 아는 언니가 밥을 먹자고 연락이 왔다. 밥을 빙자한 소개팅이었다. 소개팅 같은 건 내가 꿈꿔오던 인연이 아니다. 내가 바란 건 누군가의 개입이 없어야 했다. 이미 약속을 잡아

놓았다고 해서 밥만 먹고 오자는 심정으로 스파게티집으로 향했다. 얼마 전 새로 오픈한 듯 크고 멋진 식당이었다. 입구에는 화려한 샹들리에가 반짝이고 있었다. 아는 언니와 마주 보고 있는 한 여자분이 보였다. 언니랑 친한 동생이라고 소개한다. 몸매도 날씬하고 옷 입는 센스가 좋아 보였다. 오늘 나올 사람이 그분의 '도련님'이라고 했다. 언니와 그분이 이야기하다가 아직 짝을 찾지 못해 방황하는 청춘들을 만나게 해주기로 한 것이다. '소개팅 남'은 아직 도착 전이다. 사실 크게 기대하거나 떨린다는 느낌이 없었다. 그냥 맛있어 보이는 스파게티 메뉴에만 눈이 갔다. 한참 메뉴를 고르면서 이야기를 나누고 있는데 한 사람이 식당 안으로 들어왔다. 남색 니트에 청바지를 입은 사람, 우리 쪽으로 오는걸 보니 오늘 만나기로 한 사람인가 보다. 세상 어색한 느낌이 들기 시작했다.

"내가 이러니 소개팅을 안 하지…"

혼자 그런 생각을 할 때 마침 주문한 스파게티가 나왔다. 맛은 생각보다 평범했다. 평소 크림스파게티를 좋아해서 그날도 그걸 먹었던 걸로 기억한다. 먹을 때는 말을 하지 않아도 되니 다행이라는 생각이 들었다. 식사가 끝이 나자 기다렸다는 듯이 언니는 자리를 비켜준다고 일어섰다. 굳이 안 그래도 되는데 너무 일찍 가버렸다. '삐~', 머릿속에 아무 생각도 나지 않았다. '무슨 말을 해야 하나?' '궁금한 것도 없는데!' '그냥 가버린다고 하면 좀 그런가!' 상대편도 크게 할 말이 없는 것처럼 보였다. 잠시 침묵이 흐르고 결국 어색함을 깨기 위해 질문의 기본인 호구조사를 시작했다. 어색한 걸 누구보다 싫어하는 성격 때문에 그다지 궁금하지도 않은 질문들을 쏟아냈다. 어느새 나는 질문자가 되었고, 소개팅 남은 나의 질문에 성실히 답해주는 답변자가 되어갔다. 조금 여유가 생기니 그 사람의 모습이 눈에 들어오기 시작했다.

'뭐, 나쁘지는 않네!'

그 사람의 첫인상이 그랬다. 한눈에 반할 만큼도 아니었고, 그렇게 대화하기 싫을 정도로 나쁘지도 않았다. 남색 니트가 좀 마음에 들긴 했다. 니트는 왠지 사람을 지적이게 보이게 만드는 것 같았다. 목소리 톤도 마음에 들었다. 차분한 목소리에 말의 속도도 그리 빠르지 않았다. 하지만, 딱 거기까지였다. 그렇게 그 사람의 차를 타고 집으로 왔다. 한동안 서로 메시지만 주고받았다. 누가 먼저 문자를 보냈는지는 서로 기억 차이가 있긴 하지만, 어쨌든 주말에 만나기로 했다. 벚꽃이 피는 4월이었다. 집에 있기도 심심하고 해서 혼자 꽃을 보러 가는 것보다 덜 적적하겠다 싶었다. 문자에는 만날 장소를 정하면서 지역 이름만 말하고 구체적인 장소는 안 가르쳐주며, "인연이 되면 만날 수 있겠죠."라고 했단다.

나는 기억에도 없는데 만약 그 말이 사실이라면 정말 손발이 오글거리는 일이다. 운명 같은 사랑을 정말 좋아했나 보다. 그래도 어떻게 마음이 통했는지 저 멀리 그 사람이 보였다. 그날이 두 번째 만남이었다. 햇살도 포근하고 바람도 적당히 시원해서 더할 나위 없는 날씨였다. 벚꽃으로 유명한 진해 방향으로 차를 돌렸다. 이미 너무 많은 사람들이 일 년에 한 번 있는 벚꽃의 장관을 보기 위해 모여 있었다. 얼마 전까지도 몰랐던 낯선 남자와 드라이브하는 느낌이라니… 하지만, 바깥에 펼쳐지는 벚꽃을 구경하느라 어색한 기분을 느낄 새가 없었다. 적당한 곳에 주차하고 벚꽃이 끝없이 피어있는 그 길을 함께 걸었다. 길가에 즐비한 먹거리 가게들이 축제 분위기를 더 느끼게 했다. 살짝 배가 고파져서 먹음직스러워 보이는 긴 회오리 감자를 하나씩 사서 먹으면서 걸었다. 사람들 속에서 걷고 있는 그 기분이 나쁘지 않았다. 회오리 감자도 맛있었고, 무엇보다 주변 풍경이 형용할 수 없을 만큼 아름다웠다. 가족들이나 친구들과 나온 사람들의 표정이 모두 밝아 보였다. 그중에 가장 많이 보이는 건 역시나 연인들이었다. 팔짱을 끼거나 안으면서 사진을 찍는 모습이 보였다. 우리 둘은 적당한 거리를 유지하면서 걸어갔으니 연인인 듯 연인 아닌 어중간한 사이였다. 시간은 금방 흘러 금세 어두워졌다. 그날은 짧게나마 드라이브를 할 수 있어서인지 늘 지루하던 휴일이 금방 지나갔다.

만나면서 하나 아쉬웠던 건 그 사람이 입은 옷 스타일이었다. 회색 폴로 티는 미국 브랜드여서 그랬는지 너무 길었다. 뒤에서 바라보니 엉덩이를 훨씬 덮을 만큼 길었다. 조금만 더 길면 원피스라고 해도 무방할 것 같았다. 입고 있는 청바지는 유행이 훨씬 지난 통이 아주 큰 바지였다. 커피를 사러 가는 뒷모습을 차 안에서 바라보고 있으니 그렇게 다리가 짧아 보일 수가 없었다.

다음번 데이트 때도 그는 변함없는 스타일로 나타났다. 와이셔츠에는 핑크색 세로줄 무늬가 그려져 있고 바탕색은 칙칙한 아이보리색이었다. 바지는 여전히 색깔만 다르고 통이 넓은 바지다. 아무리 봐도 옷이 너무 했다 싶었다. 전적으로 내 생각이긴 하지만, 그래도 나한테 잘 보이고 싶었는지 꽤 비싸 보이는 일식집으로 나를 데리고 갔다. 코스 요리가 나오는 곳이었다. 음식도 맛있고 다 좋았는데 그 사람의 옷이 계속 마음에 걸렸다. 누가 봐도 너무 이상한 옷인데, 옷을 왜 저렇게 입을까? 물어보고 싶었지만, 꾹 참았다. 밥을 먹고 나오니 깜깜한 밤이 되었다. 드라이브하면서 이런저런 이야기를 나누는데, 그때 사람이 참 괜찮다 싶었다.

우선 '척'하는 것이 그 사람에겐 없었다. 아는 척도 하지 않았고, 그렇다고 있는 척도 하지 않았다. 덤덤하게 말하지만 꾸밈이 없어 보이는 그의 말투가 마음에 들었다. 이야기를 나누면 나눌수록 참 편안한 사람이었다. 처음 만났을 때 느끼지 못했던 그런 모습들이 보였다. 그런 마음이 드니 만나는 횟수가 점점 더 늘어 갔다. 함께 영화를 보러 가기도 하고, 주말에는 남해의 멋진 풍경을 보러 여행을 가기도 했다. 하지만, 그때까지도 그의 옷 입는 스타일은 변하지 않았다.

하루는 도저히 안 되겠다 싶어서 아웃렛으로 옷을 사러 갔다. 통이 넓은 바지 말고, 그의 몸에 맞는 청바지 두 벌 정도를 정성껏 골랐다. 바지를 입고 나오는데 생각보다 핏이 좋았다. 몸이 문제가 아니라 스타일이 문제였던 것이다. 왠지 심쿵한 마음마저 들었다. 지금까지 왜 그렇게 입고 다녔을까 싶을 만큼 멋져 보였다. 바지에 어울릴 것 같은 윗옷도 몇 벌 골랐다. 사람이 옷 스타일에 따라서 이렇게 달라 보일 수도 있구나 싶은 생각이 들었다. 그날 아웃렛에서 찍은 사진이 아직도 있으니 변신한 것을 기념하고 싶었던 모양이다. 내 기억으로는 그날 이후 자신이 가지고 있던 옷을 많이 버린 것으로 안다. 자신이 생각해도 너무했다 싶었을 것이다. 날이 갈수록 스타일이 점점 더 깔끔해지니 보기가 좋았다. 한편으로는 너무 멋 부리지 않았던 사람이라서 더 다행이라는 생각도 들었다. 자신을 과할 정도로 꾸미고 쇼핑하는 것이 취미인 사람보다 오히려 낫지 않나 싶기도 했다. 그렇게 우리는 인연으로 만나 연인이 되었다.

늦은 결혼

서른다섯, 부산의 한 예식장에서 결혼식을 했다. 그것도 말도 못 하게 추운 1월 겨울날 말이다. 둘 다 적지 않은 나이에 만나다 보니 자연스럽게 결혼 이야기가 오고 갔다. 엄마도 같이 살자고 한 적이 없었던 것처럼 적극적이었다. 내심 시집 안 가고 집에 틀어박혀 살던 딸이 부담되셨던 모양이다. 결혼하기 몇 달 전, 남자친구가 부모님이 한번 보자고 한다고 이야기를 했다. 드디어 올 것이 왔구나 싶었다. 그런 자리를 너무 싫어하지만, 어차피 해야 하는 일이니 좋은 마음으로 해야겠다고 생각했다.

그 후로 2주가 지난 주말, 부산의 한정식집에서 남자친구의 부모님을 기다리고 있었다. 어떤 분들일까? 나를 마음에 안 들어 하시면 어떻게 이야기를 풀어나가지? 행동은 어떻게 하는 게 좋을까? 옷이 너무 칙칙한가? 온갖 생각들을 하면서 기다리고 있는데 나무 격자로 된 문을 열고 두 분이 들어오셨다. 가슴이 두근두근… 이래도 되나 싶을 만큼 공손한 목소리로,

"안녕 하세요…"

인사를 드렸다. 나한테 이렇게 조신한 목소리도 있었다는 걸 그때 처음으로 알았다. 아버님은 180이 넘는 키에 양복을 입고 있으시니, 카리스마가 느껴졌다. 어머님은 작고 인자한 느낌이 나는 인상이셨다. 나를 보는 눈빛이 부드러워 다행이라는 생각이 들었다. 시간이 지난 후에 알게 된 사실이지만, 어머님은 이미 나에 대해 좋은 마음을 갖고 오셨다고 했다. 이유인즉 어머님의 지인 중에 신기(神氣)가 있는 분이 계셨는데 지금까지 집안의 대소사를 많이 조언해주셨다고 한다. 그분은 어머님이 심적으로 많이 의지하고 있는 분이기도 했다. 어머님께 말해준 조언들이 실제로 일어나서 많은 도움이 되기도 했었다고 했다. 그러던 어느 날 그분이 먼저 전화를 해서,

"막내아들 장가갈 때 안 되었는가?"

물어보았다고 한다. 우리가 연인이 된 지 석 달쯤 지나긴 했지만, 집에는 알리지 않아서 어머님은 모르고 계실 때였다. 어머님이 "애인이 없다."라고 하니, "있는데…"라고 말했다는 것이다. '와… 소름…' 무속신앙을 맹신하는 건 아니지만, 이런 이야기를 들을 때면 놀라운 마음이 드는 것도 사실이다. 그리고 그분이 덧붙인 이야기가 더 놀랍다. 그분의 머릿속에 어떤 이미지가 떠오르는데, 머리가 길다는 것과 키가 크고 호리호리한 체형이라고 이야기를 했다고 했다. 그때는 지금처럼 살이 찌지 않았을 때라 날씬했었다. 그리고 아가씨가 손으로 먹고사는 일을 한다고 말했다는 것이다. 겉으로는 화려한 걸 좋아하는 것처럼 보일 수 있지만, 속이 깊으니 결혼을 시켜도 좋다고 말씀하셨다고… 어머니는 난데없는 그분의 전화를 받고 바로 남자친구에게 전화해서

확인을 했다고 한다. 남자친구도 그 이야기를 듣고 조금 놀랐다고 하니 이걸 어떻게 과학적으로 설명을 할 수가 있을까! 아무튼 상황이 그러하니 어머니는 처음부터 나를 마음에 들어 하시는 눈치셨다. 그 무속인 이모에게 맛있는 거라도 하나 사드려야하나 싶을 정도로 나에 대해 좋게 말씀을 해주셔서 그날 분위기가 나쁘지 않았다. 지금 생각해보니 어쩌면 우리 결혼의 일등공신은 아마도 그분이 아닐까 싶다. 얼마 지나지 않아 바로 상견례가 잡혔고 음력설을 넘기지 않는 것이 더 좋다는 그 '신기' 가득한 이모님의 조언에 따라 우리는 급하게 결혼을 진행했다. 보통은 몇 달을 두고 결혼 준비를 하는데 우리에겐 한 달 정도의 기간밖에 없었다. 아마도 두 집다 노총각, 노처녀를 빨리 처리(?)하고 싶었던 것 같다.

소위 말하는 '스드메'를 먼저 알아봐야 했다. 스튜디오, 드레스, 메이크업의 줄임말이 '스드메'라는 것을 그때 처음 알았다. 시간이 얼마 없으니 예식장이나 드레스 같은 건 우리의 취향보다는 예약이 되는 곳인지 아닌지가 더 중요했다. 급하게 예식장을 예약하고 드레스를 보러 갔다. 드라마에서 늘 보듯 여자주인공이 수줍게 드레스를 입고 나오면 반짝이는 특수효과가 화면에 들어가고 남자주인공이 그녀의 아름다움에 입을 다물지 못한다는 대충 그려지는 스토리가 있었지만, 현실은 드라마와 달랐다. 드레스 5개 정도만 빠른 속도로 갈아입고 그중에 마음에 드는 걸로 결정했다. 그래도 난생처음 입어보는 반짝이는 화려한 드레스가 신기하긴 했다. 메이크업도 미리 받아보는 시간이 있었는데 역시 전문가의 손길은 다르다는 걸 그때 알았다. 정성 들인 화장 끝에 화룡점정으로 긴 인조 속눈썹을 붙이니 거울에 보이는 사람이 내가 맞나 싶었다.

결혼을 준비하면서 가장 걱정이 되는 것 중의 하나가 웨딩사진을 찍는 일이었는데 평소 사진 찍는 걸 별로 좋아하지 않아서였다. 부산의 어느 스튜디오에서 화려하게 신부 화장을 하고 드레스를 갈아입으며 컨셉에 맞추어 사진을 찍었다. 사진작가의 큐 사인에 맞춰 예쁜 척하고 있는 그 순간이 너무 견디기 힘들었다. 먼 허공을 바라보기도 하고 미소를 살포시 머금기도 했다. 억지로 웃으니 나중에는 입술에 경련이 오는 것 같았다. 입술만 웃고 있는 모습이라니… 지금 생각해도 어색하기만 하다. 등을 뒤로 기댄 듯 서 있어야 사진이 보기 좋게 나온다고 해서 굽은 등을 최대한 뒤로 늘렸다. 너무 힘을 줬는지 결국엔 등에 담이 왔다. 원래 나온 배를 계속 넣으라고 하니 너무하다 싶기도 했다. 나중에 포토샵으로 살짝만 만져주면 될 것을 참 융통성이 없구나 싶었다. 개인 촬영보다 힘들었던 건 남자친구와 함께 커플 사진을 찍을 때였다.

"서로 마주 보며, 그윽하게 바라보세요."

사진작가의 그 주문은 정말 못 할 짓이다. 눈을 마주보기 힘들어서 계속 사시가 되었다. 역시나 어색한 건 잠시도 못 참는 내 성격이 문제긴 했다. 그래도 빨리 마쳐야 했기에 최대한 가식적인 모습으로 제일 행복한 표정을 지으며 연기했다. 지금 생각해 보면 그 순간을 조금 더 즐길 걸 하는 후회가 남기도 한다. 하지만, 아마 다시 찍으라고 해도 크게 달라지지 않을 것 같다.

1월에 하는 결혼식! 예전 같았으면 무슨 결혼식을 이 추운 겨울날 하냐고 했겠지만, 세상을 살다 보니 부득이한 사정이 누구에게나 있는 생기는 법이었다. 음력 설을 넘기지 않는 것이 좋다는 말에 이왕이면 좋은 쪽으로 해주고 싶은 게 부모 마음이란 것을 알고 있으니 따를 수밖에 없었다. 결혼식 없이 그냥 살아도 좋지 않나 하는 생각이 들기도 한다. 아니면 가족만 모여서 소박하게 진행하는 결혼식도 의미가 있다. 20년 전쯤이나 보았을 법한 동네 아주머니에서부터 몇 년 만에 처음 보는 친척들에게 최대한 반가운 얼굴로 인사를 해야 하니 그런 상황에 적응이 되지 않았다. 신랑 쪽 모르는 사람들도 신부 좀 보자고 몰려오니, '이 또한 지나가리라'라는 마음으로 견디고 있었다. 그렇다고 신부가 세상 불만 가득한 얼굴로 앉아 있을 순 없지는 않은가? 아마 그날도 입만 웃고 있었는지 모르겠다. 관계자가 어찌나 허리를 조여 놨는지 신부대기실 의자에 앉아 있는데 점점 더 숨이 막히는 것 같은 느낌을 받았다. 식은땀까지 나자 결국에는 관계자가 허리를 조금 느슨하게 만들어주기도 했다.

신랑 입장을 먼저하고 신부 입장을 하는 시간, 아빠의 손을 잡고 들어가는데 기분이 묘했다. 늘 엄하시고 무뚝뚝한 아빠였는데 그날만큼은 너무 많은 의지가 되었다.

늘 하던 주례사, 평범한 축가, 케이크 커팅, 양가에 인사 그리고 사진 찍기. 결혼식을 다시 하게 된다면(물론 같은 사람과) 조금 특별한 결혼식을 해보는 게 어땠을까 싶은 아쉬운 마음도 있다. 워낙 준비 시간이 없다 보니 허겁지겁 끝내버린 결혼식이다.

결혼식이 끝나면서 이제 정식으로 부부가 되었다고 생각하니 마음이 참 묘했다. 결혼식이 있기 얼마 전 혼인신고부터 했는데 그때는 법적으로 부부가 되었다면 결혼식은 모두에게 부부가 된 것을 알리는 느낌이었다. '부부', 아직은 내뱉기가 어색한 단어… 평생 나에게는 일어나지 않을 것만 같던 결혼이었다. 서른 중반이 되면서는 아예 마음속으로 지웠던 단어이기도 했다. 하지만, 사람에겐 운명이란 게 분명 있기는 한가보다 싶은 생각이 들었다. 거짓말처럼 남편이 나타났고, 우리는 결혼을 했다. 이제는 남남이 아닌 진짜 부부가 된 것이다. 신혼여행을 갈 시간이 조금 촉박하여 올림머리도 풀지 않고 바로 공항으로 향했다. 드디어 결혼식이 끝났다는 안도감과 신혼여행을 떠나게 되어 설레는 마음이 함께 들었다. 공항에 도착해서 우리는 같은 곳을 바라보고 있었다. 이제는 남자친구가 아닌 남편이 된 그 사람과 함께…

태국으로

여권을 만들기 위해 도청으로 갔다. 앞줄에 이미 사람이 많았다. 우리 순서는 12번째쯤 되는 것 같다. 여권을 만드는 사람이 이렇게 많은가 싶었다. 내 앞에 젊은 부부가 갓난아이를 안고 있다. 생글거리며 잘 웃는 아이에게 눈이 갔다. 나는 원래 낯을 많이 가리는 편이어서 남에게 말을 잘 걸지 않는다. 그런데 귀여운 아기가 나를 보고 계속 해맑게 웃으니 나도 모르게 몇 살이냐고 묻게 되었다. 젊은 부부는 결혼한 지 이 년쯤 되는 신혼부부였고, 아기는 이제 곧 돌이 된다고 했다. 여행을 자주 다니던 부부는 이미 여권을 가지고 있었고, 이번에 일본 여행을 하게 되어 아이의 여권을 만들기 위해 온 것이라고 했다. 한 살 된 아기의 여권이라…

나는 여권 하나를 만들기 위해 35년이 걸렸는데, 이제 한 살도 안 된 아이는 벌써 여권을 만든다. 그 아기가 살아갈 세상은 얼마나 넓은 곳일까? 싶으면서도 나는 왜 이렇게 오래 걸렸나 하는 마음이 들었다. 20대가 되면서 곧바로 미용을 시작했고, 스스로 정해놓은 '서른 살에 내 가게 오픈하기'라는 목표를 위해 앞만 보고 달렸다. 평일 화요일에 한 번 쉬니 나에게 여행은 사치 같은 것이었다. 물론 시간이 날 때 국내 여행은 했지만, 며칠 동안이나 미용실을 비우고 해외를 갈 만큼의 시간은 없었다. 경제적으로도 그랬고 시간적으로도 짬이 안 났지만,

무엇보다도 마음의 여유가 없었다. 공인중개사 자격증을 따고 다시 미용을 시작하면서 늘 바쁘기만 했으니 결국 신혼여행이 나의 첫 해외여행이 된 셈이었다. 그러니 여권을 만들기 위해 온 곳에서 만감이 교차한 것이다. 하물며 한 살짜리도 만드는 여권인데 나는 그동안 뭐하고 살았나 싶은 마음이 들기도 했다. 그렇게 만든 여권을 들고 우리는 공항에 앉아 있었다. 남편은 미국에서 공부한 적도 있어서 모든 것이 자연스러워 보였지만, 나는 가는 곳마다 신기해서 눈을 뗄 수가 없었다.

비행기는 서울에서 교육받으러 간다고 타본 적은 있었지만, 여행을 위한 것은 처음이었다. 더 가관인 것은 나의 캐리어였다. 난생처음 가는 해외여행이니 짐을 싸는 요령이 있을 리 만무했다. 어떤 스타일의 옷을 입게 될지 모르니까 거기에 맞는 귀걸이며 목걸이처럼 집에 있는 액세서리는 거의 다 챙겼다. 옷도 혹시 모른다는 마음으로 집에 있는 옷 중에 마음에 드는 것은 다 넣었다. 모자도 옷 스타일에 맞춰야 하니까 싶어서 몇 개를 챙겼고 신발도 몇 개 준비했다. 그렇게 챙기기 시작한 것이 큰 캐리어 두 개 정도가 되었다. 남편이 '혹시 이민 가니?'라고 물을 만했다. 물론 지금은 여행을 갈 때 작은 가방 정도의 짐만 챙긴다. 내가 생각해도 그때 왜 그랬는지 웃음이 나곤 한다. 뭐든 경험을 많이 해봤으면 그런 것이 하나도 필요 없는 짐이란 걸 알았을 텐데 장거리 여행을 떠난 적이 없으니 '혹시나' 하는 마음에 한두 개씩 싸던 짐이 결국 캐리어 두 개를 꽉꽉 채우고 말았던 것이다. 짐을 먼저 보내는 것도 너무 신기하고 출국을 준비하는 모든 과정이 신기했다. 모든 과정을 일사천리로 해내는 남편을 보고 있자니 무한한 신뢰감이 들었다. 하지만, 그 기쁨은 그리 오래 가지 않았다.

비행기 내부가 좁다는 건 알고 있었지만, 다섯 시간 비행기를 타본 적은 없어서 장거리 비행이 그렇게 힘들 거라고 생각하지 못했다. 원래 미용을 하면서 다리가 잘 붓는 편이었는데 다리를 펴지 못하니 여간 힘든 게 아니었다. 눕는 것도, 서는 것도 안 되니 답답해서 숨이 막힐 지경이었다. 더군다나 공황장애 증상이 아직 남아있어서인지 밀폐된 공간에 오랫동안 있으니 다시 호흡이 빨라지고 머리가 어지러워지기 시작했다. 비행기를 이따위로 만든 항공사 측이 원망스러웠다. 정해진 공간 안에 최대한 많이 실어야 타산이 나오니 회사 입장에서는 어떻게든 많은 사람을 비행기에 태우는 것이 이득일 것이다. 아무리 돈도 좋지만, 사람을 이렇게 콩나물시루처럼 앉혀놔도 되는 건가 싶어 화가 치밀었다.

그렇게 다섯 시간의 힘든 비행이 끝나고 방콕에 도착한 기쁨도 잠시, 입국심사를 하는데 너무 많은 시간이 걸렸다. 하필 우리가 도착한 그 시간대에 다른 비행기들도 도착했다. 갑자기 사람들이 너무 많아졌다. 그곳에서 거의 한 시간 반을 서 있었으니 나의 피곤함이 극에 달했다. 시간상으로 한국은 새벽이다. 잠이 와서 눈꺼풀은 계속 감기는데 서 있어야만 하니 고문이 따로 없었다. 사람은 극한 상황이 되면 그 사람의 본성이 나오는가 보다. 나는 인상이 계속 찌푸려지는데 남편은 감정 기복이 별로 없다. 오히려 힘들어하는 나를 위로해준다. 힘들어서 내가 목에 매달려있어도 불평이 한마디도 없다. 입국심사를 할 때쯤 거의 눈을 감고 있었다. 정신은 몽롱했고 당장이라도 허리를 펴고 싶은 마음이 간절했다. 나와 보니 가이드가 우리를 기다리고 있었다. 우리가 너무 늦어지는 바람에 많이 기다린 다른 일행들에게 미안했다. 공항에서 호텔까지 어떻게 갔는지 모르겠다. 호텔 침대에 장미꽃이 흩뿌려져 있고 수건으로 만든 하트모양의 백조가 있었던 것 말고는 기억이 없다.

다음날 정신을 차리고 일행을 만나 여행을 시작했다. 잠을 푹 자서인지 컨디션이 아주 좋았다. 물이 깨끗해 보이진 않았지만, 수상 시장을 구경하는 것도 특별한 경험이었고 걱정되었던 음식도 하나같이 입에 맞았다. 약간의 특이한 향이 나긴 했지만, 전혀 문제 될 것은 없었다. 저녁에는 쇼를 관람했는데 그때 받은 문화충격이 아직도 생생하다. 트렌스젠더가 나와서 하는 쇼였는데 생각보다 높은 수위에 당황했다. 위는 여자인데 아래는 남자인 말도 안 되는 형상을 보고난 후 남편과 그곳을 먼저 빠져나왔다. 가는 곳 마다 분장에 가까운 화장을 한 트렌스젠더가 있었다. 참으로 신기한 세상이구나 싶었다.

다음날 요트를 타고 도착한 산호섬은 잊을 수 없다. 바다가 이렇게 투명할 수도 있구나 생각했다. 잠수복을 입고 바닷속을 체험하기도 했고 제트스키를 타고 사진을 찍기도 했다. 천국이 있다면 이런 곳이 아닐까 싶었다. 돌아와서 우리나라의 민속촌에 해당하는 농눅 빌리지도 가보고, 태어나서 처음으로 코끼리 등에도 타봤다. 코끼리를 타는 것은 생각보다 무서웠다. 무엇보다 위생적이지가 않았다. 코끼리가 배변할 때는 멈추기 때문이다. 그때는 새로운 경험을 하느라 느끼지 못했는데 이것 역시 동물학대의 한 모습이 아닐까 싶어 그 코스는 없어졌으면 하는 마음이 들었다. 저녁에는 지금까지 가본 곳 중 가장 넓고 종류도 많은 뷔페식당으로 갔다. 각 나라의 음식이 다 있었다. 몇 접시 먹지 못하는 나의 위장이 안타까울 정도였다.

다음날은 호텔에서 나와 풀장이 있는 멋진 개인 별장으로 숙소를 옮겼다. 우리만 사용할 수 있으니 너무 편안했다. 물 위에 떠있는 튜브에 누워 푸른 하늘을 보고 있자니 왜 이런 행복을 이제야 누리게 되었을까 싶은 마음이 들었다. 주변은 조용하고 날씨는 기분 좋을 정도로 따뜻했다. 물 위에 둥둥 떠서 유난히도 희고 보송해 보이는 솜털 같은 구름을 한참 동안 바라보았다. 그 순간만큼은 모든 것을 정지하고 나에게 집중했다. 아무 걱정이 없었으며 그 어느 때보다 편안했다. 신혼여행의 모든 일정이 좋았지만, 그때가 특히나 오래 기억에 남는걸보면 그때만큼은 내 마음이 진심이었나 보다. 추억이란 진짜 행복했던 기억일수록 마음 속에 오래 새겨지는 법이다. 물 위에 누워 하늘을 바라보던 그때의 편안함을 지금도 잊지 못한다. 평생을 지금 이 순간처럼 살고 싶다는 마음이 들었다. 왜 그리도 아등바등하면서 살았을까 싶었다. 태국에서의 거의 모든 시간이 나에게는 천국 같았다. 이제부터라도 여행 다니면서 조금 더 인생을 즐기며 살겠다고 다짐했다. 해보니 별거 아닌데 나에겐 왜 그리 오래 걸렸을까… 뭐든지 처음 시작이 어려운 법이다.

돌아오는 비행기 안에서는 다행히 다리를 펼 수가 있었다. 화장실로 가는 길목이긴 했지만, 좌석이 비상구 바로 앞이라 다리를 뻗을 수 있는 공간이 나왔다. 장시간 비행에 다리가 잘 붓는 나를 위해 남편이 특별히 예약한 자리였다. 덕분에 비행기에서 잠을 푹 잘 수 있었다. 남편의 그런 세심한 마음에 고마움을 느끼면서…

열감기

39.5도, 체온계의 버튼을 계속 눌러봐도 똑같은 숫자가 나왔다. 아이가 불덩이었다. 옷을 대충 챙겨 입고 서둘러 응급실로 향했다. 한 달 전에도 갔던 그곳을 또 갔다. 그때도 새벽 1시쯤이었는데, 오늘도 새벽 1시를 막 지나고 있었다. 아이들은 낮보다 새벽에 열이 많이 오른다. 이미 몇몇 아이들이 먼저 와서 링거를 맞고 있다. 열감기가 유행인가 싶었다. 간호사가 수액을 꽂기 위해 손등에 주삿바늘을 찌르지만, 아직 돌이 안 된 아이는 혈관이 잘 보이지 않아 실패했다. 아이는 얼굴이 새파랗게 될 정도로 울었다. 미안해하는 간호사에게 괜찮다는 마음에도 없는 이야기를 건넸다. 손등을 한 번 더 찔렀지만, 이번에도 실패다. 아이는 계속해서 숨이 넘어갈 정도로 울었다. 손등에는 안 되겠는지 간호사는 발등에 있는 혈관을 찾았다. 죄송하다는 말을 계속해서 화를 낼 수가 없었다. 하지만, 세 번째도 실패하자 나도 화가 났다. 결국 간호사는 수간호사를 불러왔다. 경험과 노하우는 절대 흉내 낼 수 없나 보다. 수간호사는 발등을 몇 번 눌러보더니 한 번에 바늘을 꽂았다. 일사천리로 수액이 들어가고 아이의 열은 조금씩 떨어지기 시작했다.

서른여섯, 늦은 나이에 만난 아이는 '신기함' 그 자체였다. 하지만,

그 신기함은 오래 가지 않았다. 조리원에서 2주 정도 아이를 케어해 주는 덕분에 견딜만 했지만, 집으로 돌아온 이후부터는 악몽이 시작되었다. 남편과 나는 둘 다 집안에서 막내다. 그렇다 보니 부모님들 모두 연세가 많다. 시어머니와 친정엄마 두 분 모두 일을 하고 계시기도 했고, 시댁은 거리가 멀고, 친정엄마는 허리 수술을 해서 무거운 것을 드는 것에 무리가 있었다. 그러니 자연스레 엄마 찬스는 기대할 수 없었다. 언니도 멀리서 사니 나에게 육아는 무조건 나 스스로 해내야 하는 일이었다.

아이를 집으로 데리고 온 그날부터 생후 50일 정도가 될 때까지 밤에 한두 시간 마다 깨야 하니 항상 정신이 몽롱했다. 아직 배가 작은 아이는 많이 먹을 수가 없어 자주 먹고 또 자주 쌌다. 배가 고프다고 울었고, 기저귀가 젖어도 울었고, 몸이 아파도 울었다. 아이에겐 울음이 유일한 의사소통 수단이었다. 아직은 너무 작고 여려서 한시도 눈을 뗄 수가 없었다. 남편은 다음날 회사에 가야 하니 밤새 아이를 돌보는 일은 나의 몫이었다. 누가 몇 시간만 아이를 봐줬으면 하는 마음이 간절했다. 잠을 제대로 못 자니 몸은 항상 지쳐있었고 밥맛이 있을 리가 만무했다. 샤워하는 것도 나에겐 사치였다. 그러니 제대로 씻지도 못해서 머리는 헝클어지고, 임신기간 동안 찐 살 때문에 맞는 옷이 없어 늘 펑퍼짐한 잠옷만 입고 있었다. 날이 갈수록 퀭해지는 나 자신을 봐야 했다.

아이가 이유 없이 하루 종일 울며 보채는 날에는 나도 한계를 느꼈다. 장난감도 흔들어보고 분유도 더 먹여보고 기저귀도 다시 갈아보지만, 울음을 그치지 않았다. 나도 엄마가 처음이라 더 이상은 어찌해야 할지 몰라서 아이와 같이 울고 싶은 적이 한두 번이 아니었다. 아이는 눕히면 바로 울기 시작해서 늘 안고 있어야 했다. 그래서 늘 허리가 끊어질 듯 아팠다. 보통 엄마들에게는 '모성애'라는 것이 있다고 하는데 나는 아이가 별로 예쁘지 않았다. 오로지 잠을 푹 자고 싶은 마음 말고는 다른 생각은 들지 않았다. 나는 그저 아이가 울면 문제를 해결해주는 사람 정도였다.

일주일에 한 번, 토요일 밤은 남편과 방을 바꿔서 잤다. 중간에 깨지 않아도 되니 그게 너무 행복했다. 그렇게 6일은 아이와 씨름하고, 하루는 푹 자는 방식으로 아이를 키웠다. 토요일 그 하룻밤이 사막의 오아시스처럼 소중하게 느껴졌다. 아마도 그렇게라도 푹 자지 않았다면, 나는 견디지 못했을지도 모른다. 그렇게 100일 정도가 지나니 아이의 배도 커져서 먹는 양도 늘어났고, 그에 비례해서 잠자는 시간도 조금씩 늘어났다. 사람들이 말하는 '백일의 기적'이 이런 것일까? 그쯤 되자 모든 것이 익숙해지기 시작했다. 젖병을 소독하는 일도 아이의 울음소리를 듣고 해결하는 것도 이제는 제법 능숙하게 해내고 있었다. 무엇보다 잠을 자는 시간이 늘어나니 살 것 같았다. 그때도 세 시간 정도마다 깨긴 했지만, 전에 비하면 꿀잠이었다.

아이가 조금씩 크면서 눈을 맞추고 옹알이를 시작하고 교감을 시작하니 그때 서야 아이가 조금씩 예뻐 보이기 시작했다. 출산 후 엄마들이 산후우울증에 많이 걸리는데 그건 아마도 수면 부족이 가장 큰 원인이 아닐까 싶다. 변해버린 몸도 산후우울증에 걸리는 하나의 이유가 될 것이다. 게다가 24시간을 아이와 똑같은 일상을 무한 반복해야 하니 우울해지는 건 어쩌면 당연한 일일 수도 있다. 예전에 언니가 산후 우울증이 걸려 심각해졌던 걸 경험해봤기에 몇 번이고 마음을 다잡았다. 하지만, 하루 종일 말할 사람도 없이 멍하게 지내는 것이 쉽지는 않았다. 아이가 아직 말을 못 할 때라 나 혼자 말하고 대답하는 것이 일상이 되었다. 그럴 때면 내가 뭐 하고 있나 싶기도 했다. 남편은 퇴근이 늘 늦었지만, 그래도 나의 이야기를 잘 들어 주는 남편 덕분에 쉴 새 없이 떠들고 나면 기분이 조금 나아지긴 했다.

아이가 6개월 정도가 지나면서부터 열 감기를 하는 날이 많아졌다. 보통 39도가 넘는 고열이었다. 아이에게 무슨 일이라도 생길까 봐 초보 부모는 곧바로 응급실로 달려가곤 했다. 가면 대부분 별다른 처방이 없다. 옷을 벗기고 손수건을 물에 적셔서 온몸을 닦아주는 일이 전부였다. 그렇게 몇 번을 하고 나니 웬만큼 열이 나도 응급실로 가지는 않았다. 하지만, 이번처럼 토하면서 열이 나는 경우는 병원을 찾지 않을 수 없었다.

그렇게 병원에서 아침을 맞이했다. 수액을 맞으니 아이는 다시 정상 체온으로 돌아와 있었다. 의자에 앉아서 자니 온몸이 뻐근했다. 그 뒤로도 아이는 잔병치레를 많이 했다. 좀 괜찮아질 만하면 한 번씩 아팠으니 집에는 기본적으로 해열제나 좌약 같은 비상약이 늘 준비되어 있었다. 당시 유행하던 병인 수족구병이나 구내염, 장염은 모두 다 하고 지나갔으니 병원이 지긋해질 정도였다.

괜히 너무 늦은 나이에 아이를 낳아서 이렇게 약한 게 아닐까 자책을 한 적도 있다. 한번은 구내염으로 입원해 치료하고 퇴원했는데, 열흘 만에 수족구병에 걸려 다시 입원했다. 아이를 키우면서 가게도 해야 하는 상황이라 쉽지 않았다. 열흘 만에 재입원을 한 첫날, 아이가 밤에 잠을 자면서 몸부림을 쳤는지 링거를 꽂아 놓은 줄이 빠졌다. 수액이 입원실 바닥에 쏟아져 닦아 내야 했다. 수액 줄을 교체하고 테이프로 단단히 고정까지 했지만, 계속해서 신경이 쓰여 깊은 잠을 잘 수가 없었다. 틈틈이 일어나 수액 줄이 잘 꽂혀 있는지 또 줄이 꼬이지 않았는지 확인해야 했다. 그렇게 4일을 남편과 번갈아 가면서 간호도 하고 일도 했다. 퇴원하는 날 아침, 세수하는데 코피가 났다. 조금 흘리다 마는 코피가 아니었다. 휴지를 여러 번 교체했는데도 지혈이 되지 않았다. 쉴 새 없이 흐르는 피에 당황하려던 차에 피가 조금씩 멎기 시작했다. 화장실 거울 앞에 서서 코를 휴지를 대충 막아 놓은 내 모습을 한참 동안 바라보았다. 세면대에는 닦지 않은 피가 가득 묻어 있었고, 손에도 피가 얼룩져 굳어 있었다.

누군가는 아무 생각 없이 아이를 하나 더 낳으라고 한다. 형제가 있어야 아이가 외롭지 않다고 말을 한다. 하지만, 나에겐 둘째를 생각할 마음의 여유 같은 건 없었다. 일도 해야 했고 때마다 아픈 아이도 돌봐야 했다. 그래도 친정엄마나 다른 사람에게 부탁한 적이 없다. 친정엄마가 안다고 한들 서로 마음만 힘들기 때문이다. 지금 생각해봐도 아이를 낳고 일 년 동안이 가장 힘에 부쳤던 시간이었다. 무엇보다 잠을 잘 수 없는 괴로움이 컸고, 어린아이를 데리고 외출을 할 수도 없으니 늘 집에만 있는 답답함도 컸다. 정확하게 아이가 네 살까지 병원에 자주 다녔는데 그 이후부터 아이가 조금씩 단단해지기 시작했다. 자식을 낳아보면 부모 마음을 안다는데, 아이도 나중에 커서 아빠가 되면 부모가 나를 이렇게 키웠겠다고 하는 날이 올 것이라 생각했다. 저절로 크는 아이는 한 명도 없다. 부모의 수많은 보살핌이 있어야만 가능하다. 엄마 아빠가 나를 그렇게 키운 것처럼…

말이 없는 아이

첫 돌이 지나고 두 돌, 세 돌이 지나도록 아이가 말이 없다. 옹알이는 했지만, 엄마가 알아들을 만한 단어를 내뱉지 않았다. 11월에 태어났으니 또래보다 조금 늦으려니 했다. 네 살이 막 되었을 무렵, 아이와 동갑인 아이를 키우는 친구들을 만났다. 친구의 아이들은 '뽀로로'에 나오는 루피나 패티, 크롱, 해리, 에디, 포비의 이름을 정확하게 이야기하는데 내 아이는 그것을 보고도 아무런 반응이 없다. 친구의 아이는 여자아이라서 말이 더 빠른 거라고 스스로 위로했다. 친구 모임에 가본 후에야 우리 아이가 얼마나 말이 늦은지 실감하게 되었다. 아이마다 성장 속도가 다르니 너무 조바심 내지 말자고 생각했다. '때가 되면 다 하겠지.'라고 생각하면서 기다려주기로 결심했다. 하지만, 말의 속도가 너무 다른 것을 보고 나니 걱정되기 시작했다. 그쯤 어린이집 선생님과 상담을 하게 되었는데, 아이가 말을 잘 안한다고 병원에 데려가 보는 게 어떠냐고 조심스럽게 내게 물었다. 말을 잘 안 하니 혼자서만 블록놀이를 하고 친구들과 잘 어울리지를 못한다는 것이다. 어찌해야 하나 고민하고 있었는데 선생님까지 그런 이야기를 하니 마음이 무거워졌다.

병원을 가기로 마음을 먹게 된 결정적인 이유는 바로 아이의 행동이었다. 아이는 집에 있는 '젠가'라는 작은 나무토막 장난감을 주로 가지고 놀았다. 하루는 방에 들어가 보니 젠가를 방 끝에서 방 끝까지 도미노처럼 줄을 세우고 있었다. 전에도 이런 일이 종종 있었다. 무언가를 반복해서 나열하는 것. 아이는 그런 행동을 자주 했다. 그때 자폐 아이를 키우는 지인이 해주었던 말이 스쳐 갔다. 지인의 아이가 네 살쯤 블록을 한 줄로 세우는 걸 좋아하고 말을 안 했다는 것. 우리 아이와 상황이 비슷했다. 생각이 거기까지 이르니 이대로 있어서는 안 되겠다 싶었다.

그날 이후로 병원을 찾기 시작했다. 유아 언어치료에 권위가 있다는 곳을 알게 되어 예약하려고 전화를 했는데, 예약하려면 일 년 정도를 기다려야 한다고 했다. 일 년이라니… 이게 무슨 소린가 싶었다. 우리나라에서 아이의 언어치료를 하려는 사람이 그리도 많은가? 수화기 너머로 일 년 뒤라도 예약을 하겠냐는 소리가 들렸고, 나는 그러겠다고 대답하며 일단 상담을 예약했다. 하지만, 그곳만 보고 일 년을 기다리기에는 기간이 너무 길었다. 궁여지책으로 가까운 대학병원에 진료를 예약했다. 진료 당일 가게 문을 닫고 아이와 병원으로 향했다. 복도에서 기다리는데 걸음걸이가 불편해 보이는 아이와 아이의 엄마처럼 보이는 사람이 걸어왔다. 열 살쯤 되어 보이는 여자아이는 다리에 보조기구를 달고 있었다. 목을 제대로 가눌 수 없는지 머리가 많이 흔들리는 모습이었다. 아이의 말은 어눌 했지만, 기본적인 대화는 가능한 듯 보였다. 그 모습을 보고 있자니 내 아이는 몸이라도 성해서 다행이다 싶은 마음이 들었다. 그런 마음이 드는 나 자신을 보면서 사람 마음이 이리도 간사하구나 싶었다. 한편으로 그 여자아이의 엄마는 얼마나 삶이 힘에 부칠까 싶어 안타까운 마음이 들기도 했다.

사실 결혼 전에는 아이를 별로 좋아하지 않았다. 나에게 아이는 머리 자를 때 가만히 앉아 있지 않아 가장 다루기 힘든 손님일 뿐이었다. 아이의 머리 자르기는 전쟁과도 같다. 아이를 잡고 있는 부모나 머리를 자르는 당사자인 아이 그리고 나까지도 모두 땀이 날 정도로 아이의 머리 자르기는 힘들다. 아이는 언제나 구슬려야 하지만, 말은 안 통하는 존재. 나에게 아이는 그런 의미였다. 그러니 아이가 예뻐 보일 리 만무했다. 하지만, 나도 아이를 낳고 키우다 보니, 아이가 얼마나 힘들게 태어나고 소중하게 커가는 존재인지를 알게 되었다. 그걸 알고 나니 다른 집 아이도 예뻐 보이기 시작했다. 아이를 키우는 엄마들과는 서로 알 수 없는 유대감 같은 것도 생겼다. 그래서 아픈 아이를 데리고 있는 엄마에게 더 마음이 쓰였는지도 모르겠다.

그런 생각을 하고 있는데 간호사가 아이의 이름을 부른다. 간호사를 따라 들어간 상담실은 흡사 어린이집과 비슷하다. 아이들이 좋아할 것 같은 장난감들이 가득하다. 공룡부터 자동차, 인형, 블록까지 없는 것이 없다. 단발머리에 차분한 인상을 주는 의사 선생님과 간단하게 인사했다. 잠시 후 선생님은 아이와 함께 놀이하듯 상담을 진행했다. 인형의 이름은 뭔지 장난감은 어떻게 쓰는 건지 등을 물었다. 한눈에 봐도 아이는 선생님의 대답에 반응이 없음을 알 수 있었다. 의사 선생님은 손에 들고 있던 기록 카드에 여러 가지를 적었다. 긍정적인 말은 아니지 싶었다.

검사가 끝나고 4시간 뒤에야 결과가 나온다고 했다. 뭘 하면서 기다려야 할지 막막했다. 그래도 다음날 다시 올 수는 없기에 결과를 듣고 가기로 했다. 아이와 간단하게 밥을 먹고 병원을 둘러보면서 시간을 보냈다. 시계를 보니 아직 세 시간이나 남았다. 시간이란 참 신기하다. 어떤 때는 쏜살같이 가기도 하다가 어떤 때는 세상 느리게 걷는 거북이의 걸음처럼 느껴질 때도 있다. 아이는 병원이 신기한지 연신 두리번거리며 구경을 했다. 엄마 마음을 아는지 모르는지 아이는 해맑기만 했다. 왜 말을 안 하는 걸까? 말을 못하는 걸까? 그것도 아니면 말하는 것이 싫은 걸까? 좋아지기는 하는 걸까? 커서도 말을 못하면 그때는 어떻게 해야 할까? 기다리는 시간이 길어질수록 마음속의 불안이 커져만 갔다. 드디어 약속한 시간이 되어 결과를 듣기 위해 낮에 찾았던 상담실로 들어갔다. 선생님은 사뭇 진지한 표정으로 이야기를 꺼낸다.

"아이가 또래에 비해 말이 많이 느립니다."
"또래보다 2년 이상 정도 늦다고 보시면 됩니다."
"원인은 다양한데 혀의 구조적인 문제일 수도 있고,
 다른 환경적인 문제일 수 있습니다"

가게 문을 닫아가며 하루를 아이와 병원에서 보냈다. 그런데 고작 듣게 된 결론이 아이가 말이 늦다는 것과 말이 늦는 이유는 다양하니 지켜봐야 한다는 것. 아이가 말이 늦어서 병원에 온 것이니 그건 알고 있었고 원인은 다양할 수 있으니 지켜보자고 한다는 말은 나도 하겠다 싶었다. 진료비를 내려고 하는데 생각보다 너무 비쌌다. 내가 고작 이런 이야기나 들으려고 하루 종일 병원에 있었나 싶었다. 그나마 다행인 건 자폐 성향은 아닌 것 같다는 결과였다. 물론 그것도 좀 더 지켜보자는 모호한 말로 마무리하긴 했지만, 우선은 안심이 되었다.

병원에 다녀왔다고 해서 아이가 갑자기 말을 잘하는 건 아니었다. 어떻게 해야 하나? 고민하는 시간이 길어졌다. 내가 뭘 잘못해서일까? 아이가 말을 안 하는 것이 모두 내 탓처럼 느껴졌다. 그때부터 주변에 있는 언어센터를 알아보기 시작했다. 이대로 그냥 둘 수는 없는 노릇이었다. 몇 곳에서 상담하고 난 후 한 곳을 정했다. 집에서 20분 정도의 거리에 있는 아담한 크기의 언어센터였다. 일주일에 두 번 정도 갔다. 여러 개 있는 방은 아이들의 놀이방처럼 꾸며져 있고 밖에는 안을 볼 수 있는 여러 대의 모니터가 놓여 있다. 방 번호에 따라 숫자가 쓰인 모니터를 통해 방 안의 모습을 밖에서 볼 수 있었고, 여러 사람이 있으니 헤드셋을 끼고 아이의 소리를 들을 수 있게 되어 있었다. 선생님은 계속 말을 하는데 아이는 여전히 별다른 반응이 없다. 그래도 몇 번을 언어센터에 오니 간단한 외마디 말을 하기는 한다. 하지만, 문장을 구사해야 하는 나이에 겨우 몇 마디 단어만 내뱉는 수준이었다.

언어센터를 다닌 지 세 달쯤 되어갈 때부터 아이가 가기 싫다는 의사 표시를 계속했다. 치료도 중요했지만, 억지로 데리고 갈 수는 없어서 잠시 쉬기로 했다. 혀의 구조적인 문제가 있어 보인다고 해서 상담을 받기도 했다. 혀 밑에 있는 근육인 설소대가 짧아서 발음이 정확하지 않았을 거라고 조언을 해주신다. 자기 말을 사람들이 잘 알아듣지 못하니 점점 더 말수가 줄어들었을 거라고. 본인은 얼마나 답답했을까? 설소대 수술을 하려고 병원을 찾았다. 의사 선생님이 크면 좋아질 수도 있으니 기다려보자고 했다.

한 번은 아이가 물을 달라고 정수기 앞으로 나를 데리고 간다. 무슨 말인지는 알아들었는데 모른 척하고,

"뭐 줄까?"

물었더니 나를 가만히 바라만 봤다. 다시 물으니 멀뚱거리며 쳐다보기만 했다. 보다 못해,

"준휘야, 물주세요 해봐."
"물~ 해봐."
"물"
"해봐~~"
"왜 안 하는 거야?"

나도 모르게 언성이 높아지고 있었다. '물'이란 쉬운 단어도 말하지 않는 아이가 야속했다. 아이를 기다려주기로 했던 엄마는 사라진 지 오래였다. 언제까지 기다려야 할까? 막막한 마음이 나를 불안하게 만들었다. 그저 건강하게만 태어나달라고 기도했는데 사람의 욕심은 끝이 없나 보다…

퇴직과 코로나

저녁 먹는 내내 남편이 말이 없다. 평소와 다른 것 같은 분위기에 걱정이 되어 물으니 별일 아니라고 한다. 말은 그렇게 하지만, 밥을 먹는 속도도 느리고 계속 뭔가를 생각하는 눈빛이었다. 밥을 다 먹고 커피를 한잔하려고 소파에 앉았다. 그때 남편이 사뭇 진지한 목소리로 이야기를 꺼낸다. 아무래도 회사를 나와야 할 것 같다고. 순간 머릿속이 멍해졌다. 평소 신중한 성격의 남편이 이렇게까지 이야기할 때는 그만한 이유가 있겠거니 싶었다. 하지만, 회사를 그만둔다는 그 말을 선뜻 반겨줄 수도 없는 노릇이었다. 결혼한 지 겨우 4년 만의 일이었다. 머릿속으로 두 가지 마음이 들었다. '나와서 하고 싶은 일을 마음껏 해봐.'라는 마음과 '그래도 고정 수입이 필요한데 그냥 다니지!'라는 마음이었다. 하지만, 남편은 이미 생각을 굳힌 듯 보였다. 사정을 들어보니 내가 말린다고 계속 회사에 다닐 수 있는 상황도 아닌 것처럼 보였다. 그렇게 이틀 뒤 남편은 짐을 싸 들고 집으로 왔다. 그동안 회사에 다닌 살림 살이치고는 초라했다. 서류 몇 개와 노트, 핸드크림 하나, 명함집, 그 외는 자잘한 문구류가 전부였다. 짐을 들고 있는 남편을 보자니 마음이 복잡해졌다. 당장 내일부터 어떻게 해야 할지 막막했다. 물론 남편은 나보다 더 심란했을 것이다. 이미 일은 일어났고 그날만큼은 더 깊이 고민하지 말자고 생각했다.

우선 사무실을 구해야 했다. 일하는 업종이 기계 부품 쪽이다 보니 완성품을 들고 집에서 일하기에는 무리가 있었다. 아무리 싼 사무실을 구한다고 해도 보증금이며 월세, 최소한의 집기류를 준비하려면 적지 않은 돈이 필요했다. 무엇보다 매달 내야 하는 월세가 시작하는 단계에서는 부담이 많이 되었다. 보통 월세에 관리비까지 포함해서 최소 50만 원에서 100만 원 정도가 그냥 나간다고 생각하니 무턱대고 사무실을 차릴 수도 없었다. 많은 생각을 한 끝에 가게에 있는 작은 창고를 조금 개조해서 쓰기로 했다. 그렇게 하면 우선 월세 낼 걱정을 안 해도 되고 가게의 집기류를 같이 쓸 수 있으니 따로 물건을 사지 않아도 되었다. 번듯한 사무실은 아니었지만, 그것이 최선이라는 생각이 들었다. 가게에 있는 창고는 잡동사니를 넣어두는 방이었는데 필요 없는 물건을 버리고 정리하니 제법 큰 공간이 나왔다. 일을 하려면 책상과 컴퓨터가 기본적으로 필요한데 그 정도는 무리 없이 들어갈 듯했다. 도면 작업을 할 때를 제외하고는 공장을 다니니 늘 가게에 있는 것은 아니었다. 그렇기에 더더구나 화려한 사무실은 필요하지 않았다. 창고 같았던 그곳을 정리하고 책상과 컴퓨터 그리고 책장과 작업대를 하나 놓으니 제법 그럴싸한 사무실이 만들어졌다. 그렇게 우리는 한 공간을 나누어 쓰는 동료가 되었다.

공간은 만들어졌지만, 처음 시작이 쉽지는 않았다. 남편은 이리저리 뛰어다니는 듯했지만, 어려움이 많아 보였다. 하지만, 남편은 인상을 찌푸리는 일이 없다. 늘 긍정적인 이야기만 한다. 신세 한탄을 한다거나 미래가 불확실하다는 등의 하소연을 하는 일은 없었다. 그것이 남편의 가장 큰 장점 중의 하나였다. 그렇다 하더라도 고민이 사라진 건 아니었다. 예전에는 둘 중 하나가 고정 월급이 있어서 생활이 어느 정도 안정적이었지만, 이제는 둘 다 자영업을 하는 상황이니 수입이 일정치 않은 것이 가장 큰 문제였다. 그렇게 불안한 몇 달이 지났다. 남편은 조금씩 자리를 잡아가는 듯 보였다. 금액이 많지는 않았지만, 돈도 조금씩 들어왔다. 무엇보다 일하는 시간이 반으로 줄어들었다. 예전에는 회사에서 12시간을 넘게 일을 했다면, 지금은 6시간에서 7시간만 일을 했다. 나머지 시간은 아이와 놀아주거나 집안일을 도와주었다. 무슨 일이 생기든 좋은 점과 나쁜 점이 있기 마련이라는 생각이 들었다. 수입은 불안정해졌지만, 집에서 함께 하는 시간이 많아지니 아이도 아빠와 친해질 시간이 많아졌다. 아이와 함께 산책하거나 함께 블록놀이를 해주거나 아이의 공부를 봐주는 선생님 역할을 했다. 아이를 양육하는 입장에서 보면 분명 장점이 더 많았다. 좋은 것만 생각하자고 늘 다짐하곤 했다.

남편의 일의 대부분은 미국으로 부품을 보내는 일이다. 국내 제품도 다루었지만, 대부분이 미국과 관련된 업무였다. 어느 정도 영어를 구사할 수 있는 것이 일하는 데 많은 도움이 되는 듯 보였다. 미국은 결제 시스템이 우리나라보다 정확해서 한 번도 대금을 밀린 적이 없었다. 약속한 날짜에 정확하게 입금이 된다는 장점이 있었다. 남편이 제날짜에 물건을 잘 보내줘서일까? 그렇게 신뢰를 쌓은 덕분에 초반보다 주문물량이 점점 더 늘어났다. 남편은 외국에서 메일로 주문서가 들어오면 얼마쯤 될 것이라는 견적을 보냈다. 금액이 맞으면 승인이 떨어지고, 미국에서 보내온 도면을 우리나라 방식에 맞게 수정한다. 그렇게 단계에 맞는 몇 군데의 공장에 일을 맡기고 완성품이 나오면 포장해서 해외로 보내는 일을 했다. 어떤 날은 철야까지 함께 했다. 철야를 한다는 것은 일이 많다는 의미였으니 늦게까지 포장을 할 때는 오히려 행복한 마음이 들었다. 내가 박스를 잡으면 남편이 박스테이프로 꼼꼼하게 붙인다. 야근 시킨다고 맛있는 것을 사주고 했으니 일을 하면서 데이트도 하는 것 같았다. 모든 노력이 우리 가족을 위한 것이라 생각하니 그리 힘들지 않았다. 아주 작은 부품에서부터 둘이 들어도 무거울 만큼 큰 부품까지 종류가 다양했다.

그냥 보기엔 철 덩어리일 뿐이었지만, 이것이 우리 살림을 책임져준다고 생각하니 특별하게 느껴졌다. 부품을 포장할 때도 하나하나 정성이 들어갔다. 완충지로 꼼꼼히 싸고 테이프를 정성스럽게 붙였다. 남편에게 나도 뭔가 도움이 될 수 있다는 게 기뻤다. 포장하는 실력도 점차 좋아졌다. 무슨 일이든 반복하면 실력이 느는 법이다. 하물며 상자를 포장하는 일도 그랬다. 어느새 남편과 나는 손발이 척척 맞는 파트너가 되었다. 매출이 조금씩 오르자 여유가 생기기 시작했다. 계속 이렇게 하면 되겠다는 희망이 보이기 시작했다. 그렇다고 우리가 부자가 된 것은 아니었지만, 처음 시작할 때 힘들었던 걸 생각해 보면 지금의 매출이 너무나 감사했다.

조금씩 늘어나는 매출에 고마움을 느낄 즈음, '코로나 COVID19'가 생겼다. 전 세계가 코로나 때문에 경제적으로 큰 타격을 입었다. 우리나라도 예외는 아니었다. 식당들은 폐업하는 곳이 많아졌고, 길거리의 일반 가게들은 '임대'를 붙여 놓은 곳이 늘어만 갔다. 헬스장이나 목욕탕, 피시방, 커피숍 등은 직격탄을 맞았다. 어느 분야든 마찬가지였다. 물론 배달업과 같이 코로나로 인해 더 호황인 분야도 있긴 했지만, 대부분 업종은 코로나의 된서리를 피해 가지 못했다. 미용실도 손님이 많이 줄었다. 사람들이 외출을 하지 않으니 머리에 신경을 덜 쓰는 건 당연한 일이었다. 나도 나였지만 남편이 더 문제였다. 코로나가 미국까지 강타하면서 미국의 산업 전반이 무너지고 있었다. 남편이 하는 업종에도 타격이 커져서 주문물량이 뚝 끊겨 버린 것이다. '한 달만 지나면 괜찮겠지!'했던 것이 일 년 넘게 이어지고 있다. 일이 안 된다고 남편을 탓할 수도 없었다. 코로나가 생긴 건 남편 잘못이 아니었다.

어떻게든 버티기, 우리가 할 수 있는 건 그것뿐이었다. 우리만 힘든 게 아니라고 애써 위로를 했다. 남편은 허공을 바라보는 시간이 늘었다. 매일 포장하던 박스는 주인을 잃고 쌓여만 있었다. 남편의 어깨는 평소보다 처져 보였다. 막연함은 사람을 늘 지치게 만든다. 언제까지 그럴 것이라는 기약이 있으면 버틸 수 있을 것 같았다. 하지만, 코로나가 언제 끝날지 확답을 주는 사람은 아무도 없었다. 한 치 앞도 보이지 않는 어두운 동굴을 정처 없이 걸어가는 기분. 하루하루를 그런 기분으로 살았다. 별로 신나는 일이 없었다. 그저 살아지니 사는 것 같은 기분이었다.

내 인생은 왜 이렇게 마음대로 살아지지 않을까 하며 하늘을 원망하기도 했다. 나는 바닥으로 끊임없이 떨어지고 있었다. 생각이 많아지니 잠을 못 자는 날이 많아졌다. 자려고 눈을 감으면 감을수록 정신은 더욱더 또렷해졌다. 일어나서 우유를 데워 마셔도 보고, TV를 틀어 일부러 지루한 다큐를 보기도 했다. 하지만, 잠들지 않았다.

설상가상

전화벨이 울렸다. 핸드폰에 찍혀 있는 세 글자 '집주인'. 가급적이면 받고 싶지 않은 전화였다. 전세 계약 연장 문제도 있고 해서 목소리를 가다듬고 전화를 받았다. 잘 지냈냐는 형식적인 인사말이 오고 갔다. 약간 뜸을 들이던 집주인은 바로 본론으로 들어갔다.

"우리 아파트가 한 달 뒤에 전세 만기잖아."
"주변에 시세도 있고 하니까,
 4,000만 원 올려 받을까 하는데… "
"처음부터 싸게 있었으니까, 그렇지?"

사람은 본디 자기 위주로 생각하는 데 익숙한가 보다. 결혼할 때, 조금 오래된 아파트지만 위치가 나쁘지 않은 곳으로 신혼집을 구했다. 옛날 아파트라 평수가 넓게 나온 것도 마음에 들었다. 문제는 오래된 아파트인데다 집주인이 수리를 안 하고 계속 살던 곳이라 손볼 곳이 많았다. 주인은 아니면 말고 식으로 주변보다 조금 싸게 해주는 대신 들어오는 사람이 수리를 하라고 했다. 아쉬운 건 늘 임차인 쪽이다. 가게하고 멀지 않은 거리와 평수가 마음에 들어서 우리는 집주인의 의견에 동의했다. 다행히 아는 사람 중에 인테리어를 하시는 분이 있어서 저렴한 가격으로 장판이랑 싱크대를 수리해서 깨끗하게 사용할 수 있었다. 하지만, 정작 집주인은 2년 전에 우리 돈으로 집수리했던 사실을 잊은 듯했다. 너무 아무렇지도 않게 4,000만 원을 이야기한다. 알았다고 이야기하고 전화를 끊었다. 결혼한 지는 이 년째였고 아이가 돌이 될 무렵이었다. 집주인이 이야기한 금액은 신혼부부에게 적은 돈은 아니었다. 저녁에 퇴근하고 돌아온 남편과 상의했다. 우선 금액이 우리가 생각했던 것보다 많았고, 아이가 아직 어린데 이 년마다 이사 다닐 것을 생각하니 전세로 사는 건 더 이상 힘들 것 같았다. 이사를 하게 되면 이삿짐센터 비용뿐 아니라 텔레비전 설치나 에어컨 설치 같은 기타비용이 의외로 많이 들 것 같았다. 결국 평수를 줄여서라도 매매를 하자고 결정했고, 살고 있던 전셋집에서 멀지 않은 곳에 작은 아파트를 하나 샀다. 대출을 많이 받기는 했지만, 이제 간섭하는 집주인이 없다고 생각하니 그것만으로 좋았다.

아파트 가격은 계속 오르고 있었기 때문에 재테크 때문이라도 매매를 하는 것이 더 나을 거라는 생각이 들었다. 하지만, 아파트를 매매한 건 무엇보다 마음 편하게 살 집이 필요했기 때문이었다. 전보다 작아진 집이었지만, 집에 들어오면 너무나 아늑하고 좋았다. 이 많은 집 중에 진짜 우리만의 공간이 생긴 것이다. 아이가 다닐 어린이집도 바로 밑에 있고 가게와도 멀지 않으니 대출이 좀 많다는 점을 빼면 나름대로 만족스러웠다. 열심히 해서 대출금을 하루라도 빨리 갚자고 남편이랑 다짐했다. 생각이 날 때마다 얼마를 저축하고, 어떻게 아껴 써야 하는지를 서로 이야기하고는 했다. 그때 남편은 회사에 다니고 있었고 나도 가게를 하고 있었으니, 무조건 저축을 열심히 하자고도 했다.

조금씩이었지만, 희망이 보였다. 가게가 잘되는 달도 있었으니 이렇게만 살아가면 되겠다는 계획도 잡혔다. 남편은 자신을 위해 거의 돈을 쓰지 않는다. 옷 욕심도 없고 물건에 대한 욕심이 별로 없다. 어쩌면 필요하지만, 안 사는 것일 수도 있다. 나 역시 흔한 명품 가방이 하나 없다. 브랜드도 잘 모를뿐더러 다행히 크게 관심이 없다. 둘 다 나름대로 절약하면서 돈을 조금씩 모아갔다. 일 년 정도가 되니 돈이 어느 정도 모였다. 돈이 모이면 딴 곳에 쓰지 않고 꼬박꼬박 대출부터 갚아나갔다. 줄어드는 대출 잔액을 보면 괜히 마음이 흐뭇해졌다. 남편도 나도 열심히 살았다. 조금이라도 일을 더 하려고 했다.

그러던 어느 날, 늦게 일을 마치고 집으로 돌아오는 길이었다. 상가 부동산에 붙어 있는 종이가 눈에 들어왔다. 같은 평수의 아파트 가격이 삼천만 원이나 떨어져 있었다. 아파트 가격이 내려가기 시작했던 것이다. 일만 열심히 했지, 아파트 시세를 볼 겨를이 없었다. 부동산이라는 것이 등락이 있는 법이니 조금 있으면 올라갈 것이라고 스스로 위로했다. 더 열심히 해야겠다는 마음뿐이었다. 그런데 몇 달 뒤, 아파트 가격은 오천만 원이 넘게 떨어져 있었다. 지금 팔기에는 너무 늦었다는 조바심이 생기기 시작했다. 이 정도 떨어졌으면 더 이상은 떨어지지 않겠지 하고 생각했는데 아파트 가격은 끝이 없이 떨어졌다. 결국 아파트를 샀던 가격에서 일억 정도 내려간 후에야 하락이 멈췄다. 속수무책이었다. 이 상황에서 손해를 보고 팔 수도 없는 노릇이었다. 이제는 회복하기를 기다리는 수밖에 할 수밖에 없었다. 이득은 바라지도 않았다. 원래대로만 됐으면 좋겠다는 마음이 간절했다. 저축하는 일도 재미가 없어졌다. 의미가 없었다. 열심히 산 결과가 이런 것인가 싶었다.

안 쓰고 열심히 모았고 쉬지 않고 일도 했다. 고작 이렇게 될 거였음 마음대로 써보기나 하는 건데 너무 화가 났다. 나는 뭘 해도 안 되는 것 같았다.

그런 절망적인 마음이 들 때쯤, 더 기운 빠지는 일이 생겼다. 같은 아파트에 있는 아이 친구 세 집이 거의 같은 시기에 인근에 새로 지은 아파트로 이사한 것이다. 초등학교를 좋은 곳으로 보내야 해서 이사가는 것이라고 했다. 누군가는 시댁에서 집을 사줘서, 한 집은 남편의 연봉이 높아서 또 한 집도 부모님이 일부 도와주셔서 이사갔다. 결국 네 집 중에 우리 집만 남았다. 나름 잘 지냈는데 집이 달라지니 이제는 연락도 뜸해져 버렸다.

그들과 나의 처지를 비교하는 마음이 생겼다. 열등감이 내 안에서 소용돌이쳤다. 상황이 그렇게 되고 보니 내 마음을 다잡을 수가 없었다. 열심히 한다고 되는 세상이 아니었다. 가만히 있어도 몇억이 그냥 생기는 사람이 있고, 열심히 살아도 일억이 공중분해 되어버리는 지지리도 운이 없는 나 같은 사람도 있었다. 그런 생각을 계속하니 아무것도 의욕이 나지 않았다. 어차피 될 사람만 되는 세상이라는 생각이 들었다.

아무 노력 없어도 잘 사는 사람은 잘 살고, 죽어라 하고 노력해도 안 되는 사람은 어차피 안 된다. 머릿속에 온통 부정적인 생각이 나를 괴롭히기 시작했다. 일하고 싶지 않았다. 일을 해도 대충 하는 날이 많았다. 급한 일이 아니면 예약을 받지도 않았다. 그저 침대에 누워만 있고 싶었다. 나는 늘 운이 없었다. 하물며 가게 오픈 이벤트 당첨 같은 사소한 것도 내 주변 사람만 되고 나는 한 번도 된 적이 없다. 열심히 살수록 뒤로 가는 느낌이었다. 발버둥을 치면 칠수록 더 깊이 들어가는 늪에 빠진 기분이었다. 하는 것만큼 결과가 보였다면, 그렇게까지 실망하지는 않았을 것 같다. 내가 도대체 뭘 잘못하고 있는 걸까? 인생을 살아가는 것은 마음가짐이 반 이상인데 부정적인 생각들이 가득하니 어떤 것에도 의미를 찾지 못했다.

설상가상으로 '코로나'로 인해 남편의 일까지 줄어드는 상황이 생기니 나에게 너무나도 힘든 시간이었다. 축 처져 있는 날이 많았다. 계속 눈물이 났다. 조그만 일에도 화가 났고 뭔지 모를 억울함이 마음을 눌렀다. 잠도 잘 못 자고 사는 게 신나지도 않았다. 뭘 해도 안 되는 사람. 그게 바로 나였다. 어느 것 하나 희망을 이야기해 주는 곳이 없었다. 어떤 날은 가슴이 터질 것 같은 느낌이 들 때도 있었다. 그러던 어느 날 저녁, 남편과 이야기하다가 서로 언성이 높아졌다. 물론 돈 때문이었다. 모든 게 남편 탓이 아니라는 것을 아니까 결국 또 눈물이 났다. 그동안 북받쳤던 감정들이 한꺼번에 터져 나왔다. 우울하게 살고 싶은 사람이 어디 있을까? 마음먹은 대로 안 살아 지니까 답답한 것이다. 평소 아이 앞에서만큼은 절대로 싸우지 말자고 남편과 굳게 약속했었다. 하지만, 그날은 싸움 소리가 커졌고 남편은 속이 상했는지 밖으로 나가 버렸다. 나는 소리 없이 눈물을 흘렸다. 그 모습을 아이가 본다는 것을 알았지만, 눈물이 멈춰지지 않았다. 여섯 살이 된 아이는 나의 눈물을 닦아 주었다.

다음날이 되었다. 아이가 밥을 먹는다고 의자에 앉아 있는데 정수리쪽

머리에 원형탈모가 온 듯 동그랗게 비어있었다. 순간 너무 놀라서 살펴보니 오백 원 동전 크기보다 더 큰 탈모가 생겼다. 아이의 행동을 가만히 살펴보니 머리를 꼬아서 한 가닥씩 뽑고 있는 것이다. 그때 너무 큰 충격을 받았다. 바로 인터넷으로 검색을 해보니 스트레스가 주요 원인이라고 했다. 어제 내가 눈물을 흘려서 그런 것일까? 아이의 머리를 보고 있으니 마음이 미어졌다. 아이를 양육하면서 웬만하면 아이에게 사이좋은 모습을 보여주자고 다짐을 했었다. 다행히 서로가 그 약속을 잘 지켜왔고 아이에게 늘 사랑한다고 말해주고 표현도 많이 했었다. 하지만, 최근 들어 내가 우울해 진 것을 아이도 눈치를 챈 모양이었다. 아이에게는 부모가 세상의 전부라는 사실을 알고 있으면서 몹쓸 짓을 하고 만 것이다. 뻥 뚫린 머리카락을 보면서 다짐하고 또 다짐했다. 두 번 다시는 아이에게 우는 모습을 보여주지 않겠다고, 연기를 해서라도 아이에게 우울한 모습을 보여주지 않겠다고 말이다. 탈모에 좋다는 약을 발라주는 그 순간의 심정은 도저히 말로 표현을 못하겠다. 나같이 부족한 엄마를 만난 아이에게 너무 미안한 마음이 들었다. 한편으로는 머리카락이 다시 안 나면 어쩌나 걱정도 되었다. 그날 이후부터 나는 다르게 살겠다고 마음을 먹었다. 우울감에 빠져 보이지 않던 아이가 그제야 내 눈에 들어온 것이다. 아이 때문에라도 긍정적으로 살겠다고 마음을 다잡았지만, 생각만큼 금방 마음이 좋아지진 않았다. 무엇보다도 변한 것이 아무것도 없었기 때문이다. 집값은 여전히 폭락한 채 올라갈 생각이 없었고, 코로나 상황은 지루한 싸움을 하듯 나아지는 기미가 보이지 않았다. 하지만, 아이가 스트레스를 받는 모습을 본 이후로 적어도 아이가 있을 때만큼은 내색하지 않으려고 무던히도 애를 썼다.

하지정맥

그러던 어느 날 밤, 자는데 다리가 저려오기 시작했다. 평소에 주로 서서 일하다 보니 다리에 핏줄이 튀어나오는 하지정맥 증상이 있다는 건 알고 있었다. 하지정맥 증상이 더 심해졌는지 신경 쓰이는 정도의 통증이 있었다. 이대로 놔두면 안 될 것 같아 병원에서 진찰을 받아보기로 했다. 안 그래도 요즘 너무 심란한데 다리까지 말썽이었다. 나쁜 일들만 계속 생기는 것 같아서 기운이 빠졌다. 이튿날 아는 언니가 소개해 준 병원을 찾았다. 의사는 진찰해보더니 기준보다 열 배 정도 심각하다고 했다. 의사는 일부러 최악의 상황을 말해줘야 해서 그런 건지는 몰라도 아주 심각하게 이야기했다. 그걸 생각하더라도 상태가 안 좋은 건 사실인 것 같았다. 다리가 한눈에 보기에도 핏줄이 튀어나온 지점이 점점 많아졌다. 처음에는 무릎 뒤쪽이 나오더니 종아리 앞쪽에도 하나씩 튀어나오기 시작했다. 그러더니 며칠 뒤에는 그 옆에도 조그맣게 또 생겼다. 의사 선생님이 심각하게 말을 한 것과는 별개로 더 이상 방치하면 안 되겠다고 생각을 하고 있었다. 최대한 이른 시일에 수술 날짜를 잡으려고 했지만, 많이 밀려있어서 한 달 뒤에야 예약이 잡혔다.

수술 당일, 막상 병원으로 오니 떨리기 시작했다. 주변에서 별 수술이 아니라고 해서 대수롭지 않게 생각했지만, 수술은 크든 작든 긴장되기는 매한가지인 것 같았다. 환자복으로 갈아입고 1인실 침대에 앉아 대기하고 있었다. 조금 있다가 간호사 부른다. 침대 하나와 각종 기계가 놓인 방으로 나를 데려갔다. 심전도 검사를 위한 방이었다. 난데없이 윗옷을 올리라고 한다. 아무리 여자 간호사라도 옷을 훌렁 벗는 일은 적응이 안 된다. 병원에서는 왠지 모르게 나의 자아가 없어지는 듯했다. 차가운 기계가 가슴 위에 올려졌다. 심전도 검사가 끝나자 항생제 주사를 놓는다.

"오늘 맞는 주사 중에 제일 아플 수 있어요."

위로인지 뭔지 모르겠는 건조한 한마디를 남기고 사정없이 팔목에 주사를 놓는다. 평소에도 주사 맞는 것을 너무 싫어하지만, 선택의 여지가 없었다. 불이 붙은 것처럼 뜨거운 느낌이 들었다. 내 기억력이 나빠서 인지는 모르겠으나 지금까지 맞아본 주사 중에 제일 아픈 것 같았다. 의지와 상관없이 눈물이 살짝 맺혔다. 그리고는 바로 의사 선생님을 만나러 갔다. 지적인 이미지에 목소리가 차분하다. 오늘 수술 일정을 다시 한번 일러주었다. 간단한 브리핑이 끝나고 특수 제작된 2층 금속 계단에 서달라고 한다. 양쪽은 손잡이가 있어서 잡을 수 있게 되어있다. 혈관 지도를 그려야 한다고 했다. 벽 쪽으로 보고 서 있으니 볼펜 같은 펜으로 허벅지에서 발목까지 3센티 정도의 간격으로 점을 찍었다. 수술할 때 필요한 지도를 그리기 위해서였다. 볼펜으로 제법 세게 눌러야 옆에 이어진 의료용 모니터에 표시된다고 했다. 허벅지 안쪽부터 눌렀는데 원래 연한 살이다 보니 그게 너무 아팠다.

하지만, 여전히 그곳에서 나는 없었다. 시키면 시키는 대로 따라가는 수밖에 도리가 없었다. 펜으로 세게 눌러서 확인이 되면 그곳에 빨간색 펜으로 점을 찍었다. 아파도 아프다고 말을 할 수가 없었다. 하지정맥 수술을 하는 사람이라면 누구나 하는 과정일 텐데 나 혼자 유난을 떠는 것 같아 꾹 참았다. 왼쪽 다리 앞쪽에 긴 줄이 하나 생겼다. 그리곤 바로 오른쪽 다리 앞도 똑같이 긴 줄이 생겼다. 뒤돌아서서 앞에 그린 것과 똑같은 순서로 뒤쪽에도 각각 하나씩의 긴 줄이 그어지고 나서야 그 계단을 내려올 수 있었다. 대략 30분 정도는 서 있었던 것 같은데 혈관 지도를 그리는 과정도 만만치는 않았다. 펜으로 낙서가 된 다리를 보고 있자니 마음이 심란해졌다. 내 다리가 아닌 것 같은 낯선 기분이 들었다.

잠시 후 수술실 방에 누웠다. 간호사 세 명 정도가 수술 준비를 했다. 나만 그런 생각을 하는지는 모르겠으나 환자가 누워있는 상황에서 자기들끼리 개인적인 이야기는 안 했으면 좋겠다 싶었다. 나는 긴장이 되어서 누워있는데 아무도 신경 쓰지 않는 것 같은 느낌이 들었다. 물론 그들은 매일 하는 일이니 그럴 수도 있다. 하지만, 환자는 매일 겪는 일이 아니지 않는가…

바로 수면마취를 하는 줄 알았는데 의사가 와서는 한 마디, 잔 핏줄은 수술 도중에 움직이면 위험해서 마취하지 않은 상태에서 주사를 놓는다고 했다. 아까 설명했다고 하는데, 내가 그 부분을 놓쳤나 보다. 하지만, 이제 와서 어쩌겠는가… 주사가 준비되었고, 사정없이 다리를 찔렀다. 다리 앞쪽과 뒤쪽 모두 합쳐서 스무 군데 이상은 찔린 것 같다. 또다시 눈물이 맺혔다. '이제 제발 그만!'이라고 마음속으로 외칠 때쯤 끝이 났다. 그렇게 다시 일어나서 복도를 십 분 정도 걸으면 된다고 했다. 슬리퍼를 끌고 복도를 혼자 멍하니 걸었다. 모르는 사람이 봤으면 정신이 이상한 것 같다고 생각했을 것이다. 십 분 정도 지나자 다시 수술실로 불렀다. 이제는 진짜 수술이 시작되는 것 같았다. 수술실로 들어가자마자 수술 침대에 누웠고 나의 양팔과 양 발목은 수술용 벨크로에 묶였다. 움직임을 최소화하기 위한 작업이었지만, 기분이 썩 좋지는 않았다. 왼쪽 팔에 수면 마취용 주사를 맞았다. 인공호흡기처럼 생긴 마취일 줄 알았는데 마취 주사였다. 그러려니 했다. 조금 있으니 정신이 몽롱해졌고, 그 뒤로는 기억이 가물거렸지만, 다리 뒤쪽을 수술하기 위해 몸을 뒤집을 때 문제가 일어났다. 마취에서 깬 것이다. 의사 선생님이 하는 목소리가 들리기 시작했다. 나도 예상하지 못했던 일이라 당황했다. 수면마취라고 해서 마취에서 깨면 모든 수술이 끝나 있을 것으로 생각했지만, 수술 중에 깨는 건 한 번도 생각지 못한 일이었다. 마취가 깨니 통증이 그대로 느껴지기 시작했다. 참을 수 없는 극한의 통증을 느꼈다. 핏줄을 잡아당기는 느낌과 봉합하는 것 같은 느낌이 그대로 온몸으로 전해져왔다. 말이 잘 나오지 않았다. 남아있는 힘을 다해 마취가 깼다는 걸 말했다. 의료진들이 모두 놀랐다는 느낌을 어렴풋이 받았다. 곧바로 수면마취제를 더 투여하라는 말이 들렸고 간호사는 왼쪽 팔에 꽂힌 호스로 약을 더 투여했다. 하지만, 얼마 후에 다시 의식이 돌아왔고 참을 수 없는 고통이 다리에서 다시 느껴졌다. 그때부터 울기 시작했다. 의도한건 아니었는데 하염없이 눈물이 쏟아져 내렸다. 그 뒤로도 몇 번의 마취약이 더 투여가 되었다. 비몽사몽이었지만, 그들의 대화내용이 기억이 나는 걸 보면 나는 몇 번을 더 깬 것 같았다.

한 시간 반쯤 끝나야 하는 수술이 세 시간이 다 되어서야 끝이 났다고 남편이 말했다. 회복실로 옮겨져서 계속 잠만 잤다고 했다. 병원이 문을 닫아야 하니 중간에 억지로 나를 깨워서 집으로 돌아와야만 했는데 그때까지도 나는 비몽사몽이었다. 오후 6시쯤 돌아와 새벽 2시까지 마취약에 취해 잠만 잤다. 다음날 겨우 정신을 차리고 소독을 하러 갔는데 의사가 왔다. 이유는 모르겠지만 간호사들에게 잠시 나가달라고 이야기를 했다. 의사와 나만 수술 방에 남았다. 수술 도중에 깨는 일이 잘 없는데 마취약이 나와 맞지 않았던 것 같았다며 미안하다는 말을 했다. 프로포폴은 위험할 수 있어서 좀 더 안전한 마취약을 썼다고 했다. 왠지 변명을 하고 있는 것 같은 느낌을 받았다. 하지만 어쩌겠는가. 일부러 고통을 주려고 하는 의사는 없는 법이니 그럴 수 있다고 생각했다.

수술 후에 한동안 일을 쉬는 게 좋겠다는 생각이 들었다. 의사는 압박붕대를 하고 3일 뒤부터는 간단한 일은 해도 된다고 했지만, 이번 기회에 일주일 정도를 푹 쉬어야겠다고 마음을 먹었다. 꿀맛 같은 휴식 시간이었다. 다리가 온통 검고 푸른빛으로 멍이 들긴 했지만, 침대에 누워 포근한 이불을 덮고 있는 그 시간이 참으로 편안했다. 한동안 압박붕대를 하고 있어서 불편하기는 했다.

앞으로 달리기만 하다가 잠시 멈추어 생각하는 시간을 가지니 그때서야 글을 써보면 어떨까 하는 생각이 들기 시작했다. 쉬는 동안에 이은대 작가의 글쓰기 수업을 들으면서 소개받은 글쓰기 책도 몇 권을 읽었다. 많이 망설이던 그때, 읽었던 나탈리 골드버그의 『뼛속까지 내려가서 써라』 나탈리 골드버그 지음/권진욱 옮김/신은정 그림/한문화 펴냄를 읽으며 명문장을 만난 것이다.

"누구에게나 세상에서 가장 쓸모없는
졸작을 쓸 권리가 있다."

글을 너무 잘 쓰지 않아도 된다는 말처럼 느껴졌다. 컴퓨터에서 한/글 프로그램을 열고 목차에 따라 한자씩 한자씩 글을 써보기 시작했다. 다리는 욱신거리고 아팠지만, 글을 쓰는 그 시간들이 나쁘지 않았다. 그렇게 나의 첫 글쓰기는 시작되었다.

다섯 번째 이야기

글쓰기와 책을 만나다

글쓰기

한/글 프로그램을 켰다. 생전 쓸 일이 없을 것 같았던 프로그램이다. 하얀 바탕에 까만 커서가 깜빡거린다. 무엇을 어떻게 써야 할까. 한 줄을 썼다가 지우기를 반복했다. 역시나 나는 글쓰기에는 소질이 없는 것일까? 머릿속에서 아무것도 떠오르지를 않는다. 한 달 전부터 글쓰기 온라인 강의를 들었다. 매주 수요일 밤 9시부터 11시까지 이은대 작가의 강의에 집중했다. 사실 글쓰기 수업도 좋았지만, 이은대 작가의 인생 강의가 더 와닿았다. 마음을 움직이는 강의야말로 최고의 강의라는 생각이 들었다. 부작용도 있었다. 이제 다른 강의가 귀에 잘 들어오지 않는다는 점이다. 어느새 기준선이 이은대 작가의 강의가 되어버린 것이다. 이은대 작가는 늘 강조했다.

"일단 써라."

그 말대로 컴퓨터 앞에 앉기는 했으나, 무엇을 써야 할지 생각만 하고 있다.

"커피숍에 앉아서 친구에게 말하듯 써라."

이건 조금 더 쉽게 다가왔다. 하지만, 또 쓰려고 하니 손이 멈췄다. 그렇게 몇 주가 흘러갔다. 시작도 하지 못하고 있었다. 수업 듣는 게 그저 좋아서 듣기만 했다. 정작 글쓰기 수업을 듣고도 한자도 쓰지를 못하고 있었던 셈이다. 그러다 하지정맥 수술을 받게 되었고 일주일이라는 휴식이 나에게 주어졌다. 남편은 출근하고, 아이는 유치원에 가서 집안은 조용하다. 일상에서 잠시 벗어나 나만의 시간이 주어지니 내가 글을 쓰려는 이유가 궁금해졌다.

나는 왜 글을 쓰려고 하는 걸까? 그에 대한 답을 찾는 게 먼저였다. 우선, 주변에서 책을 출간하는 사람들이 한 명 두 명씩 생기니 신기했다. 솔직히 작가라는 이름을 가져보고도 싶었다. 그러다가 우연히 이은대 작가의 저자강연을 듣게 되었고 나도 글을 써보고 싶다는 막연한 생각이 들어서 글쓰기 수업을 신청하게 되었다. 수업을 들으면서 나도 할 수 있겠다는 구체적인 그림도 그려졌다. 하지만, 단지 그것뿐이었을까? 내가 글을 쓰려고 하는 이유가? 컴퓨터 앞에 앉아 생각에 잠겼다.

내가 진짜로 글을 쓰고 싶은 이유. 그것은 '치유'였다. 이은대 작가의 이야기대로라면 글을 쓰는 것에는 '치유의 힘'이 있다고 했다. 그 말을 확인하고 싶은 마음이 가장 컸다. 글을 쓰려고 마음을 먹었을 때가 경제적으로나 육체적으로 나 자신이 완전히 지쳐있을 때였다. 뭔가 대책을 찾고 싶었다. 어쩌면 너무 힘이 들어서 어디라도 매달리고 싶은 마음이었다고 하는 게 정확한 표현일지도 모르겠다.

조심스럽게 나의 이야기를 한 자 한 자 적어 내려가기 시작했다. 내가 가장 심적으로 힘이 들 때를 떠올려 봤다. 남들이 보기에는 어떨지 몰라도 나에게는 가장 고통스러운 순간들이 보였다. 어느 때보다 불평등하게 느껴지던 세상. 그 세상을 바라보던 나의 마음을 솔직하게 쓰고 싶었다. 글을 어느 정도 쓰고 다시 읽어 보니 걸리는 것이 많았다. 우선 주변 사람들이 신경이 쓰였고, 나의 치부를 드러내는 것 같아 불편했다. 그래서 썼던 글을 전부 지웠다. 이렇게 글을 쓰고 지우기를 반복하다가 보니 진척이 되지를 않았다.

그러다 문득 주변을 살펴보니 알코올 중독자였고 파산자였고 전과자였던 그분의 이야기가 다시 내 눈에 들어왔다. 나는 도대체 뭐가 그리 두려운 것일까? 또다시 나의 이야기를 덤덤하게 써보기로 했다. 우선 잘 써야겠다는 마음을 내려놓았다. 그동안 있었던 기억을 따라갔다. 제삼자적 관점이 되어 내가 나를 바라보았다. 침대에서 울고 있는 내가 제일 먼저 보였다. 기운이 없어 보였다. 희망도 버린 듯 보였다. 천천히 기억을 따라갔다. 왜 힘이 들었는지, 언제부터 울게 되었는지, 그 마음을 알아보기 시작했다. 열심히 산만큼의 보상을 받지 못해서 억울해 보였다. 그럴 수 있다고 나의 마음을 알아주었다. 어린 시절에 상처받았던 이야기를 꺼낼 때면 나도 모르게 눈물이 났다. 혼자 외롭게 보냈던 그 시간들이 떠올랐다. 그 작은 아이에게 등을 쓰다듬어 주고 싶었다. 그렇게 한 장 두 장이 완성되기 시작했다.

하나의 주제를 쓸 때마다 과거의 나를 만났다. 나는 늘 행복해 보이지 않았다. 늘 사랑에 목말라 있었고, 이렇다고 하게 잘하는 것도 없었다.

난 늘 그저 그랬다. 있어도 없어도 표시가 나지 않는 사람. 늘 존재감은 없었고, 그렇다고 성격이 원만한 것도 아니었다. 제삼자적 관점에서 바라본 나는 참 별로인 사람이었다.

그렇게 이야기를 완성하다가 보니 갑자기 드는 생각이 있었다. 이런 평범하고 진부한 이야기를 누가 읽으려고 할까? 이건 그냥 내 일기장이나 다름이 없는 것 아닐까? 이런 이야기가 책으로 나올 수가 있을까? 지극히 개인적이고 우울하며 평범한 일들이 소재가 될 수 있을까? 갑자기 생각이 많아지기 시작했다. 더구나 다른 사람들의 멋진 특강을 듣고 나니 더는 글쓰기를 계속할 자신이 없어졌다. 생명을 구하는 멋진 소방관 이야기를 글로 쓴 분도 있었다. 그 정도는 되어야 책이 될 수 있겠다는 생각이 들었다. 그런 생각에 미치니 몇일 동안은 아무것도 쓸 수가 없었다. 고민하다가 사부에게 한 통의 문자를 보냈다.

"너무 평범해서 진부한 내용도 책이 될 수 있을까요?"

조금 후 답장이 왔다.

"송주하님, 이야기가 특별하기 때문에 쓰는 게 아닙니다."
"세상에는 소방관도 있지만, '송주하'라는 사람도 있다는
 사실을 보여주세요."

몇 번을 다시 읽어 보았다. '나라는 사람'. 생각해 보니 맞는 말이었다. 세상에는 잘난 사람들이 넘쳐난다. 스펙 좋은 사람도 많고, 집안 좋은

사람들도 많다. 외모도 너무 예쁘고 멋져서 사랑받는 사람도 있다. 게다가 경제적 능력이 좋아서 돈도 잘 버는 사람들도 많다. 하지만, 세상엔 늘 '1등'만 존재하는 것은 아니다. 1등보다는 '평범한 등수'의 사람들이 훨씬 많다. 특별하게 살아가는 사람도 있겠지만, 대부분은 나처럼 보통의 일상을 살아가는 사람도 많을 거라는 생각이 들었다. 나처럼 자신을 못났다고 느끼는 사람들에게 내 이야기를 해도 되겠다는 생각이 들었다. 그런 생각이 드니 조금은 힘이 났다.

다시 글을 쓰기 시작했다. 과거의 나를 또다시 마주 보게 되었다. 나의 큰 문제는 너무 '낮은 자존감'과 '수많은 열등감'이었다. 나는 나 자신을 사랑한 적이 한 번도 없었다. 그게 늘 불만이었다. 나의 환경도 그저 그랬고, 공부도 중간쯤이었다. 늘 평범함. 그 자체. 한 번도 끈기 있게 해내 온 일이 없었고 체력도 좋지 못하다. 조금만 무리를 해도 피곤함을 쉽게 느낀다. 게다가 난 한 번도 내가 운이 좋다고 느낀 적이 없다. 자존감을 높여 보려고 인터넷 검색을 해보기도 했다. 자신에게 맛있는 음식을 대접해보라고 해서 따라 해보기도 했다. 하지만, 잠시뿐이었다.

'자존감'에 관계된 책도 몇 권 사서 읽어봤지만, 전혀 도움이 되지 않았다. 나는 늘 인생의 실패자라는 생각이 들었다. 그래서 잘 나가는 사람들이 부럽고 늘 열등감에 시달렸다. 나는 왜 저렇게 못 할까? 나는 왜 안 될까? 하는 질문들이 늘 나를 괴롭혔다. 나는 이 세상에 왜 태어난 걸까? 사람들은 저마다 각자의 보석을 가지고 태어난다는데 다 허무맹랑한 이야기처럼 느껴졌다. 하지만, 늘 이렇게 불만만 이야기하면서 살 수는 없는 노릇이었다. 나마저도 나를 사랑하지 않으면 내 인생이 너무 가엾지 않은가…

아이의 탈모 사건으로 인해 우선 내가 행복해져야겠다고 마음을 다잡았다. 모든 엄마들이 다 그러하겠지만 아이는 확실한 동기부여가 된다. 있는 그대로의 나를 바라보기로 했다. 글을 쓰는 동안 조금 더 객관적인 나의 모습이 보였다. 나는 단점이 많은 사람이다. 억지로라도 장점을 생각해 보기로 했다. 평소 해본 적이 없어서 장점을 끄집어내는 일이 쉽지 않았다. 자화자찬을 하는 것 같아 익숙하지 않았다. 장점 하나를 생각해내는 데도 꽤 오랜 시간이 걸렸다. 겨우 하나가 떠올랐다. 아주 사소한 일이긴 하지만 남의 이야기를 잘 들어 주는 장점이 있었다. 하는 일의 특성상 그렇기도 했지만, 누군가 이야기를 하면 흘려듣지 않으려고 노력을 하는 편이다. 하나를 생각하고 나니 또 하나가 떠올랐다. 약속 시간을 잘 지키는 편이다. 약속이 있으면 십분 먼저 도착하려고 노력한다. 이렇게 나의 장점을 하나씩 찾아갔다. 글쓰기를 시작하면서부터 가능해진 일이다. 글쓰기를 시작하면서부터 나는 어느새 다른 사람과 나를 비교하는 삶에서 벗어나 오롯이 나의 삶에 집중하기 시작했다.

최고의 수면제

몇 달째 이어지던 불면증은 나를 점점 더 나락으로 떨어뜨리고 있었다. 결국 남편과 상의해서 수면제를 처방받기로 하고 병원을 알아보고 있었다. 그날 밤도 여전히 새벽 두 시에 거짓말처럼 눈이 떠졌다. 열두 시가 넘어 뒤척이다가 잠이 들었으니 한두 시간 설 잠을 자고 일어난 것이다. 다시 자려고 노력했지만, 머릿속은 점점 더 선명해지는 것 같았다. 자려고 온갖 방법을 다 동원해 봤지만 허사였다.

그러다 우연히 눈에 보인 책 한 권, 『인생의 차이를 만드는 독서법 본깨적』박상배 지음/예담 펴냄이라는 책이었다. 이전에 서점에 들렀다가 사두었던 책이다. 박상배 작가의 책은 우리가 지향해야 할 독서법을 이야기하고 있었다. 무엇보다도 작가의 개인적인 이야기가 마음을 울렸다.

그는 결혼한 지 2년째 되는 해에 예쁜 딸아이를 얻었다. 세상을 다 가진 듯 기뻐했지만, 아이의 성장 속도는 느렸고, 아이는 뇌성마비 1급이라는 장애 판정을 받았다고 했다. 불행은 한꺼번에 찾아오는 법이었는지 주식계좌 10억을 친구에게 맡겼는데 그것을 들고 친구가 사라져버렸다. 형제보다 더 믿는 친구에게 배신당한 것이다. 상황이 그렇게 되니 작가는 서른다섯 살의 인생을 마감하기 위해 한강을 찾았다고 했다. 죽기 전 마지막으로 가족사진을 보고 싶어서 휴대폰을 열었는데 아내가 보낸 문자가 눈에 들어 왔다고 했다.

"지금보다 빚이 열 배가 많아도 좋으니
 옆에 있어 줘요."

차마 그 문자를 보고 다리에서 뛰어내릴 수 없었다고 담담하게 이야기하고 있었다. 그 길로 택시를 타고 집으로 돌아왔지만, 현실은 크게 변하지 않았다. 그래서 울고 또 울었다고 한다. 그렇게 한참을 울다가 문득 자신처럼 죽으려고 했던 사람들은 어떻게 살았을까? 하고 궁금해 졌다고 했다. 혹시 책이라면 그가 원하던 이야기가 있지 않을까 하여 그 길로 씻지도 않고 동네서점으로 갔다고 했다. 그때 고른 책이 바로 천호식품 김영식 회장의 『10미터만 더 뛰어봐』 김영식 저/21세기북스 펴냄 라는 책이었다고 했다. 그 시간을 계기로 책을 열심히 읽게 되었고, 이후 그는 다른 삶을 살게 되었다는 이야기였다.

시간이 가는 줄 모르고 푹 빠져서 책을 읽고 있었다. 고개를 들어 시계를 보니 어느새 새벽 5시 정도가 되어있었다. 꼼짝하지 않고 책을 읽어서 인지 피로감이 몰려왔다. 침대로 가서 누웠고 나는 뒤척임 없이 잠에 빠져들었다. 그다음 날도 역시나 새벽에 눈이 떠졌다. 평소 같았으면 TV를 켜서 멍하게 본다든가 억지로 눈을 감고 자려고 애썼겠지만, 곧바로 책상으로 가서 앉았다. 어제 보던 『본깨적』 책을 다시 꺼내 들었다. 그 뒤의 이야기가 궁금했다. 또다시 집중해서 책을 읽기 시작했다. 새벽 시간이라서 그런지 오히려 책에 더 집중이 잘 되었다.

담담하게 이야기하듯 쓴 박상배 작가의 책이 나도 모르게 위로가 되었다. 십억을 날리고도 저렇게 사는 사람도 있는데… 아이가 그렇게 아픈 사람도 있는데… 나는 뭐가 그리 힘들다고 침대에 힘없이 누워만 있었나 싶었다. 나만 제일 힘들다고 생각했는데 막상 다른 사람의 이야기를 들어보니 나는 그렇게 힘든 것도 아니었다. 그다음 날도 여전히 새벽에 눈이 떠졌다. 하지만, 예전만큼 그리 괴로운 마음이 들지는 않았다. 더 이상 자려고 애쓰지도 않았다. 나는 또 다른 작가들을 만나야 했기 때문이다. 그렇게 읽기 시작한 책은 한 권, 두 권이 되고 세 권이 되어가기 시작했다. 예전에도 서점에 가는 것을 좋아해서 가끔 독서를 했지만, 이때부터는 하루도 빠지지 않고 책을 읽기 시작했다. 책을 읽으니 재미도 있었지만, 무엇보다 몸이 피곤해졌다. 책을 읽는 것은 생각보다는 많은 에너지를 필요로 했다. 그러니 자연스럽게 잠이 오기 시작했고 그렇게 한 달쯤 지났을 무렵에는 더 이상 새벽에 일어나는 일이 없어졌다. 나는 수면제의 도움 없이 스스로 자는 방법을 터득한 것이다.

그때부터 책에 점점 더 빠져들기 시작했다. 책장에 꽂힌 책들은 대부분 누군가의 성공 스토리이거나 부동산 개발 관련 책, 경매와 공매 관련 책 또는 주식 책… 그것도 아니면 우리나라의 부자들에 관한 책이 대부분이었다. 책을 보니 내 삶의 초점이 어디로 향해있는지가 그려졌다. 이런 이유 때문에 예전부터 일부러 독서 모임을 참석하고 있었다. 매일 책을 읽기 시작하면서부터는 빠지지 않고 독서 모임에 참석하려고 노력하고 있다. 자력으로는 절대 읽지 않을 것 같은 고전이나 두꺼운 책들도 읽어 나갔다. 모임에 참석을 하려면 완독을 해야 하니 억지로라도 읽는 것이다. 책장에 책들이 하나씩 쌓여갔다. 전에는 인터넷 쇼핑 장바구니에 옷이나 잡화류가 주를 이루었다면, 지금 나의 장바구니에는 읽어야 할 책들로 가득하다. 쇼핑의 우선순위가 완전히 바뀌어 버린 것이다.

책을 보면서 불면증이 조금씩 좋아지던 그즈음 집에서 가까운 도서관에 가서 회원 등록도 했다. 도서관은 지은 지 오래되지 않아 건물이 깨끗했다. 생각보다 큰 규모였다. 가까운 곳에 이런 천국 같은 곳이 있었는데 그동안 왜 관심을 두지 않았을까 싶었다. 회원증을 만들고 들어가서 입구에 놓인 컴퓨터로 책을 검색했다. 책이 어디에 있는지 보기 쉽게 책의 일련번호가 화면에 표시되었다. 그 번호를 따라가서 책을 발견할 때는 보물찾기하는 기분이 들기도 했다. 군데군데 있는 의자에 걸터앉아 책을 읽고 있는 사람들이 많았다. 어딘가에 푹 빠져 있는 그들의 모습이 인상적이었다. 그들에게 방해되지 않게 조심스럽게 발걸음을 옮겼다.

문득 책에서 봤던 한 구절이 떠올랐다. 우리가 백세 인생을 살면서 하루도 쉬지 않고 책을 읽는다고 가정을 해도 도서관에 있는 책의 아주 일부분만 읽고 저세상으로 간다는 것이다. 그 말이 딱 맞는 것 같았다. 도서관에 수없이 많이 꽂힌 책을 보면서 지금부터 부지런히 읽어도 아주 일부 밖에 는 못 보겠구나 싶었다. 그렇게 생각하니 괜히 마음이 급해지기도 했다. 그때 도서관에서 다짐했다. 도서관에 있는 모든 책은 다 읽지는 못하고 죽겠지만, 그래도 꼭 읽어야 하는 책은 무조건 읽어보리라 하고 말이다. 세 권 정도 책을 고르고 나오는데 기분이 그렇게 좋을 수가 없었다. 뭔가 나만의 포근한 아지트를 발견한 기분이 들었다.

요즘은 조금 두껍고 줄을 그어 몇 번이나 다시 읽어야 하는 책은 사서 읽고, 얇은 책이거나 내용이 어렵지 않거나 간단한 소설류는 도서관을 이용한다. 신기한 점은 책을 열심히 읽기 시작하니 주위에 만나는 사람들도 책을 좋아하거나 열심히 읽는 사람들만 만나게 된다는 점이다. 사람은 역시 관심사가 비슷한 사람들끼리 만나는 것을 좋아하나 보다. 그러니 자연스럽게 글을 쓰는 것까지 관심을 두면서 글쓰기 수업까지 연결이 된 것이다. 요즘은 일하는 시간을 제외하면 대부분 시간을 책을 읽거나 글을 쓰면서 시간을 보낸다. 그 시간이 너무나 마음이 편안하다. 어려운 책을 읽을 때는 집중력이 떨어지기도 하는데 그럴 때는 재독을 해야겠다고 생각하고 가볍게 읽으려고 한다.

책을 읽는 삶이 되고부터 누가 시키는 것도 아닌데 나 혼자 바쁘다. 스스로 약속한 분량이 있으니, 그걸 지키기 위해 바쁜 것이다. 그러니 하루가 금방 간다. 나의 가장 큰 문제였던 남과 나를 비교하는 나쁜 습관이 조금씩 사라지고 있었다. 좀 더 정확하게 말하면 내가 바쁘니 남과 나를 비교할 시간이 없다. 비교하는 마음이 사라지니 스트레스까지 줄어들었는지 어느새 나는 머리만 닿으면 잠이 든다. 너무 잘 자는 나의 모습을 생각하면서 얼마 전까지 새벽마다 일어나서 귀신처럼 집을 어슬렁거리며 괴로워했던 내가 맞는지 싶었다. 수면제를 먹기 전에 불면증을 치료하는 나만의 방법을 찾게 되어서 다행이라는 생각이 들었다.

잠을 못자는 고통은 겪어본 사람만이 안다. 일단 머리가 어지럽고 아프다. 신경이 예민해지고 잠을 못 자서인지 화가 많아진다. 밥을 먹어도 맛있는지 모르고, 늘 피곤하니 사람을 만나서 이야기를 해도 집중이 되지 않는다. 잠을 잘 잔다는 것이 이렇게 중요한 일인지 불면증에 걸리기 전에는 미처 몰랐다. 혹시 불면증 때문에 힘들어하는 사람이 있다면 책을 읽어 보라고 권하고 싶다. 어려운 책이 아니어도 된다. 마음을 위로해주는 책도 좋고, 자신이 좋아하는 분야의 어떤 책이라도 좋다. 나에게 있어서 최고의 수면제는 바로 책이었다. 불면증에 시달리는 모든 사람들이 오늘부터라도 '책'이라는 건강한 수면제를 이용하기를…

독서일기 I

예전에는 미처 몰랐다. 기록의 중요성을. 매일 책을 읽기 시작하면서 노트에 요약을 시작했다. 책을 다 읽고 나면 내용이 가물거릴 때가 많아서이다. 중요한 문구나 외우고 싶은 문장이 나오면 노트에 옮겨 적는다. 다시 글로 쓰니 머릿속에 오래 남았다. 나중에 책을 다시 볼 때 노트를 꺼내 보면 도움이 될 것 같았다. 하지만, 노트는 문제가 많았다. 매일 가지고 다녀야 하는 번거로움이 있어서다. 볼펜으로 한 글자 한 글자 눌러 적으니 손도 아팠다. 어떤 날은 노트를 집에 두고 오는 적도 있으니 독서 노트는 분명 한계가 있어 보였다. 그때 생각한 것이 '블로그'였다. 주변에서도 이미 많이 하고 있었는데 그때까지만 해도 블로그의 편리함을 알지 못했다. 하지만, 어딘가 메모는 해야겠고 매일 안 들고 다녀도 되는 것. 그리고 글쓰기가 편리한 것을 생각해 보니 블로그만한 것이 없었다. 게다가 나중에 그 책을 검색만 해도 내가 책을 보고 느낀 점을 바로 찾아볼 수 있으니 여러모로 좋을 것 같았다.

불면증 치료의 시작점이 되었던 책, 『본깨적』을 시작으로 책을 한 권씩 읽을 때마다 느낀 점들을 적어나갔다. 책을 다 읽고 독서일기를 적기 위해 다시 발췌독을 해야 하니 책을 두 번 읽는 느낌이 들었다. 기억하고 싶은 문장도 적어보고, 느낀 점도 간단하게 적어보았다. 책을 그냥 읽고 덮었던 예전과는 확실히 책을 보는 시선이 다르게 다가왔다. 독서일기를 시작하기 전에는 책을 읽다가 끝까지 안보는 경우가 허다했다. 하지만, 독서일기를 시작하고부터는 되도록 마지막 장까지 읽으려고 한다. 그게 가장 크게 변화된 점 중에 하나다. 독서일기를 적으려면 완독이 기본이라고 생각했기 때문이다. 책의 마지막 장을 덮을 때마다 묘한 성취감이 느껴졌다. 뭔가 하나를 이룬 기분. 아주 작은 성취였지만, 일상에 지쳐있던 나에게는 그것마저도 소중한 감정이었다. 왜 예전부터 독서일기를 적지 않았을까 하는 아쉬운 마음도 들었다.

독서일기를 적고 나서부터는 책의 중요한 부분을 요약하는 습관이 생겼다. 나중에 블로그에 옮겨 적을 것을 생각해야 하니 요약은 필수였다. 그리고 책에 대한 내 느낌을 대략적이라도 써야 하니 자동으로 글쓰기 연습도 되는 느낌을 받았다. 요약과 글쓰기를 같이 연습하는 동시에 나의 독서목록이 보기 좋게 정리되고 있었다. 기록하지 않으면 아무것도 남지 않는다. 눈으로 훑어봤던 책으로 끝나는 경우가 많았지만, 기록의 중요성을 알고 난 후부터는 사진을 자주 찍는다. 책의 사진을 찍는 기본이고, 순간적으로 다가오는 일상의 기쁨, 아이와의 하루, 좋은 풍경 등을 자주 사진에 담기 시작했다. 사진 역시 하나의 기록이 된다. 기록을 남기기 시작하니 그저 흘러가기만 하던 나의 삶이 어느 순간 특별해지는 느낌을 받았다.

독서일기의 또 다른 장점은 동기부여가 된다는 것이다. 독서일기 폴더 안에 책 표지의 사진이 많아질수록 더 열심히 읽게 되었다. 인증샷을 찍는 재미가 생기니 더 많이 읽고 싶은 마음도 생겼다. 내가 읽은 책을 모두 한눈에 볼 수 있으니 책 편식이 없도록 조절해 가면서 읽을 수도 있었다. 자기 계발 분야의 책을 읽었다면, 다음 책은 일부러 같은 분야의 책을 피해 경제 관련 책을 보거나 고전을 선택해서 읽는다. 그렇게 의식적으로 선택하다 보니 다양한 분야의 책을 접할 수 있었다.

할 엘로드가 지은 『미라클 모닝』 할 엘로드 지음/김현수 옮김/한빛비즈 펴냄을 보면서 아침 시간의 소중함을 알게 되었다. 요즘 내가 새벽에 일어나 하는 모든 일에는 『미라클 모닝』에서 추천한 것들이 많다. '명상하기'를 한다든가 새벽에 '독서 하기', '일기 쓰기', '간단한 운동' 등이 그것들이다. 『본깨적』 책을 본 이후로 책에서 나온 내용을 하나라도 내 것으로 만들려고 노력하는 중인데 생각보다 많은 것을 실천하고 하고 있다. 박상배 작가의 삶의 이야기는 실제로 나에게 많은 힘이 되기도 했다. 이지성 작가의 『에이트』 이지성 지음/차이정원 펴냄를 보면서는 앞으로 우리가 인공지능 시대에 어떻게 살아갈 것인가에 대해 진지하게 고민할 수 있는 기회가 되었다. 특히 아이의 진로와 연결해서 읽으니 더 많이 와 닿았다. 미래에 사라질 수많은 직업군에 대해 걱정도 되었다. 앞으로 우리 아이는? 그리고 나는 어떤 일을 하는 사람이 되어야 하는가에 대한 고민이 깊어졌다. 인공지능 시대가 되면 약사라는 직업이 가장 먼저 사라질 수도 있다고 한다. 기계화가 진행되면 인간 약사보다 정확하게 약을 조제해 주는 시스템이 생겨난다는 것이다. 그렇다면 무조건 약학대학이 최고라고 생각하며 진학하는 것이 맞나 하고 질문하게 된다. 게다가 단순 반복적으로 하는 모든 일이 인공지능으로 대체될 가능성이 가장 크다고 하니 직업을 선택할 때 고려해야 할 부분이었다.

독서 모임에서 선정된 책이라 내 의지와 상관없이 읽었던 『괴테와의 대화』 요한 페커 에커만 지음/민음사 펴냄도 인상 깊었다. 책이 두꺼워 완독 하는 것이 쉽지는 않았지만, 책을 읽는 동안 괴테가 바로 내 앞에서 이야기하고 있다는 느낌이 들었다. 그의 생활과 사상을 함께 있던 에커만의 글을 통해 만날 수 있었다. 이제 괴테라는 단어가 나오면 괜히 아는 척하고 싶어질 것 같았다. 부정적인 것은 제로라는 그의 생각에 전적으로 동감이 된다. 모든 분야에 관심이 많았던 괴테는 진지한 관찰자이기도 했다. 관심을 가지고 주변을 바라보는 것. 그것 역시 사랑에서 비롯된다.

『청소력』 마스다 미쓰히로 지음/나무한그루 펴냄 이라는 책은 내 주변의 정리 정돈이 얼마나 중요한지를 깨닫게 해주었다. '청소력'을 읽고 난 이후부터는 일부러 정리 정돈을 더 하려고 노력 중이다. 미즈노 남보쿠의 『절제의 성공학』 미즈노 남보쿠 지음/바람 펴냄을 보고 나서는 '팔복부'를 실천하려고 노력 중이다. 음식을 배에 가득 찰 때까지 먹지 말라는 의미다. 가끔 과식할 때도 있지만, '팔복부'를 늘 머릿속으로 기억하고 있다. 요즘은 먹는 양을 조금씩 줄여가는 중이다. 내가 평소 얼마나 생각 없이 먹기만 했는지 반성이 되는 부분이기도 했다.

너무나 유명한 책인 『화성에서 온 남자 금성에서 온 여자』 존 그레이 지음/ 김경숙 역/동녘라이프 펴냄는 너무 좋았던 기억이 있어서 재독을 하게 되었 는데 독서일기를 쓰면서 다시 한번 정리가 되었다. 남성의 언어와 여성의 언어가 다르다는 것. 그것을 알고 난 후부터는 화가 나는 일이 줄어들었다. 남편과의 대화에서 '왜 그럴까?' 하는 부분이 '언어가 다르니 그럴 수 있구나!'라고 생각이 바뀌었다. 그렇게 생각을 바꾸니 사이가 더 좋아진다는 느낌을 받았다. 또 남자들은 문제가 생기면 동굴로 들어간다는 부분이 인상적이다. 여자는 문제가 생기면 수다로서 문제 해결을 해야 하는데 남자들은 정반대로 동굴로 들어가려고 하니 틀린 것이 아니라 다른 것이었다. 이런 경우 여자들은 남편이 자신을 무시한다고 느끼는 경우가 많은데, 그게 아니라는 것을 알고부터는 기다려주는 것이 현명한 방법임을 깨달았다.

일상생활을 하면서 가장 많은 도움을 받은 책 중에 하나를 말해보라면 『최고다 내인생』 이은대 지음/더로드 펴냄을 꼽을 수 있다. 『최고다 내인생』은 글쓰기 사부의 책이다. 막노동을 하면서 피곤한 몸으로 글쓰기에 전념했던 이야기를 덤덤하게 그려내고 있다. 특히나 불에 탄 축사를 치우는 장면이 인상적이었다. 일용직이라 어디를 가는지도 모르게 도착한 곳이 하필이면 불이 난 축사였던 것이다. 역겨운 냄새와 참담한 상황이 그대로 머릿속으로 그려졌다. 도저히 못하겠다고 생각해서 일당을 포기하려는 순간 모든 것을 잃은 축사 주인의 모습을 보고 발길을 돌려 일을 하게 되었다는 일화였다. 그런 힘든 일상을 살아내면서도 하루도 빠짐없이 글을 썼다고 하니 감탄사가 절로 나온다. 그만큼 글쓰기가 매력이 있나 싶은 마음이 들었다. 지금, 이 순간 사부의 이야기를 따라 글을 쓰고 있으니 이 책 또한 나에게 많은 영향을 준 것이 틀림없다.

가볍게 읽으려고 선택한 책이었던 『바보 빅터』 호아킴 데 포사다, 레이먼드 조 지음/전이수 그림/한경비피 펴냄는 많은 것을 느끼게 해준 책이다.

빅터는 자신이 IQ가 173이었는데 선생님이 잘못 이야기를 해주는 바람에 평생을 IQ73으로 생각하고 바보처럼 살아간다. 후에 국제 멘사 협회의 회장이 된 빅터의 이야기가 인상 깊다.

> "난 바보가 맞았어. 잃어버린 17년, 그동안 그 숫자에 갇혀 살았고 무시하는 사람들에게 속았고 세상에 속았어. 하지만, 인생의 책임은 타인의 몫이 아니었어."
> "나의 잠재력을 못 펼치게 한 건 바로 내 자신이었어."

빅터의 말은 오랫동안 내 마음에 남았다. 벼룩을 좁은 통에 넣고 한참을 두면, 벼룩은 통에서 나와서도 딱 그만큼의 높이만큼만 뛴다고 한다. 자신이 그것밖에 못 뛴다고 생각해서라고 한다. 나를 한정 짓는 건 바로 내 자신이었다. 나는 살면서 얼마나 나를 좁은 통 안에 나를 가두면서 살았는지 되돌아보는 시간을 갖게 해준 고마운 책이다.

최승필 작가의 『공부머리 독서법』 최승필 지음/책구루 펴냄도 많은 도움이 되었다. 아이의 교육에 대해 막연하게 불안한 그림을 그리고 있었는데 나만의 교육철학을 만들 수 있게 되었다. 최승필 작가의 말을 따르면, 어릴 때 아무리 뛰어난 아이라도 독서하는 능력이 받쳐주지 않으면 고등학교 때까지 지속적으로 공부해 나가는 데 어려움을 겪는다는 것이다. 처음에는 이게 무슨 상관관계가 있을까 했는데, 시험은 문제를 읽어내는 능력과 해결하는 능력이 합쳐져야 성적이 오를 수 있다는 것이 최승필 작가의 이야기였다. 문제를 읽고 해결하는 능력을 키우는 것에 가장 효과적인 방법은 글을 읽는 습관이었다. 아이가 커가면서 어떤 사교육을 시켜야 할까에 대해 고민을 하고 있던 찰나에 이 책을 만나게 되어서 다행이라는 생각이 들었다. 잠들기 전에 잠자리 독서를 실천한다든가 아이가 있을 때 텔레비전이나 핸드폰을 보는 모습보다는 책 읽는 모습을 많이 보여주려고 노력하는 중이다.

세상에는 참 좋은 책이 많다.
내가 알아차리지 못했을 뿐…

독서일기 2

이렇게 글로 적어보니 책으로 인해 내 삶이 달라지고 있는 것이 많았구나 싶다. 『타인의 시선을 의식해 힘든 나에게』 글배우 지음/21세기북스 펴냄 에서 많은 위로가 되는 문장도 발견했다.

> "그래서 이제는 불안한 만큼 내 삶에 최선을 다하기로 했습니다. 시간이 지날수록 더 멋지게 변하기 위해, 과거의 안 좋은 이야기를 계속 생각하지 마세요. 그건 이제 끝난 이야기입니다. 지금은, 오늘은 새로운 이야기를 쓸 차례입니다"

문장을 읽는데 눈물이 났다. 이 문장은 나에게 너무 많은 위로를 주었다. 과거에 더 이상 얽매이지 말고 현재를 살아가라는 조언처럼 느껴졌다. 내 삶은 너무나도 불안했고 내일이 막막했다. 늘 다른 사람의 눈을 의식하면서 살아온 것이 내 문제였다. 이 문장은 카톡 프로필에 저장해 놓고 필요할 때마다 꺼내서 보는 중이다.

또 잊을 수 없는 책 중 하나가 칼 세이건의 『코스모스』 칼 세이건 지음/ 홍승수 역/사이언스북스 펴냄이다. 읽은 책 중에 무한대에서 무한소까지 아우르는 가장 광범위한 분야를 다루고 있는 책이 아닐까 싶다. 코스모스는 재독을 하고 있는데 재독을 하니 또 다르게 다가온다. 『공부머리 독서법』의 최승필 작가도 일곱 번 가까이 봤다고 하더니, 나 역시 평생을 두고 한 번씩 꺼내 볼 것 같다는 생각이 드는 책이다. 과연 인간은 어디에서 왔을까 하는 기본적인 질문에서부터 빅뱅 이전에는 우주가 어떤 모습으로 존재했을까? 과연 신은 존재하는 것일까? 창조론이 맞는 걸까? 진화론이 맞는 걸까? 하는 질문을 끊임없이 하게 만든다. 우주가 생성되는 모습이 신기했고, 인간의 끊임없는 연구에 감탄했다. 빛의 속도는 1초에 지구의 일곱 바퀴 반을 돈다고 한다. 여기서 자주 언급되는 거리의 단위인 '광년'은 빛이 일 년 동안 진공 속에서 이동한 거리라고 하니, 그 거리가 얼마나 멀리 떨어진 것인지 가늠조차 되지 않았다. 드넓은 우주 속에는 하나의 점처럼 '라니아케아'라는 초은하단 있다. '라니아케아' 안에 또다시 점처럼 자리 잡고 있는 '처녀자리' 초은하단이 있고, '처녀자리' 은하단 안에 하나의 점인 '국부은하군'이 있다. '국부은하군' 안에 또다시 점처럼 존재하는 것이 우리의 은하다. 우리의 은하 안에 '태양계'가 있고, '태양계' 안에 지구가 있는 것이다. 너무 광범위한 우주를 생각하니 숨이 막힐 지경이다. 우리 인간은 티끌만도 못한 작은 존재가 아닌가 싶었다. 아니 티끌이라는 표현을 쓰기도 무색하다. 이 세상은 얼마나 넓은 것일까? 아직도 인류가 풀지 못한 숙제들이 차고 넘친다. 우리가 안다고 이야기하는 것들이 얼마나 작은 의미인지도 깨닫게 된다. 우주는 늘 그곳에 있었다. 단지 우리가 발견하지 못했을 뿐. 몇억 광년이 기본인 별들의 나이를 보고 있자니 인간의 100년 인생은 얼마나 짧은가 싶다. 그것도 사고사 없이 아프지 않고 건강하게 살았을 때의 이야기다.

우주를 알면 알수록 저절로 겸손해지는 건 나 뿐만은 아닐 것이다. 너무 전문적인 과학 이야기까지 100% 이해는 못 했지만, 많은 질문을 던지게 하는 책임에는 틀림이 없다.

마음속에 오래 남아있는 책은 또 있다. 바로 『죽은 자의 집 청소』 김완 지음/김영사 펴냄라는 책이다. 특수청소 전문가가 쓴 이 책은 삶과 죽음에 대해 많은 생각을 하게 해준 책이다. 책을 읽기는 그리 어렵지는 않았다. 작가의 일상을 따라가며 나도 그곳에서 함께 유품을 정리하는 기분이 들었다. '고독사'하든지 '자살'로 생을 마무리하든지 그 끝은 언제나 우울하다. 특히나 고독사의 경우 우리는 하나의 물질에 불과하다는 생각이 절로 들었다. 사람이 죽으면 제일 먼저 피와 물이 나온다고 했다. 사람의 몸에 수분이 70% 차지한다는 사실은 알고 있었지만, 막상 죽은 자의 마지막 모습을 떠올려 보니 결국 흙으로 돌아간다는 말이 틀리지 않음을 알 수 있었다. 유품을 정리하려고 옷장을 열어 보는데 여름옷 몇 벌과 겨울옷 몇 벌이 전부인 사람도 있었다. 과연 죽은자에게 인생은 어떤 의미였을까? 밀린 공과금 때문에 전기 공급이 끊긴다고 한전에서 통보한 날짜에 생을 마감한 사람도 있었다. 얼마나 사는 게 힘이 들었을까? 마음이 무거워지는 순간이었다. 살아 있는 사람의 공간에서도 특수청소를 한다고 했다. 집을 쓰레기 산으로 만들어 자력으로는 도저히 치울 수가 없어 도움을 요청하는 것이다. 어떤 집은 청소를 의뢰받아 갔는데, 문을 열어 보니 그곳엔 소변이 가득 담긴 페트병이 5,000병 정도 놓여 있었다고 했다. 살아도 사는 것 같지 않는 인생을 사는 사람도 많구나 싶었다. 『죽은 자의 집 청소』를 읽으면서 너무 더러워서 인상이 써지기도 하고, 때로는 죽은 자의 삶이 안타까워 눈물이 나기도 했다. 사는 게 너무 힘들다고 늘 생각해 왔는데 이 책을 읽고 나서는 살아있음에 감사하는 마음이 들기도 했다. 그만큼 네게 위로가 되어준 책이기도 하다.

그런 책이 또 있다. 리즈 머리의『길 위에서 하버드까지』리즈 머리 지음/ 정해영 역/다산책방 펴냄이다. 글쓰기 사부가 감명 깊게 읽은 책이라고 해서 호기심으로 읽어 보았던 책이다. 리즈는 부모님이 둘 다 마약 중독자이다. 나중에는 에이즈까지 걸리는데 두 분 모두 정상적인 삶을 살지 못한다. 정부에서 나오는 얼마 안 되는 보조금은 마약을 사는데 다 써버리는 무책임한 부모들이다. 어린 리즈가 다 떨어진 소파에 앉아 텔레비전을 보면 엄마와 아빠는 주방에서 주사기로 서로에게 마약을 놓아 준다. 그러면 둘은 한동안 환각상태가 되지만, 리즈는 늘 그래왔던 일이라 무심하게 빵을 먹으며 자기 할 일을 한다. 상황은 점점 더 안 좋아지고, 결국 부모는 시설에 들어간다. 그때부터 리즈는 길거리를 떠돈다. 오늘은 어느 집의 계단에서 자야 할 지를 고민하는 소녀다. 친구 집을 전전해가며 간신히 살아가던 그녀가 우연히 학교에 들어가고 좋은 선생님들을 만나기 시작하면서 완전히 바뀐 삶을 산다. 주변인이 얼마나 중요한지 알게 해주는 부분이다. 리즈에게 그 학교의 선생님이 없었다면 그녀는 지금쯤 어떻게 살고 있을까? 인생은 자기가 그려내기에 따라 달라진다는 것도 일깨워주었다. 이 책에서 나의 인생 문구를 발견했다.

> "주여, 바꿀 수 없는 것을 받아들이는 은혜와 바꿀 수 있는 것을 바꾸는 용기, 그리고 이 둘을 구분할 수 있는 지혜를 주소서!"

이 문장은 리즈의 엄마가 마약중독을 치료하는 시설에서 하는 기도문인데 나에게 너무나 큰 울림을 주었다. 이 문장에서는 내가 바꿀 수 없는 현실은 그대로 받아들이고 내가 할 수 있는 것에 집중할 수 있어야 한다고 말해주었다. 나는 지금까지 세상이 불공평하다고 늘 한탄만 해왔는데 그렇게 하는 것은 나에게 아무런 도움이 되지 않는다는 것을 깨우쳐주는 문장이기도 했다. 늘 세상을 탓하는 그 시간에 내가 바꿀 수 있는 것에 집중하는 삶을 살아보기로 다짐을 하는 계기가 되었다. 아마도 평생 이 문구를 마음속에 간직하며 살 것 같다.

용기가 되어준 책으로 꼽자면 빅터 프랭클의 『죽음의 수용소에서』 빅터 프랭클 지음/이시형 역/청아출판사 펴냄도 있다. 아우슈비츠에서의 끔찍한 생활을 견뎌낸 그의 이야기가 소설처럼 느껴졌다. 인간이 무슨 자격으로 150만 명에 가까운 유대인을 학살했던 것일까? 가스실이나 시체를 태웠던 소각장을 떠올리면 무섭다 못해 처참하기까지 하다. 그 지옥 같은 곳에서 살아남은 빅터프랭클, 그가 한 말 역시 잊을 수가 없다.

> "인간에게 모든 것을 빼앗아 갈 수 있어도 단 한 가지, 마지막 남은 인간의 자유, 주어진 환경에서 자신의 태도를 결정하고 자기 자신의 길을 선택할 수 있는 자유만은 빼앗아 갈 수 없다."

결국 주어진 환경에서 자신의 태도를 결정하고 길을 선택할 수 있는 자유로 인해 수용소 안에서 누군가는 성직자가 되고 누군가는 돼지가 되었다고 회상한다. 처참한 수용소 안에서도 상황을 어떻게 받아들일지 선택할 수 있는 건 결국 자신이었다. 세상이 힘들다고 느껴진대도 결국 선택은 자기 몫이었다. 적어도 현실이 아우슈비츠만큼 지옥 같은 곳은 아니지 않겠는가? 이 책을 읽으면서 히틀러의 만행이나 유대인 학살에 대해 찾아보는 계기가 되기도 했다.

평소 소설은 잘 보지 않지만,『나미야 잡화점의 기적』히가노 게이고 지음/양윤옥 역/현대문학 펴냄이나『달러구트 꿈 백화점』이미예 지음/팩토리나인 펴냄 같은 책을 읽으면서 책 편식을 없애려고 노력했다. 소설을 읽으며 지극히 현실주의자인 나를 좀 더 유연성 있게 만들기 위함이었다. 소설의 세계에서는 뭐든지 가능했다. 늘 현실 세계에서 빠져나가지 못하는 나를 다른 차원의 세계로 데려다 놓기도 했다. 예전에 비해 판타지에 대한 거부감이 없어진 점도 내가 달라진 부분이기도 하다.

이 외에도 도움이 되어준 책들이 참 많다. 이제 나는 죽을 때까지 책과 함께 할 것 같다는 생각이 든다. '독서일기'를 쓰면서 나도 조금씩 '성장'해가고 있다고 믿는다. 시작은 초라하나 인생의 끝자락에서 참 잘한 결정이었다고 이야기하는 날이 오지 않을까… 적어도 매일 책을 읽기 시작한 이후부터는 허투루 보내는 시간이 없다. 일할 때를 제외하고는 대부분 책을 본다.

아마도 책을 통해 수많은 저자를 만났고 그들의 말을 통해 너무 많은 위로를 받았기 때문일 것이다. 오늘도 나는 책을 읽고 독서일기를 쓴다. 내가 위로를 받았던 만큼 다른 사람들도 그런 경험을 해보길 진정으로 원한다. 적어도 세상을 바라보는 눈이 1도 이상은 달라져 있을 것이다.

루틴 만들기

멘토가 생기면 그를 따라 하고 싶은 마음이 제일 먼저 생긴다. 나 역시 그랬다. 할 엘로드의 『미라클 모닝』을 읽은 영향도 있었고, 무엇보다 멘토는 새벽 기상을 한다고 하니 나도 도전해보고 싶은 마음이 들었다. 새벽 기상을 실천하기 위해 실시간이 찍히는 사진 어플을 스마트 폰에 설치했다. 그리고 다음 날부터 일어난 시간을 사진으로 남기기 시작했다. 기록의 중요성을 알고 나서부터는 일일이 증거(?)를 남기는 중이다. 새벽 5시 반, 새벽 5시 15분, 새벽 4시 35분… 아침에 일어나는 시간이 들쭉날쭉했다. 어떤 날은 늦잠을 자서 빼먹는 날도 있었다. 그러다가 사부의 강의를 들으면서 기상 시간이 4시라는 것을 알게 되었고, 그날부터 나의 기상 시간도 새벽 4시가 되었다. 하루도 빠지지 않고 블로그에 일어나는 시간을 기록했다.

새벽 4시, 처음에는 눈이 떠지지 않아 눈을 감은 상태로 사진을 찍었다. 습관을 만들기가 쉽지는 않았다. 어떤 날은 내가 왜 굳이 이렇게 괴로워하면서까지 일어나려고 발버둥을 치려고 하는지 자문도 해봤다. 그에 대한 대답은 단 하나였다. 변화된 삶을 살고 싶다는 것. 지금까지 열심히 살아왔지만, 내 인생이 만족스럽지 않았다. 늘 현실은 나의 기대에 미치지 못했고 그저 살아지니 살아가는 날들이 많았다.

책을 읽고 멘토를 만나면서부터는 나도 뭔가 달라지고 싶다는 마음이 생겨났다. 정확하게 어떻게 변하고 싶다는 목표가 있었던 것은 아니었지만, 새벽 시간에 오롯이 나에게만 집중할 수 있는 시간을 만들고 싶었다. 새벽 4시를 기준으로 정하면서부터는 가급적이면 그 시간에 일어나려고 노력했다. 시작은 힘들었지만, 시간이 지날수록 자연스럽게 일어나게 되었다. 하지만, 정신이 돌아오는 데 시간이 걸린다는 것이 문제였다. 잠이 깨지 않으면 다시 잠이 들기도 했다. 이래서는 의미가 없는듯해서 방법을 찾기 시작했다.

일찍 잠을 깨기 위한 첫 번째 방법은 되도록 밤 11시를 넘기지 않고 잠자리에 드는 것이다. 12시에 자고 4시에 일어나보기도 했으나 머리가 멍해서 오히려 새벽 시간을 활용하는 것이 질적으로 떨어진다는 느낌을 받았다. 최소 5시간은 잠을 자야겠다고 생각했고, 밤 11시가 되면 잠이 오든 안 오든 잠을 자려고 노력했다. 밤 11시에서 새벽 4시, 어느덧 나의 수면 루틴과 기상 루틴이 만들어지기 시작했다.

잠을 깨기 위한 또 하나의 방법은 기상 인증사진을 찍고, 창문 밖으로 머리를 내어 새벽공기를 2~3분 정도 쐬는 것이다. 새벽 시간의 차갑고 상쾌한 공기는 정신이 번쩍 들게 했다. 물론 그 새벽에 길을 지나가는 누군가가 나의 모습을 봤다면 깜짝 놀랄 수도 있지만 말이다.

그래도 잠이 깨지 않으면 마지막으로 쓰는 방법은 요가를 하는 것이다. 스트레칭을 하고 나면 몸이 개운해지면서 잠이 달아나는 느낌을 받는다. 요가도 하다 말기를 반복했는데 지금은 하루도 빠지지 않고 하려고 나만의 루틴에 추가했다.

유튜브에서 '요가은'을 검색하면 차분하고 친절한 목소리의 선생님을 만나볼 수 있다. 조금 큰 거울 앞에 요가 매트를 펼쳐 놓고 스마트 폰을 켜고 영상을 보면서 선생님의 동작을 따라서 한다. 뻣뻣한 나의 몸이 선생님의 동작을 100%는 따라 하지는 못하지만, 몸이 스트레칭 되면서 개운해진다. 이렇게 일어나기 위한 세 가지 방법을 찾고 나니 새벽 4시 기상이 이제는 자연스럽게 몸에 스며들게 되었다. 책에서 보니 습관이 만들어지려면 보통 21일 정도가 걸린다고 한다. 나의 경우는 두 달 정도가 지나서야 알람 소리를 듣고 어렵지 않게 일어날 수 있었다.

그렇게 정신이 어느 정도 돌아오면 일기를 쓴다. 어디선가 일기는 저녁에 쓰는 것보다 새벽 일기가 좋다는 이야기를 보았다. 하루의 피곤함과 짜증이 녹아있는 시간에 쓰는 일기보다는 하루를 시작하며 개운한 마음으로 쓰는 일기가 훨씬 정신건강에 좋다는 조언이었다. 멘토 또한 늘 강조했던 일기 쓰기를 시작했다. 많이 쓰고 싶은 날도 있었고 정말 간단하게 쓰고 싶은 날도 있었다. 분량에 너무 얽매이지 않았다. 일기를 쓰면서 나의 요즘 관심사와 마음을 들여다볼 수 있는 시간을 가질 수 있었다. 요즘 나를 힘들게 하는 것이 무엇인지, 반대로 나를 기쁘게 하는 것은 무엇인지를 새벽 시간의 고요한 공기 속에서 차분히 적어 내려가 가다 보면 사느라 바빠서 미처 돌보지 못했던 나 자신을 보게 된다.

내 마음을 알아주는 일, 그것이 바로 일기 쓰기였다. 누가 보는 것도 아니니 솔직한 나의 기분을 있는 그대로 적었다. 제법 많이 써진 일기를 다시 꺼내 읽어 보니 그날그날 기분이 어땠는지 알 수 있었고, 내 삶에 어떤 일들이 일어났었는지를 되짚어 볼 수 있었다. 일기 쓰기는 이제 초등학생이 된 아들도 가졌으면 하는 습관이다. 내 생각을 글로 표현하는 일은 글쓰기 능력에도 많은 도움이 될 것 같았다. 무엇보다 자신의 삶을 하루하루 점검해 보는 시간을 가질 수 있다.

일기 쓰기가 끝이 나면 곧바로 '한자 漢字 쓰기'를 한다. 매일 독서를 시작하면서 어휘력을 위해 빼놓을 수 없는 것이 바로 '한자'라는 생각이 들었다. '한자'를 공부하고 싶은데 어떤 방법이 좋을까 생각하다가 '사자성어'를 하루에 두 개씩 써보기로 했다. 한자도 알고 사자성어의 뜻도 알 수 있으니 '일거양득'이라는 생각이 들었다. 마트에 가서 노란색 바탕에 귀여운 당근이 그려져 있는 두꺼운 연습장을 하나 샀다. 남편이 또 연습장을 샀냐고 핀잔을 준다. 그 말은 내가 그동안 계획을 한 것 중에서 중간에 포기한 것들이 많다는 의미이기도 했을 것이다. 이 노란색 연습장만큼은 내가 다 써보리라 다짐을 했다. 두꺼운 연습장을 양면으로 빼곡하게 채워 지금은 거의 다 써 가는 중이니 그동안 열심히 적기는 했나 보다. 남편도 이번만큼은 끝까지 하는 나의 모습을 보고 있으니 앞으로 연습장을 또 사냐고 놀리진 않을 것 같다. 한자 연습장을 다시 펼쳐보니 어떤 것은 가지런하게 예쁘게 적은 것도 있고, 어떤 것은 줄도 엉망진창이고 획도 삐뚤거리는 사자성어도 있다. 아마도 그날은 몹시도 피곤했던 모양이구나 싶었다. 속으로 웃음이 나왔다. 눈을 반쯤 감은 상태에서도 한자를 쓰고 있는 내 모습이 상상이 되어서이다.

그동안 적은 사자성어 중 가장 마음에 드는 것은 '낭중지추 囊中之錐'이다. '주머니 속의 송곳'이라는 말로, '뛰어난 사람은 자신이 애써 노력하지 않아도 드러난다.'는 의미이다. 나에게 '낭중지추'를 써도 무색함이 없는 사람이 되고 싶다는 생각이 들었다. 또 좋아하는 사자성어는 '독서상우 讀書尙友'이다. '책을 읽음으로써 옛 성현들과 벗한다.'라는 것을 이르는 말이다.

책이 어느새 친한 친구가 된 것 같은 느낌이 드는 요즘이다. 책을 통해 몇백 년 전의 공자도 만나고 노자와 정약용도 만났다. 다른 나라 사람인 피터 드러커, 피터 린치, 스티븐 코비도 만났다. 수많은 스승들을 책 속에서 만나고 있는 중이다. 직접 만나보지는 못했지만, 내게 무엇보다 많은 도움이 되는 스승들이다.

한자 공부가 끝나고 나면 '네이버'에 들어가서 오늘의 영어 회화를 켠다. 예전부터 늘 언어 공부에 관심이 많았다. 중국어도 해보고 일본어도 조금씩 공부해봤다. 영어 공부도 조금씩은 해봤지만, 결과적으로 어느 나라 말도 해내지를 못한다. 꾸준히 해오지 않았기 때문이다. 하지만, 하나 정도 외국어를 구사할 수 있다면 좋은 점이 많을 것 같았다. 그래서 언어 공부는 늘 하고 싶은 나의 버킷리스트 중 하나이다. 중국어를 해보려고 했으나 독학하기에는 무리가 있어서 영어로 정했다. 이제부터라도 꾸준히 해서 대화가 가능할 정도의 수준으로 만들겠다는 목표가 생겼다. 물론 네이버 생활영어를 조금 한다고 해서 금방 실력이 좋아질 거로 생각하지는 않는다. 이것은 시작이라고 생각한다. 지금은 영어와 친해지고 싶다. 짧은 문장은 암기해도 좋다. 예를 들어 "Am I going to far? 내가 너무 무리하는 걸까요?"라는 문장이라든가 "I want to age well. 나이를 잘 먹고 싶어.", "I've got a crush on him. 난 그에게 완전 반했어.", "How time flies. 시간 진짜 잘 간다."라는 문장은 외워두었다가 상황에 맞게 써보면 좋을 것 같다.

늘 하다가 포기하는 나는 이제 없었으면 한다. 작은 습관이 쌓이다 보면 언젠가 그것이 나의 인생이 되리라 믿으며, 오늘도 나는 '나만의 루틴 만들기'를 실천하는 중이다.

나의 독서법

새벽 4시에 일어나서 '나만의 루틴'대로 물을 한잔 마시고 요가를 하고 일기를 쓴다. 그 뒤 한자와 영어 공부를 간단하게 마치고 나면 5시가 조금 넘는다. 잠이 빨리 안 깨는 날에는 5시 반이 되기도 한다. 그때쯤 되면 잠은 안 오는 시간이라 책을 읽기 시작한다. 7시까지 책을 읽고, 7시부터는 블로그에 글을 쓰려고 한다. 그날 읽은 인상 깊은 문장들이나 기억해야 할 내용들을 블로그에 옮겨 적는다. 독서 모임 일정이나 내가 보고 싶은 책의 목록 등을 참고해 가면서 그날 읽을 책을 고른다.

독서 모임을 시작하기 전에는 한 권이 끝나야 다른 책으로 넘어갔다. 그런데 언젠가부터 두 권에서 세 권 정도의 책을 같이 보기 시작했다. 모임 일정에 맞춰야 하니 나누어서 읽어 나가는 것이다. '한 권 독서'만 고집하다가 모임 전날에 책을 다 읽지 못해서 밤을 새우는 때도 있었다. 모임에서 선정된 책은 미리 나누어서 읽어두는 것이 도움이 되었다. 그러다 보니 '두 권 독서'가 되기 시작한 것이다. 한 권은 내가 읽고 싶은 책이었고, 또 한 권은 읽어야 하는 책이었다.

'두 권 독서'는 좋은 점이 많다. 보통 두꺼운 책의 경우 완독을 하기까지 시간이 꽤 오래 걸린다. 내용도 어려운 경우가 많으니 그런 책을 읽을 때는 지루한 느낌이 든다. 그럴 때 조금 가볍고 얇은 책을 같이 읽어 나가면 완독했다는 성취감도 생기고 다양한 독서를 할 수 있어 지루한 느낌이 덜하다. 그래서 몹시 어려운 책을 읽을 때는 이해하기 쉬운 소설이나 에세이 등을 같이 읽은 경우가 많다.

평일 낮 시간, 일하는 도중에는 책을 읽지를 못하고 중간에 시간이 조금 생긴다고 해도 책에 집중하기가 힘들 때가 많아 '새벽 독서'는 나에게 꼭 필요한 일과 중 하나였다. 새벽 시간대에는 세상이 고요하다. 컨디션 조절만 잘한다면 책에 집중하기에 더할 나위 없는 시간임이 틀림없다. 책을 읽으면서 늘 느끼는 점이지만 얼마나 집중했느냐가 관건이다. 공부도 마찬가지일 것이다. 책상에 앉아만 있다고 책을 읽는 것이 아니다. 얼마나 그 책 속에 감정이입을 시켜서 빠져들었는지가 중요하다.

책을 읽을 때는 보통 3가지 현상을 경험한다. 첫 번째는 글자만 읽는 경우다. 읽기는 하지만 뒤돌아서면 책에서 무슨 말을 했는지 기억이 나지 않는다. 너무나 정직하게 글자만 읽는 것이다. 두 번째로 시선은 책을 향해있지만, 머릿속에는 다른 생각을 하고 있어서 책이 뿌옇게 보이는 현상이다. 이런 경우는 책을 읽었다고 말하기보다는 그냥 앉아 있었다고 표현하는 것이 좋을 것이다. 세 번째는 글자도 읽으면서 책 속 인물의 시선을 그대로 따라가며 주인공의 감정을 고스란히 경험하는 것이다. 한마디로 빠져드는 독서를 하는 것이다. 항상 세 번째를 원하지만, 매일 책에 깊게 빠져들지는 못한다. 내용이 어렵거나 내가 좋아하는 분야가 아닌 경우 늘 글자 읽기만 하는 경우가 많기는 하다.

그래도 희망적인 것은 억지로라도 읽었던 책을 다시 보는 경우 괜히 반가운 마음이 들어서 재독을 할 때 도움이 될 때가 많다.

일하는 중 휴식 시간에는 되도록 '10페이지 독서'를 하려고 노력한다. 지금 보는 페이지에서 최소 10페이지만 더 읽자는 마음으로 책을 읽는다. 물론 너무 페이지에 얽매이는 것은 올바른 독서법이 아닐 수도 있다. 하지만, 일하는 틈틈이 하는 독서에는 '10페이지만 읽자.'라고 계획을 세우니 부담이 덜하다는 생각이 들었다. 300페이지를 모두 읽어야 한다고 생각하면 어렵지만, 10페이지 정도는 일하는 중간에 충분히 읽을 수 있을 것 같았다.

모든 자기계발서가 늘 강조하듯 아주 작은 것부터 목표를 세우고 그것을 실천해서 '작은 성공의 경험'을 쌓으려고 한다. 휴식 시간에 10페이지씩 읽으니 금방 많은 페이지가 되었다. 그래서 개인적으로 '10페이지 독서'를 꼭 추천한다. 매일 독서를 시작하면서 내가 세운 목표 중의 하나는 '50페이지 독서'다. 아무리 바쁜 날에도 하루에 최소 50페이지는 읽자고 목표를 세운 것이다. 최소가 50페이지이고, 100페이지를 넘어가는 날도 있다. 이렇게 목표를 세우고 책을 읽으니 일주일에 한 권에서 두 권 정도를 읽게 되어 한 달에 8권 정도를 읽게 되는 결과가 나왔다. 결국 10페이지 독서를 틈틈이 실천하면 하루 최소 50페이지 독서는 자연스럽게 가능해지는 것이다. 그러면서 자연스럽게 일 년에 '100권 독서' 또한 가능해진다.

또 하나 실천하고 있는 독서법은 '요약 독서'이다. 보통 책의 맨 앞장에 보면 제목이 있는 페이지가 있다. 그곳에는 대부분 여백이 많아 책에서 많이 감동받은 부분이나 기억할 문장을 간단하게라도 옮겨 적는다. 그렇게 적어 놓은 글을 보면 책 한 권을 빠르게 보는 느낌도 들고 한 장에 한 권의 책이 눈에 들어오니 이해하기도 쉬웠다. 책을 요약하는 힘을 길러주기에 좋은 방법이라고 생각한다. 연습장에 쓰는 방법도 있지만, 연습장이 없는 경우도 있으니 개인적으로 책의 맨 앞장 여백이 요약을 위해서 사용하기 편했다.

'색연필 독서'는 우연히 시작한 것인데 알고 보니 이미 다른 사람들이 하고있는 방법이었다. 예전에 책을 읽을 때는 중요한 문장에 형광펜을 칠했는데 형광펜을 칠한 뒷면이 지저분해지는 단점이 있었다. 새벽에 책을 읽다가 인상 깊은 문장이 보여 줄을 긋고 싶어 찾아보니 아이가 쓰는 노란색 색연필이 보였다. 그래서 색연필로 줄을 긋기 시작했는데 이거구나 싶었다. 깔끔하기도 하고 뒷면에 번지는 현상도 없었다. 노란색 색연필은 아주 강력 추천이다. 인터넷에서 노란색 색연필만 따로 구입하는 것도 가능했다. 10자루를 주문하고, 괜히 마음이 든든해졌다.

책에 별로 관심이 없었던 내가 매일 책을 읽기 시작하면서 불면증을 치료했다. 덕분에 책에 좀 더 많은 관심을 가지게 되었고, 내 나름의 독서법을 만들게 되었다. 하루도 빠지지 않고 독서 습관을 실행하는 중이고, 새벽 시간에 집중해서 읽으려고 노력하고 있다. 일하는 중에 시간이 생기면 조금이라도 읽으려고 하며 하루에 읽을 분량을 정했다. 그러다 보니 자연스럽게 일 년의 독서목표도 생겼다. 책을 읽는 것이 늘 행복한 것만은 아니다. 내 관심 분야가 아니거나 난해한 책을 읽을 때는 당장이라도 책을 덮어 버리고 싶을 때도 많다. 특히나 가게 일이 많은 날에는 몸이 천근만근이 되는 날도 있다. 그런 날이 아니면 되도록 나만의 독서법을 지키려고 노력하는 중이다. 사람마다 생활방식이 다르고 성향들도 다르니 자신에게 맞는 독서법을 찾아가는 것이 중요하다고 생각한다. 사실 나는 '난독증'에 가까워 글을 빨리 읽지 못한다. 그래서 이런 말을 한다는 것이 조금 우습기도 하지만, 실제 이런 방법들을 써보니 책을 읽는 데 도움이 많이 되어서 누군가에게도 도움이 되었으면 하는 바람이 든다.

어느 날 서점에 갔는데 베스트셀러나 스테디셀러를 진열해 놓은 곳을 보니 내가 읽은 책이 제법 많았다. 괜히 반갑기도 하고, 저 책은 내가 읽은 거라고 혼자 아는 척도 해본다. 신기한 것은 책을 읽을수록 읽어야 할 책과 읽고 싶은 책이 기하급수적으로 늘어난다는 점이다. 도서 목록이 점점 길어지고 있는 중이다. 왜 진작, 책에 빠져들지 못했을까? 하는 후회가 밀려들기도 했다. 지금이라도 책 읽는 습관을 가질 수 있게 되어 감사하다.

새벽에 책을 읽고 있었다. 시간이 5시 반쯤 되었을까… 그날따라 일찍 잠에서 깬 아이가 서재로 왔다. 눈을 아직 다 뜨지 못한 채 나를 물끄러미 바라보더니 나에게 한마디를 했다.

"엄마, 준휘는 블록 놀이를 할 테니까 엄마는 책 봐~ 알겠지?"

아이에게 어느새 나는 책 읽는 엄마가 되어있었다. 불면증 때문에 책을 읽기 시작했지만, 아이의 교육을 위해서도 좋겠다는 마음도 있었다.

"아이에게 책 읽으라고 잔소리하지 말고,
 먼저 책 읽는 엄마가 되어라."

어디선가 들어본 그 말이 늘 마음에 남아있었다. 물론, 엄마가 책을 읽는다고 해서 아이가 무조건 책을 좋아하란 법은 없다. 하지만, 적어도 엄마는 텔레비전을 보면서 아이에게만 책을 읽으라고 하고 싶진 않았다. 다행히 아이의 눈에 보이는 엄마의 모습 중 책을 읽는 모습도 있다는 것이 뿌듯하게 느껴지는 순간이었다. 어쩌면 내가 가장 변하고 싶다고 생각하는 가장 큰 이유가 아이였지 않았을까… 덕분에 오늘도 나만의 독서법을 찾아가는 중이다.

열등감과 이별 중

"열등감: 다른 사람에 비하여 자기는 뒤떨어졌다거나 자기에게는 능력이 없다고 생각하는 만성적인 감정 또는 의식" 출처: 네이버 지식백과; 두산백과

'열등감'은 한마디로 나를 표현할 때 사용할 수 있는 가장 적절한 단어라고 생각한다. 살아오면서 나를 가장 괴롭힌 마음이기도 하다. 어릴 때부터 딱히 잘하는 게 없었다. 그렇다고 너무 못한 것도 아니다. 늘 어중간한 상태, 이것도 저것도 아닌 중간… 차라리 못했으면, 그 분야를 포기할 텐데 늘 중간에서 머물다 보니 내가 무엇을 잘하고 무엇을 못하는지 제대로 알지 못했다. 그래서인지 도전해보는 것은 수도 없이 많다. 수채화 그리기도 배워보고, 중국어나 영어, 일본어 등의 언어도 배워 본다. 기타도 아는 언니를 통해 배워서 해보고, 피아노도 성인을 위한 일대일 학원에 가서 배웠다. 흥미는 있으나 재능은 없음, 그것이 문제였다. 끈기도 없어서 금방 싫증을 낸다. 뭔가를 잘할 때까지 해낸 기억이 없다. 이렇게 내가 뭘 좋아하는지 모르니 남들이 하는 걸 부러워하는 경우가 많았다. 내가 좋아하는 분야인지도 모르면서 그저 남들이 하고 있는 무언가가 대단해 보이면 따라 하고 보는 것이다.

그래서인지 요즘 들어 가장 많이 하는 고민 중의 하나가 나의 '방향성'이다. 나는 어떤 인생을 살고 싶은가? 내가 생각하는 행복의 기준은 무엇일까? 나는 무엇을 잘 할 수 있는가? 질문이 꼬리에 꼬리를 문다. 나는 왜 늘 열등감에 사로잡혀 있을까? 어쩌면 어릴 때 칭찬을 들어본 기억이 없어서 그런 건 아닐까? 부모님은 다정하게 칭찬해주시는 분들이 아니었다. 물론 누구보다 성실하신 분들이지만, 자식 칭찬에는 조금 인색하셨다. 그래서 늘 누군가가 해주는 따뜻한 말 한마디가 그리웠다.

그래서일까? 내게 사는 건 그리 행복하지 않았다. 늘 중심에 내가 없었다. '나'라는 나무의 뿌리는 너무나 약하기만 했다. 바람이 조금만 불어도 쉽게 흔들렸다. 앞서 나가는 사람들을 보면서 부러워하며 그렇게 못하는 나 자신을 비난했다. 나보다 운이 좋은 사람들을 만나도 마찬가지였다. 난 왜 운이 나쁠까? 왜 하늘은 늘 내 편이 아닐까? 경제적으로 잘사는 사람들은 만나도 그랬다. 나는 왜 저만큼 부를 가지지 못할까? 나의 뿌리가 약하니 늘 내 삶의 기준은 남이 되었다. 그래서 잠 못 이루는 날이 많았다. 삶의 희망을 완전히 잃어버린 적도 있었다. 어차피 노력한 만큼 되는 세상이 아니니 열심히 살 필요가 없다고 생각했다. 끝없이 나 자신을 추락시켰다. 어느 것 하나 내 뜻대로 되지 않는 인생… 짜증이 났다.

저마다 보석을 가지고 태어난다는데 내 보석은 눈을 씻고 찾아봐도 없었다. 이렇게 고통스러울 바에야 차라리 빨리 저세상으로 가면 더 편하겠다 싶은 날도 있었다. 왜 사는 건지 이유를 찾지 못하는 시간이 계속되었다. 혹시 '우울유전자'라는 것이 있다면 나에겐 남들보다 몇 스푼 더 들어있을지도 모른다고 생각했다. 나에게 삶은 늘 고단한 일상의 연속일 뿐이었다. 힘들게 일했지만, 늘 부족함에 시달렸다. 그나마 늦게 결혼해서 아이를 낳아 책임감이란 게 생기긴 했다. 삶의 이유를 찾기는 했지만, 내가 내 삶을 바라보는 태도는 그리 긍정적이지 않았다. 아이 때문이라도 삶을 바라보는 태도를 바꿔야겠다는 생각이 들었다. 아이가 나처럼 사는 게 싫었다. 아이는 어느새 커서 나의 말을 따라 하고 나의 행동을 따라 한다. 나중엔 내 생각까지 닮아가지 않을까? 그걸 알기에 부정적인 생각을 바꿀 필요가 있었다. 내 아이는 외동이다. 나와 같은 마음 상태를 물려준다면, 우리 부부가 이 세상을 떠나고 없을 때 혼자 남겨진 아이가 바라볼 세상이 걱정스러웠다. 나처럼 열등감 많은 아이로 자란다면, 아이를 떠나야 하는 순간에 너무 후회될 것 같았다. 그러지 않으려면 내가 '나를 사랑하는 연습'부터 해야 했다. 하지만, 어떻게 시작해야 할지 엄두가 나지 않았다. 늘 나 자신을 비난하기에 익숙했던 터라 나를 어떻게 칭찬해줘야 할지 방법을 몰랐다.

고민 끝에 찾은 방법 중 하나가 '독서'였다. 책을 통해 수많은 사람 만나면서 위로를 받고 있는 나를 만났다. 나보다 훨씬 더 힘든 그들의 인생을 보면서 내 인생이 그리 힘든 게 아니라는 것을 조금씩 알아가게 되었다.

철학자 에피쿠로스의 이야기를 엮어낸 『소크라테스 익스프레스』 에릭 와이너 저/김하현 역/어크로스 펴냄에는 다음과 같은 이야기가 있다.

"우리가 가진 것이 아니라,
　우리가 즐기는 것이 우리를 풍요롭게 한다."

"올바른 마음가짐만 있다면,
　아주 적은 치즈만으로도 소박한 식사를
　성대한 만찬으로 바꿀 수 있다."

책 속에 있는 이 문장이 만족하지 못하는 나를 꾸짖는 것처럼 느껴졌다. 나 자신을 위해 노력한 것이 또 하나 있다. 나에게 작은 성공을 선물하는 것이다. 아주 사소한 거라도 목표를 정하고 이루어 나가는 연습을 시작했다. '미라클 모닝'이 그랬고 '요가하기'가 그랬다. '블로그 쓰기'도 작은 목표 중 하나였다. 막상 시작하고 실천해보니 내가 나와의 약속을 꽤나 잘 지키는 사람이라는 생각이 들었다. 나와의 약속인 '4시 기상'을 일 년 가까이해 오는 중이니 말이다. 변화를 하는 것에는 고통이 뒤따른다. 피곤한 날에는 그냥 편하게 텔레비전을 보고 싶고 새벽에는 잠도 더 자고 싶다. 하지만, 원점으로 돌아오고 싶지 않았다. 아이를 위해서도 그리고 나를 위해서도 변해야 했다. 다행인 건 이제 고통의 단계를 조금 넘어서서 자연스럽게 일어나지고, 매일 책을 읽는 일도 그리 힘들지 않다. 오히려 책을 읽지 않는 날이 더 허전할 정도이다.

변화는 아주 조금씩 내 안에서 일어나고 있었다. 열등감으로 가득한 나 같은 사람도 변할 수 있다는 걸 보여주고 싶다. 그래야 나처럼 똑같이 패배자의 마음으로 살아가는 누군가를 위로할 수 있지 않을까…

삶에는 고통만 있는 게 아니라 행복도 있음을 알아차리지 않을까⋯ 나도 잘하는 건 아니지만, 같이 노력해보자고 말하고 싶었다. 모든 것의 중심은 '나' 자신이다. 변화를 하는 것도 내가 해야 하고 세상을 어떤 시선으로 바라볼지 결정하는 것도 '나'의 몫이다.

봉사를 하는 방법도 좋다. 많이 해보진 않았지만, 한 번씩 요양원에 봉사를 간다. 그럴 때면 늘 내가 쓸모가 있는 사람이라는 생각이 든다. 내가 어딘가에 도움이 된다는 생각, 나를 필요로 하는 곳이 있다는 경험은 참 소중하다. 꼭 요양원 봉사가 아니어도 좋다. 사소한 거라도 남에게 도움 되는 무언가를 할 수 있다면 충분하다. 어쩌면 항상 위만 바라보고 달려와서 그럴지도 모른다. 잠시만 멈춰서 주변을 바라보면 내 도움이 필요한 곳은 어디든지 있다.

'열등감'을 줄이는 것은 '자존감'을 높이는 것과 일맥상통한다고 생각한다. 언젠가 텔레비전에서 내가 좋아하는 이효리가 나와서 이런 말을 한 적이 있다. 남편 이상순과 나무로 의자를 만들고 있었는데 남편이 눈에 안 보이는 곳에 정성들여 사포질을 하고 있더라는 것이다. 그래서 이효리가 말했다

"대충해. 눈에 보이지도 않는데 뭘⋯"

그러자 이상순이 대답했다

"다른 사람은 모르지만, 내가 알잖아⋯"

그 이야기를 들으면서 이런 게 자존감이 아닐까 생각했다. 남들이 어떻게 보건 내가 나를 어떻게 생각하는지가 중요하다. 그리고 노력해야 하는 한 가지. 지금, 이 순간에 집중하기… 남들이 어떻게 사는지에만 신경 쓰지 말고 내 인생에 집중하는 것이다.

철학자 알프레드 아들러의 가르침을 엮은 『미움받을 용기』 기시미 이치로, 고가 후미타케 지음/전경아 옮김/인플루엔셜 펴냄에는 '내가 하는 가장 큰 거짓말은 현재를 살아가지 않는 것.'이라는 말이 있다. 몸과 마음과 눈이 서로 다른 곳을 보고 있는 인생은 슬프기 짝이 없다. 맛있는 음식을 먹을 때도 내일 할 일을 걱정하는 식이다. 맛있는 걸 먹을 때는 함께 먹는 사람과 눈을 맞추고, 그 시간에 온전히 집중하고, 음식의 맛과 향을 느낄 수 있다면 그것으로 충분하다. 요즘은 현재의 소중함을 알고, 지금 이 순간을 내 삶에 담아 보려고 노력하는 중이다. 언젠가 시간이 흘러 죽음의 문턱 앞에 섰을 때 그래도 꽤 괜찮은 인생이었다고 회상하기를 기도한다.

오늘도 나는 열등감과 이별하는 중이다.

| 다섯 번째 이야기 |

에필로그:
인생 2막을 시작하며

'내가?'라는 생각을 제일 먼저 했다. 인연이 닿아 글쓰기 수업을 들었지만, 그때까지도 '내가 무슨 글을 쓴다고…'라는 마음이 강했다. '작가'라는 단어는 나와는 전혀 상관없는 것으로 생각했었다. 우선 글 쓰는 실력도 없을뿐더러 기본지식이 그리 넉넉하지 못하다. 하다못해 이렇다 할 정도로 이루어 놓은 것도 없다. 상황이 이러하니 무슨 글을 써야 할지 갈피를 잡지 못했다. 하지만 글쓰기 수업의 마법 때문이었을까? 난 어느새 컴퓨터 앞에 앉아 내 이야기를 쓰고 있었다. 처음에는 글 쓰는 일이 특별한 사람들만 하는 일이라고 생각했었다. 하지만, 글쓰기 수업을 들으면서 나같이 평범한 사람도 어쩌면 글이라는 걸 쓸 수 있겠다는 막연한 희망이 생겼다.

글을 쓴다는 것은 나에게 있어 새로운 분야에 대한 도전이었다. 처음에는 많이 망설였지만, 계속 생각만 하고 있으니 머리가 아파서 일단 시작해보기로 마음을 먹었다. 평일에는 일을 해야 하니 주말에 시간을 내어 글을 써보기로 했다. 맞춤법이나 문장의 구조 같은 건 생각하지 않기로 했다. 그저 친구에게 수다를 떨듯이 편안하게 쓰려고 했다.

글쓰기 사부가 가르쳐준 팁이다. 어차피 퇴고하는 과정을 거친다고 하니 부담이 덜했다. 처음 글쓰기를 시작할 때는 일주일에 한 편씩만 쓰다가 조금 뒤부터는 평일에도 시간이 날 때 틈틈이 쓰기 시작했다. 금방 글이 써지는 주제도 있었고, 이야기의 중심을 잡지 못해 며칠 동안 고민을 했던 주제도 있었다. 무엇보다도 나의 경험을 이야기하는 부분이 가장 쓰기가 좋았다. 예전 그 시간으로 돌아가 있는 그대로의 내 모습을 써 내려가니 글쓰기가 수월했다. 아주 어릴 적 희미한 기억에서부터 결혼해서 살아온 지금까지의 내 발자취를 다시 걸어볼 수 있었다.

그저 오늘을 살아내기에만 급급했던 시간들을 잠시 멈추고 과거로의 시간여행을 떠날 수 있었다. 글쓰기를 하는 동안에는 오롯이 나에게만 집중했다. 남의 이야기가 아닌 나의 이야기를 써야 했기 때문이었다. 늘 남과 나를 비교하느라 바빴던 나를 잠시 내려놓고 컴퓨터 모니터와 키보드 그리고 내 손과 기억에만 의지했다. 글을 쓰고 있는 동안의 조용한 시간이 좋았고, 키보드 타자 소리가 좋았다. 그 시간만큼은 마음이 차분해졌다.

남들은 다 잘되는 것 같고 나만 엉망진창이라는 패배감에 젖어 있을 때 글쓰기를 만났다. 마음속에 혼란이 가득했을 때 글쓰기가 주는 차분함이 마음에 들었다. 처음에는 한/글 프로그램조차 어색했는데 지금은 어느새 나의 일상의 한 부분이 되어있다. 글쓰기를 한다고 해서 이전과 환경이 크게 달라진 것은 없다. 있던 문제가 해결되지도 않았다. 하지만, 지금은 마음의 여유가 조금 생겼다. 글을 쓰면서 한동안

쓰지 못할 때도 있었다. 갑자기 내가 작아지는 생각이 드는 순간이 그랬다. '내가 뭐라고?'하는 마음이 다시 고개를 들었다, 그럴 때마다 두 가지를 기억했다. 나탈리 골드버그의 『뼛속까지 내려가서 써라』에서 보았던 말,

"누구에게나 세상에서 가장 쓸모없는
졸작을 쓸 권리가 있다."

글쓰기 사부의 이야기,

"특별해서 쓰는 것이 아닙니다.
자신만의 이야기를 써내려가세요."

두 사람의 말을 양쪽에 지지대 삼으며 나아갔다. 솔직히 처음에는 이왕 글쓰기 수업을 신청했으니까 뭐라도 해보자는 마음이었지만, 시간이 지날수록 나에게 집중 할 수 있는 글 쓰는 시간이 좋았다. 글을 쓰면서도 독서를 게을리 하지는 않았다. 어느새 나의 마음속에 글쓰기와 책읽기는 평생 하고 싶은 습관이 되어가고 있었다.

글이란 것이 누군가에게 기쁨을 줄 수도 있고 치유가 될 수도 있음을 깨닫는다. 평소 드라마를 잘 보지 않는 편이다. 해야 할 일도 많고 그렇게 마음이 가는 드라마를 찾지도 못했다. 그러다 우연히 수년 전에 방영되었던 '검블유' 권도은 극본/정이현, 권영일 연출/tvN 방영, 2019 라는 드라마를 보게 되었다. 권도은 작가가 써 내려간 드라마의 글들이

너무나도 마음에 들었다. 그저 평범한 상황들도 글이라는 도구를 통해 마음을 설레게도 하고 현실 문제를 진지하게 고민도 하게 만든다. 무엇보다 '배타미'와 '박모건'이라는 드라마 속의 인물을 작가의 손끝으로 만들어 낸다. 그들의 사랑이야기에 같이 가슴이 설레고 나도 모르게 웃음이 새어 나온다. 드라마 속의 인물들을 만들어 낸 건 순전히 작가의 역량이었다. 누가 쓰느냐에 따라 완전히 다른 사람이 만들어진다. 말을 하는 솜씨, 설렘을 유발하는 포인트, 같은 말이라도 사랑스럽게 말하는 재치, 너무 심각해지지 않으려는 노력, 농담 속에 들어 있는 말의 뼈… 글을 쓰는 사람은 말속에 힘을 실어 독자나 시청자에게 전달한다. 허구의 인물들임을 알면서도 그들의 사랑 이야기에 한동안 푹 빠져든다. 평범한 나의 일상에 '작지만 확실한 행복'이 무엇인지 알게 해준 드라마다. 저마다 좋아하는 분야가 있겠지만, 생각해보니 내가 가장 좋아하는 분야는 사랑 이야기다. 진심이 담긴 사랑 이야기는 언제 봐도 질리지 않는다. 나도 권도은 작가처럼 마음을 움직이는 글을 써보고 싶었다. 언젠가는 사랑 이야기를 아주 예쁘게 써보고 싶다고 생각했다

일상에서 글의 소재를 찾으려고 노력하다 보니 나도 모르게 사소한 것도 천천히 관찰해보는 습관이 생겼다. 얼마 전 점심을 먹으러 국밥집을 갔다. 국밥이 나오기를 기다리는 동안 글의 소재를 찾으려고 눈으로 가만히 풍경을 읽었다. 평소 같았으면 그냥 평범했을 국밥집이 조금 다르게 다가왔다. 주방에선 네 명 정도의 이모님들이 각자 맡은 위치에 따라 바쁘게 움직이고 있었다. 국만 푸는 사람, 고기 고명만 얹는 사람, 그릇을 정리하는 사람, 돌아가면서 일을 돕는 사람이 있다.

장사가 잘되어서인지 미리 밑반찬을 쟁반에 담아 탑처럼 쌓아놓았다. 홀에서 서빙을 하는 이모님도 세분 정도 있었다. 모두 흰색 위생 모자에 똑같은 앞치마를 두르고 있다. 나이와 키가 비슷해 보인다. 미용실이 같은지 파마가 비슷하게 나왔다. 인근에 관공서가 많아서인지 손님들은 대부분 정장 차림이다. 각자의 이야기를 하느라 바쁘다. 심각하게 이야기를 나누는 테이블도 있고 농담을 하는지 웃음이 가득한 자리도 있다. 옆자리에 아이와 함께 온 엄마는 아이 밥을 먹이느라 자신의 밥은 아직 뜨지도 못했다. 계산대에 앉은 머리가 백발인 남자 사장님을 보며 가게가 이렇게까지 성장할 때까지 얼마나 많은 노력이 있었을까 생각했다. 잠시 후 나온 국밥을 가만히 쳐다본다. 뽀얀 국물에 야들해 보이는 고기, 그 위에 얇게 썬 파가 있다. 먹음직스럽게 빨간 깍두기, 고추와 양파 그리고 쌈장이 보인다.

글을 쓰기 위해서 이런 사소한 일상까지도 관찰하는 힘이 필요하다고 글쓰기 사부는 늘 강조했다. 사부의 가르침대로 일상을 관찰하는 연습을 했다. 평소 같았으면 국밥 한 그릇 먹고 나오면 그만인 가게였다. 내가 얼마나 관심을 가지고 바라보느냐에 따라 주변이 달라질 수 있음을 느끼게 된 순간이었다. 아직은 모든 것이 부족하다. 타고 나지 못했으니 많이 써보는 것만이 방법이겠다는 생각이 들었다. 그래서 새벽에 일기를 쓰고 블로그에 짧게라도 글을 쓰기 시작했다. 하루도 빠지지 않고 실천하는 중이다. 가끔 문장력이 좋은 사람들을 만난다. 타고난 재능을 따라 갈수는 없겠지만, 적어도 이렇게 글을 쓰다 보면 어제보다는 조금 나은 나를 만날 수 있지 않을까…

책을 좋아하지도 않았고, 한 번도 글을 써 본적 없는 내가 지금은 하루도 빠지지 않고 책을 읽고 글을 쓴다. 계속하다 보니 어느덧 나의 일상이 되었다. 글을 쓰는 순간만큼은 마음이 편안하다. 물론 글감이 떠오르지 않을 때는 괴로울 때도 있지만, 어느 때보다 나의 삶에 집중하고 있다는 느낌을 받는다. '글쓰기'는 결국 주변에 대한 '관심'이고, 그 관심은 '사랑'에서 비롯된다. 사랑하는 눈을 장착할 때 비로소 쓸 이야기가 만들어진다. 지금처럼 글을 읽고 쓰는 삶이 만들어갈 나의 인생 2막이 궁금해진다.

주언규 작가의 『킵고잉(KEEP GOING)』 주언규(신사임당) 지음/21세기북스 펴냄에 이런 말이 나온다.

> "아무것도 하지 않으면 아무 일도 일어나지 않는다."
> "다만 늙어갈 뿐이다."

언제나 물심양면으로 도와주는 나의 소중한 남편과
아들에게 항상 감사하고 사랑한다는 말을 전합니다.